RESEARCH ON THE REFORMS OF COLLEGE ENGLISH TEACHING MODEL

大学英语教学模式改革与发展研究

王淑花　李海英　孙静波　潘爱琳　著

图书在版编目（CIP）数据

大学英语教学模式改革与发展研究/王淑花等著. —北京：知识产权出版社，2018.7
ISBN 978 – 7 – 5130 – 5304 – 4

Ⅰ.①大… Ⅱ.①王… Ⅲ.①英语—教学模式—研究—高等学校 Ⅳ.①H319.3

中国版本图书馆 CIP 数据核字（2017）第 296635 号

内容提要

本书从我国大学英语教育目标的设置和历史沿革入手，提出了清晰的大学英语能力目标。分析了影响大学英语教学模式发挥效力的诸多要素，包括教师素养、教学方法、学习者因素以及教学条件等，并结合本校大学英语教学改革的过程和得失，提出了以教育生态学理论为指导思想的大学英语个性化教学新模式。本书还提出了大学英语课堂教学有效性的定义和观测量表，并在此基础上进行了读写和听说课程的案例剖析。最后从大学英语教学面对"社会化"和"个性化"思潮的情形下，展望了未来大学英语教学改革的趋势，分析了现代教育技术高速发展下的教师发展路径。

责任编辑：国晓健	责任校对：潘凤越
装帧设计：臧 磊	责任印制：孙婷婷

大学英语教学模式改革与发展研究

王淑花　李海英　孙静波　潘爱琳　著

出版发行：知识产权出版社 有限责任公司	网　址：http：//www.ipph.cn
社　址：北京市海淀区气象路 50 号院	邮　编：100081
发行电话：010 – 82000860 转 8101/8102	发行传真：010 – 82000893/82005070/82000270
责编电话：010 – 82000860 转 8385	责编邮箱：guoxiaojian@ cnipr.com
印　刷：北京虎彩文化传播有限公司	经　销：各大网上书店、新华书店及相关专业书店
开　本：787mm×1092mm　1/16	印　张：15.75
版　次：2018 年 7 月第 1 版	印　次：2018 年 7 月第 1 次印刷
字　数：265 千字	定　价：59.00 元

ISBN 978-7-5130-5304-4

前　言

社会生活的信息化和经济的全球化，使英语的重要性日益突出。英语作为最重要的信息载体之一，已成为人类生活各个领域中使用最广泛的语言之一，英语能力当下已成为一种必备技能。大学英语是高等学校的必修科目之一，是帮助非英语专业大学生掌握英语技能，提高人文素养的一门基础阶段课程。

由于大学英语教学与社会需求和国家形势密切相关，自实施以来，一直在随着社会需求和学生英语水平的变化进行着改革。虽然改革取得了令人瞩目的成就，但是也颇受"费时低效"的诟病。在两年甚至更长时间的学习中，很多学生的英语能力没有达到学校要求，也没有达到自己的预期目标。学生似乎被越教越差了，于是板子又落到大学英语教师身上。是不是大学英语教师教学理念没有更新？教学方法不恰当？教学投入不够多？而大学英语教师更加困惑，教学改革一直在不间断地进行，我们的教学究竟要达成什么样的教学目标？大学英语究竟该如何教？怎样才能让学生满意，达到学生的预期？本书就是在这样的背景下，探讨大学英语教学模式的改革和发展。教学模式是在一定的教学思想或教学理论指导下建立起来的各种类型的教学活动的基本框架或活动程序。任何教学模式都指向和完成一定的教学目标，根据目标设定逻辑步骤和操作程序，规定在教学活动中的步骤和任务。为实现教学目标，需要一定的条件，包括能使教学模式发挥效力的各种条件因素，如教师、学生、教学内容、教学手段、教学环境、教学时间，等等。大学英语教学改革，既有局部性改革，也有整个教学模式的改革。

本书内容共分八章。前三章是理论探讨，第1章是绪论，介绍了大学英语教学改革的宏观背景，分析了目前大学英语教学中普遍存在的问题，提出了本书要回答的研究问题。第2章从大学英语教学大纲的演进入手，分析大学英语教学目标的变化，结合外语界研究者对大学英语教学目标的分析和本校（北京物资学院）办学定位与特色，提出了本校大学英语教学目标。该章中我们基于教育目标分类学理论和英语能力相关研究，对大学生应该具备的英语能力进行了清晰的界定，为教学模式改革中的目标设定奠定了坚实的基础。在第3章中，我们回顾了外语教育理论中有关教学效果的影响因素，对能使教学模式发挥效力的各种条件因素进行了综述，从而确定了我校大学英语教学模式改革中应该着重考虑的各项条件因素，为进行相关调查研究奠定理论基础。第4章记叙了北京物资学院十多年来大学英语的教学模式改革历程，并通过教师研究、教师反思和学生反馈等方式，分析各阶段改革的得与失。在该章中我们还着重介绍了正在实施的教学模式，即在教育生态理论指导下的大学英语教学模式。该模式围绕多元教学目标，注重师生的共同发展，建设了合作探究型生态课堂。

在第5章和第6章中，我们在有效教学的理论基础上，提出英语读写和听说课堂教学有效性的概念，并据此设计了观测量表。通过对课堂教学案例的有效性分析，分析课堂教学中的具体问题，并提出改进建议。这两章是对教学改革中课堂教学的评价，是大学英语教学改革中反思改革效果的实践环节。第7章主要分析了本校学生在大学英语学习过程中存在的问题。我们从学生所持的英语学习信念、英语学习动机、所使用的策略以及英语学习中信心和焦虑状态等方面进行了问卷设计，并采取因子分析等方法找出共性问题。这些分析为后续深化教学改革，满足学习者需求，提供了有价值的参考。第8章是全书的最后一章，这一章既是为本校大学英语改革梳理思路，也是对大学英语整个教学改革趋势的一种思考。大学英语教学面对"社会化"和"个性化"思潮，教学目标该如何设定？教师该往何处去？教师如何发展自身来顺应现代教育技术发展所带来的影响？该章在分析现代教育技术对大学英语教学模式影响的基础上，分析了大学英语教师未来的发展方向和路径。这为后续改革的深入奠定理论基础。

大学英语改革永远在路上，但是教学模式在一段时间内需要保持一定的稳定性，在总结现有的经验和教训的基础上，不断进行改进和发展。这也是本书总结过去的改革实践的一个出发点。

本书在两个方面具有一定的创新意义：一是在大学英语教学目标部分，构建了英语理解能力和表达能力的框架，这解决了大学英语教学改革所需要共同面对的主要矛盾。无论教学模式怎么改，都需要这样一个清晰的教学目标。二是对大学英语课堂教学有效性的界定和案例分析。有效教学的探讨不少，但与大学英语课堂结合的不多，案例分析更是凤毛麟角。本书在这方面先行一步，会为其他高校的英语课堂教学评价提供参考，对广大英语教师和英语教学研究者都具有借鉴意义。

本书作者是一线大学英语教师，欢迎同行交流探讨，疏漏之处，敬请读者指正。

王淑花

2017 年 7 月

目　录

第1章 绪 论

1.1 研究背景

当今世界，英语被广泛使用，已成为一种国际语言。英语的普及性体现在国际政治、经济、科技、文化、学术、信息交流等各个领域。"全世界有45个国家的官方语言为英语，全球1/3的人讲英语，75%的电视节目是英语，在联合国各种场合中使用的语言95%以英语作为交流语言，互联网的信息80%也是用英语传播的。"英语作为一种国际"普通话"被各国接受，其地位和作用在目前和未来较长一段时间内没有任何其他语言可以替代（王守仁，2006）。

大学英语是高等学校里的一门必修基础课，"教学课时多，对学生的素质、择业或进一步求学影响甚大"（刘润清、戴曼纯，2004）。随着我国经济的飞速发展和国际交流的增多，新形势对高校毕业生的英语能力提出了更高的要求。大学生不仅仅需要掌握英语语言知识，还需成为真正有益于社会和国家的国际性人才。不容置疑，改革开放以来，国家加大对大学英语教学的投入，随着教师队伍的不断壮大，教学改革的不断深入，"我国高校的大学英语教学取得了令人瞩目的成绩"，"学生的英语水平应刮目相看了"（刘润清、戴曼纯，2004：3）。同时我们发现，大学英语与其他基础课相比，其教学效果是受社会各界诟病最多的。无论是用人单位，还是受教育者本人都对大学英语教学不满意。

首先从社会用人单位的反馈来看，我国大学英语教学效果欠佳，或者可以说"整体上是失败的"（刘润清、戴曼纯，2004：7）。不少外贸、金融部门需要具有很强的听说能力的高校毕业生，而实际上他们的读写能力强，听说能力却恰恰较弱（傅政、庞继贤、周兴，2001）。有研究者认为，现有的大学英语教学体系与社会需求相脱节，培养出来的学生口语交际能力十分低下；甚至可以说听、说、读、写、译各个方面的能力都十分低下（曹霞，2003；朱望，2002）。

从学习者的视角来分析，无论是 2003 年教育部发起的大学英语教学改革前的调查，还是新课程要求出台之后的调查都显示出，大学生普遍对大学英语教学的满意度不高。不同研究者针对不同地域大学生的满意度调查显示，学生对大学英语不太满意的比例高达 57%、78% 甚至 88%（王奇民，2002）。即使是在新的一轮改革之后，于海等人（2008）的调查显示，学习者对大学英语教学勉强满意和不满意的竟仍然占到 54.5%。

那么，大学英语教学效果不佳的主要原因有哪些？存在哪些普遍问题？外语界的专家和学者普遍认为教学目标、教学内容、教师和学生都是影响教学质量的主要因素。

教学目标问题。虽然几十年来大学英语进行了几次大的改革，教学大纲和课程要求中都对教学目标进行了叙述，但不少研究者认为大学英语教学的首要问题还是教学目标不清楚。例如，程晓堂（2009）认为，历次的大学英语教学大纲对教学目标的描述"飘忽不定"，对"综合应用能力"的定义不明确。他还指出，"考试要求代替教学要求不能为外语教学提供正确的内容支撑和有效的评价方式，其结果只能干扰正常的教学秩序"。束定芳（2010）持类似观点，他认为定位与教学目标不明确是大学英语九大问题之一。教学目标不明确所造成的问题首先就是教学内容的不恰当。

教学内容问题。大学英语教学内容的问题之一是与基础教育的衔接不好，在内容上存在重复，影响学习者的兴趣，挫伤他们的学习积极性，不利于学习者能力的提高，造成外语教学"费时低效的局面"（戴伟栋，2001）。蔡基刚（2002）也指出学生对一级、二级的重复教学没有兴趣，现行课程设置还妨碍了学生语言应用能力的培养。井升华（1999）认为，大学英语教材在内容的选择上重文学、重政论，而忽视了现时代的实用型内容。束定芳（2010）认为，大学英语教学应该在加强需求分析的基础上，设计科学的外语课程，引入满足学生需求的教学资源。因此，蔡基刚（2012）提出我国大学英语的定位应该是专门用途英语教学，因为"随着我国各行业与国际社会的交往日益频繁，我国大学英语不能再和中小学英语一样，继续定位在基础英语，在全球化的背景下，大学英语的产业结构必须做出战略性调整，教学内容应发生根本性的改变"。

师资问题。虽然影响大学英语教学质量的因素很多，但是师资是其中一个重要因素。周燕（2005）的研究中针对东北、华北、华东、华中、西南、华南六大区 49 所学校教师的调查显示，教师认为应试教学、学生语言基础差、没有掌握学习方法和缺乏学习兴趣是学习者抱怨大学英语教学的主要原因。同时该研究指出，教师缺编、统考压力、教师自身水平及投入程度都是影响教学效果的因素。此外，教师外语教育意识、语言掌控能力以及课堂设计和把握能力都是至关重要的教师能力，是提高我国外语教育水平的关键（周燕，2010）。也有人认为教师应探究中国人学习外语的规律，而不是纯粹的实行拿来主义，才能阻止外语教育质量持续滑坡（张绍杰，2007）。

学习者问题。除了上述的教学目标、内容和教师等涉及"如何教"的因素之外，学习者因素一直是外语教学效果的内在因素。学习者的自身因素可分为可控因素和不可控因素（文秋芳，2001）。前者指学习者可以通过自身努力改变的因素，如动机、观念和策略；后者则指靠自身努力无法改变的因素，如智力、语能、个性特征等。国内外有关可控因素的研究表明，错误的学习观念对外语学习产生着极大的负面影响，影响着学习策略的选择（刘润清、戴曼纯，2004）。

1.2　研究问题及方法

从前文可见，我国大学英语教学存在着不少问题，虽然这些问题带有普遍性，但对每一所高校来说，问题又是具体的、不同的。在面对普遍问题的基础上，查找各自学校存在的具体问题及其严重程度，采取针对性措施，才能最终提高大学英语的教学质量，实现人才培养目标。因此，本书主要结合外语教育理论，分析本校大学英语教学的问题，在此基础上，提出大学英语教学的改革思路，并分析不同阶段改革的利弊。微观的校本研究，是大学英语教学改革的一个缩影，但也会为宏观的大学英语教育改革提供一些经验和参考。

为此，本书主要回答以下几个问题：

（1）如何结合学校定位和特色，确定大学英语教学目标？

（2）如何基于目标进行大学英语教学模式改革？

（3）如何评价大学英语课堂的教学有效性？

（4）大学生在英语学习中遇到的主要问题有哪些?

针对第一个研究问题，我们主要采用文献分析法。在综合分析外语教育目标理论及相关研究的基础上，结合本校的办学定位和特色，提出本校的大学英语教学目标。在回顾学校十年来大学英语教学模式改革的基础上，分析历次改革的目标、改革内容和改革的利弊；结合第一个研究问题的答案，提出新的英语教学改革方案。针对第三个研究问题，我们主要采取课堂观察的方法，进行案例分析，剖析我校大学英语课堂教学的有效性，提出对策。第四个研究问题是通过学生问卷调查来回答，分析我校学生英语学习中存在的主要问题，如英语学习成效是否与学习观念、学习动机、学习策略、焦虑等因素之间存在关系，为以后的英语教学改革提供参考。

1.3　本书结构

本书共分为 8 章。

第 1 章为绪论，阐述研究背景、研究问题及方法。

第 2 章从大学英语教学大纲出发，分析大学英语教学目标的演进，结合外语界专家学者的相关研究和本校办学定位与特色，提出本校大学英语教学目标。

第 3 章回顾外语教育理论中有关教学效果的影响因素，综述各因素的相关研究，从而确定针对北京物资学院大学英语教学进行调查研究的要素。

第 4 章介绍北京物资学院大学英语十多年的教学改革历程，通过教师反思和学生反馈分析改革的得与失，提出新的教学改革方案。

第 5 章和第 6 章基于课堂观察，分别对北京物资学院大学英语读写课堂和听说课堂教学有效性进行分析。在这两章中，首先基于有效教学的理论提出英语读写和听说课堂教学有效性的观测量表，然后进行案例分析，最后提出对策。

第 7 章主要分析本校学生在大学英语学习过程中存在的问题，分析他们所持的英语学习信念、英语学习动机、所使用的策略以及英语学习中信心和焦虑状态，为以后的教学改革提供参考。

第 8 章在分析大学英语社会化和个性化内涵的基础上，展望了未来的改革发展趋势。在分析现代教育技术对大学英语教学模式影响的基础上，提出了大学英语教师未来的发展方向和路径。

第2章 大学英语教学目标

中国的大学英语教学存在诸多问题，但是追根溯源，最大的问题在于其目标与定位的模糊（束定芳，2011）。大学英语教学目标是大学英语教学一切活动的出发点和归宿，它决定着大学英语教学活动的方向，决定着大学英语教学内容、方法、形式、途径的选择及质量评价的标准。我们需要重新审视两个基本问题：大学为何要教英语？大学生为什么要学英语？本章首先介绍不同历史阶段大学英语教学大纲中的教学目标的变化，根据当前的社会经济形势，结合外语教育文献综述及本校办学特色，提出本校大学英语教学的具体目标。

教学目标是指教学活动的主体经过一段时间的教学后所应达到的预期结果。大学英语教学大纲是依据国家的教育方针、政策和大学教学计划中对英语教学规定的教学目的、任务，学生身心发展的规律，学生掌握英语的知识和认知水平，在对全国英语教学质量的全面调查研究、论证以及对学生需求分析的基础上，以纲要的形式规定教学目的要求、教学内容、教学原则、教学方法，完成各级的具体教学内容，并附词汇、语法、功能意念项目等材料表。大学英语教学大纲是指导大学英语教学、精选和安排语言材料、编写大学英语教材和对学生学习效果进行考核的基本依据（章兼中，1999）。

我国的大学英语教学为适应国家经济建设的需要经历了数个转型时期。改革开放以来，我国先后颁布了 5 个大学英语教学大纲和 2 个大学英语课程教学要求，分别是《英语教学大纲（草案）》（高等学校理工科本科四年制试用，以下简称《80 大纲（草案）》）、《大学英语教学大纲》（高等学校理工科本科用，以下简称《85 大纲》）、《大学英语教学大纲》（文理科本科用，以下简称《86 大纲》）、《大学英语教学大纲（增订本）》（高等学校理工科本科用，以下简称《88 大纲》）、《大学英语教学大纲（修订本）》（高等学校本科用，以下简称《99 大纲》）、《大学英语课程教学要求（试行）》（以下简称《2004 课程要求（试行）》）和《大学英语课程教学要求》（以下简称《2007 课程要求》）。陈红、蔡朝晖、戴祝君（2009）根据不同时期对英语的不同要求，将新中国成立后的英语教学大致分为四个阶段，对各个教学大纲进行了介绍：第一阶段是 1949—1985 年的起步与摸索阶段，第二阶段为 1985—1999 年的规范与发展阶段，第三阶段为 1999—2002 年的调整与改革阶段，第四阶段则为 2002 年至今的提高与深化阶段。这种划分方法是按照时间顺序和时代特征对大学英语教学的整体情况进行的归纳总结。本书则从教学目标的侧重点出发，结合相关研究评述 1985 年及之后的英语教学大纲，涵盖了上述的四个阶段。1985 年及以后英语教学大纲中的教学目标大致可以归为两类，一类是以阅读技能为主的教学目标，另一类是听说领先的教学目标。

2.1　以阅读技能为主的大学英语教学目标

正如教学大纲编写者所言，20 世纪 80 年代以来，"国际交往日趋频繁，外语在四化建设中的重要性日益显著，因此旧大纲无论在起点上，还是在培养目标或教学要求上都嫌过低，有必要对大纲进行修订，使之更符合我国经济建设发展的需要"（陆慈，1985）。1982 年教育部委托全国理工科公共外语教材编审委员会和中国公共外语教学研究会负责进行大纲修订工作。修订工作组对新中国成立以来的公共英语教学做了较详细的总结。同时，也对国外的大纲设计、语言学和教学法进行了学习和研究，如研究了 Munby、Wilkins 和 Widdowson 等人有关大纲设计和语言教学的著作。为了使大纲中的教学对象、培养目标以及各项要求有比较客观的、科学的依据，修订组曾做了四个方面的调研：新生入学英语水平调查、英语课程结束时学生水平调查、科技外语社会需求调查、专业阅读阶段调查。1985 年《大学英语教学大纲》（高等学校理工科本科用）印发并启用。

《85 大纲》中的大学英语教学的目标是："培养学生具有较强的阅读能力；一定的听和译的能力；初步的写和说的能力。使学生具有以英语为工具获取专业所需信息的能力。"编写者的基本出发点是，新大纲是一份既重视发展语言能力，又重视发展交际能力的大纲。大纲正文后附的四张表就体现了对语言能力和交际能力方面的要求。大致可以说，词汇表和语法结构表规定了语言能力的教学内容，功能意念表和语言技能表则规定了发展交际能力的教学内容与要求。大纲的培养目标把各项语言技能要求分成三个层次：较强的阅读能力；一定的听和译的能力；初步的写和说的能力。"大纲第一次把听、写、说的技能要求列为培养目标。这样既突出了以阅读为重点，又在其他能力方面为学生打下一定的基础，为以后进一步的提高创造条件"（陆慈，1985：16）。由于该大纲是根据理工科学生毕业后在工作中对英语的需要以及理工院校的实际情况而确定的，因此具有明显的片面性和狭隘性（陈红、蔡朝晖、戴祝君，2009）。由于大纲中对说的要求不高，教学过程中很快出现了忽视说的教学现象（刘谋宏，1998）。

由于 1985 年制定大纲时，我国仍处于教学资源相对匮乏的时期，教学层次相对较低，语言输入的主要途径就是阅读，大学英语教学的主要目的就是满足经济建设和科技发展的需要，因此将读懂英语作为大学英语教学的首要目标是符合当时的客观实际的。但随着社会经济的不断发展，对英语人才的要求也在不断提高，人们认为大纲应使得学生听、说、读、写、译的能力处于同一层次，而不是单独突出阅读能力（刘谋宏，1998）。

《85 大纲》自颁布之日起，对大学英语教学的指导和所做出的贡献是不可忽视的，英语教学得到了前所未有的重视。社会和学习者对英语的重视，导致大学新生的英语水平比以前有很大的提升，大纲的指导作用慢慢变弱。此外，随着国际国内形势的不断变化，高科技的发展，网络技术的普及以及 21 世纪的即将来临，社会对大学生的外语水平及语言应用能力又有了更高、更具体的要求（谢邦秀，2001）。因此，原国家教委高教司从 1996 年 5 月起组织高等学校大学外语教学指导委员会成立项目组，研究制定新的教学大纲。项目组立足于 21 世纪人才的培养规格，确定大学英语的培养目标，进行了广泛的、多层次的社会需求调查，主要包括：大学毕业生英语水平及使用英语现状的调查；用人单位对大学毕业生英语能力的评估及期望；专家、学者、教授对大学生英语水平及培养目标的描述；外语教师的意见；高校新生的英语词汇量；高校新生的英语应用能力等。

修订后的大纲对教学目标做了明确阐述：培养学生具有较强的阅读能力和一定的听、说、写、译能力，使他们能以英语为工具交流信息；帮助学生掌握良好的语言学习方法，打下扎实的语言基础，提高文化素养。这比《85 大纲》"以英语为工具获取专业所需要的信息"的要求提高了，首先是内容拓宽了，同时是双向交流。不仅要求顺利阅读和听懂英语以便获取专业所需的信息，同时还要求用英语进行口头或笔头表达。这使大纲对学生语言能力的要求从原来的三个层次变为两个层次（邵永真，1999）。

对比两部大纲，后者比前者提出了更高的教学目标，拓宽了教学内容。将听、说、写、译能力的培养放在同一层次，这是 1999 年大纲的一个重大修订（金力，2011）。虽然《99 大纲》比《85 大纲》更加重视听、说、写的重要性，但本质上和《85 大纲》没有区别，仍将阅读能力放在第一位。有研究者认为，这种强调被动输入的作用的做法，可能是我国英语教学"费时低效"的一个重要原因（吴一安，2002；陈国华，2002）。

2.2 听说技能领先的大学英语教学目标

为了弥补《99 大纲》的不足，顺应时代发展的需要，教育部于 2002 年开始了新一轮的大学英语教学改革。2004 年由教育部高等教育司"大学英语教学基本要求"项目组编写的《大学英语课程教学要求》（以下简称《2004 课程要求（试行）》）颁布试行。

《2004 课程要求（试行）》把大学英语教学的目标描述为："培养学生的英语综合应用能力，特别是听说能力，使他们在今后工作和社会交往中能用英语有效地进行口头和书面的信息交流，同时增强其自主学习能力，提高综合文化素养，以适应我国社会发展和国际交流的需要。"该要求与以往的教学大纲相比，大学英语教学目标中的重点从阅读能力转到了听说能力。

研究者对该教学指导文件的评价褒贬不一。韩宝成（2012）认为，对照 1986 年及 1999 年出版的大学英语教学大纲，大学英语教学从注重打语言基础过渡到有效交际，从注重阅读能力转移到培养学生的英语综合应用能力，尤其是听说能力，这在方向上是正确的。李二龙（2011）认为其积极意义在于，和以往制定的教学目标相比，它突出了英语交际能力、自主学习能力和文化意识的重要性，这是一个不小的进步，十分符合我国社会发展迅速和国际交流日益增多的国情，对我国的大学英语教学有一定的宏观指导作用。

研究者认为其突出的不足体现在五个方面。①《2004 课程要求（试行）》没有明确解释什么是综合应用能力，对这一关键概念缺乏明确界定，有可能使教学走进误区。《2004 课程要求（试行）》同时提出，大学英语要以"英语语言知识与应用技能、跨文化交际和学习策略为主要内容"，但从教学要求的具体描述来看，核心内容是语言技能（听说读写译）和语言知识（推荐词汇量）。虽然《2004 课程要求（试行）》提出大学英语也是一门素质教育课程，兼具工具性和人文性，但对有关文化素质的要求缺乏明确描述。②《2004 课程要求（试行）》笼统、抽象，顾此失彼，失之片面（李银仓，2005）。该"要求"把大学英语教学分为一般要求、较高要求和更高要求三个等级，但各个教学阶段如每个学期缺乏具体的可用于操作的评价目标。③它忽略了认知、情感和策略在英语教学中的作用，我们很有必要借鉴国外教育学、教育心理学和第二语言教学的成果来建立一个适合我国国情的多元化的大学英语教学目标体系（李二龙，2011）。④该目标过于理想化，没有考虑学习者的客观需求，既要对不同地区、不同高校的不同需要不同对待，更要考虑经济成本代价，考虑大学生学以致用的经济原则。此外，由于社会对于英语五项技能的需要越来越呈专业化趋势，没有必要规定所有的学生必须以阅读或听、说为主（龚晓斌，2009）。⑤《2004 课程要求（试行）》矫枉难免过正，过分强调听说能力的结果可能是忽视对其他语用能力的培养，正如当初强调阅读能力而忽视对听说能力的培养一样。最终，大学生英语综合应用能力的培养将成为纸上谈兵（孙丙堂，2004；王守仁，2004）。

2.3　大学英语教育目标多元化

布鲁姆提出了三大教育目标：认知、情感和心理动作（Bloom，1956）。每个领域的目标由低到高分成若干层次。人本主义代表罗杰斯的"全人教育"观（whole – person education）（Rogers，1983）认为，教育的目的是促进人的全面发展和自我实现。要实现这一目标，就必须考虑人的整体需要，把认知、情感和心理有机地结合起来。教育的目的不仅仅是让学生获得知识和技能，更重要的是要获得各方面的平衡发展。多元智能理论为大学英语课程改革提供了理论及实践的新思路。根据多元智能理论，大学英语教学的目标不应该是孤立地提高学生的语言智能，而是应尽可能地充分利用学生的其他智能的综合开发来发展语言智能。换句话说，要通过综合智能发展促进语言能力发展，同时又让英语学习带动其他智能发展。也就是说，在英语教学中要充分挖掘、开发学生的潜能，促进学生综合素质的提高、健全人格的形成以及综合语言运用能力的发展（刘森林，2007）。

　　韩宝成（2012）提出理想的、科学的大学英语教学目标应该是多元的、综合的和多层的。它以英语作为载体或媒介，实现开阔视野、增长知识、提升思辨能力和陶冶情操、体认多元文化、促进自我完善、开展有效交际等目标。不同高校可在多元、综合目标体系下，根据本校的特点和学生的水平确定具体的目标。

　　束定芳（2011）认为，大学英语教学的定位，一是为高等教育国际化服务；二是培养实际的英语使用能力；三是为培养创新型人才服务。根据《国家中长期教育改革和发展规划纲要》，中国高等教育的重要目标之一是"培养具有国际视野，通晓国际规则，能够参与国际事务与国际竞争的国际化人才"，那么，大学英语教学的另一个重要目标就是培养学生参与国际事务和国际竞争时所需要的英语沟通能力。学生英语实用能力的培养，各大学应该根据各个学校的人才规格定位，根据今后学生工作岗位的实际需要，科学地、实事求是地确定英语教学的目标定位。例如，商务类的学生应该具备商务场合与国际同行的交流能力，金融专业的学生应该具备在金融领域使用英语进行专业活动的能力。因此，这类学校的英语教学目标就是"英语能力＋专业知识＝用英语从事专业活动和国际交流的能力"。根据这样的目标，对大部分高校来说，大学英语教学就应该是在训练学生听说读写能力的同时，特别关注学生专业领域英语使用的能力。英语课程应该与专业课程结合，培养学生在专业领域使用英语的能力。

　　韩宝成（2012）认为，随着大学生入学英语水平的普遍提高，大学英语作为面向我国所有高校学生的一门课程，不应再把语言知识和语言技能作为主要内容，一味强调语言基本功，否则无法实现大学英语作为素质教育课程的任务；英语综合应用能力不是大学英语教学的全部，还有其他重要目标；大学英语教学目标的设定应该"取法乎上"，应该从语言的本质和功能、大学的使命和国家发展等多角度进行重构，并以此完善课程设置，调整教学内容，从而实现学生的全面发展。对课程设计者而言，持什么样的语言观就决定了有什么样的教育观，它决定了大学英语教育的发展方向，并由此引出教材观、内容观、教学观、测试观等。坚持科学主义的观点，语言教学重在语言知识的传授和技能的训练。坚持人本主义的看法，语言教学则以意义为核心，强调知识的构建。把语言、文化和思维统一起来，意味着外语教学有了扎实的落脚点，即通过语言传授文化知识、提升文化素养和培养创新思维能力。弄清了语言的性质，也就确定了大学英语的教学目标。而现行目标凸显的是英语教育的外在目标，即"实用"语言运用目标。如果秉持一个全面而又深刻的外语教育观，大学英语教学还要十分重视英语教育的内在目标，包括心智发展，精神世界的发展，形成不同的思维方式，理解不同的文化和宗教，发展优秀的公民素养，成为一个既有民族性又有国际意识的公民等。

田珂（2002）认为科学的、全面的、符合我国国情的大学英语教学目标体系既要重视社会经济发展的需要，也要重视学生个体发展的需要；既要考虑大学英语教学在掌握知识技能和建设社会文化方面的功能目标，也要考虑学生对英语的兴趣需要和学生英语能力以及个性发展等方面的目标。大学英语教学目标应包含六个方面的内容：①培养学生扎实、全面的英语语言基础知识，即语音、语法和词汇三方面的语言知识。②全面提高学生听、说、读、写、译五项基本技能。其中以阅读技能为中心，以听、说和写、译为两翼，做到协调、综合发展。③培养学生养成良好的语言学习习惯、正确的思维方式，为提高学生的自学能力打下坚实的基础。④培养学生的语言运用能力，包括社会语言能力、语篇能力、策略能力。⑤培养学生对英语学习的广泛兴趣和爱好，养成对英语学习的良好认知态度，创造各种有利条件促使学生自觉、主动地参加英语的学习和实践，并从中体验学习和成功的乐趣，形成良好的学习态度和观念。⑥培养学生高尚的思想品德和强烈的社会责任感，养成良好的社会公德和高尚的生活情趣；提高对生活和英语文化的鉴赏能力，陶冶美的情操，促进个性的全面发展，建立正确的人生观和世界观。

另外一些学者强调，大学的使命就是培养学生适应社会的需要。学生学习大学英语不仅是为了能用英语进行一般的日常交流，更重要的是能将英语作为一种工具，方便将来学习国外先进科技文明成果，提高自己的国际竞争能力。从长远来看，我国大学英语的教学目标应该是在提高听说能力的基础上，大力培养学生的读写能力，尤其是其专业领域的英语读写能力。大学英语的重点应该从目前通用英语立即向专门用途英语，尤其是学术英语转移，并明确提出为专业学习和今后工作服务的大学英语教学目标（蔡基刚，2006：178）。

李箭（2011）通过梳理新中国成立以来相关的讨论，从国内外的大学英语教学现状入手，以社会、学生发展为基点，认为我国大学英语教学改革的关键不仅要提高学生的听说能力，而更在于大学英语教学目标的合理定位和构建"基础英语＋专业相关英语＋专业英语"的大学英语教学多元化目标体系。

2.4 我校大学英语教学目标

从 1985 年以来的大学英语教学指导性文件可见，大学英语教学目标有着国家层面上的统一要求，能力目标是分层次的。《85 大纲》《99 大纲》《2004 课程要求（试行）》都把听、说、读、写、译能力的发展按照重要性分了先后次序。《2004 课程要求（试行）》与以往相比的一个重要变化还在于，不再设立全国统一的要求，而是把各种能力分为"一般要求""较高要求"和"更高要求"，各个学校可以根据自己的情况，选择完成相应的要求。

北京物资学院是一所以物流和流通为特色，以经济学科为基础，以管理学科为主干，经、管、理、工、文、法等多学科协调发展的公办普通高等院校。大学英语教学目标的设置遵循了三个原则：首先，以教育部的大学英语课程教学要求指导大学英语教学目标的设置；其次，基于教育目标理论和语言能力理论来设置合理的能力培养目标；最后，结合学校的办学特色和优势学科，设定具有本校特色的大学英语教学具体阶段性目标。

2.4.1 英语能力

大学英语教学应以何种英语能力为培养目标？王淑花（2012，2014）在文献综述中指出，我国不同教育阶段教学指导文件的目标陈述中反映出，英语学科应能促进学习者身体、情感、认知的全面发展，成为国民素质教育的重要组成部分。例如，程晓堂、龚亚夫（2005）指出，外语就像体育、音乐、美术等课程一样，是促进学生全人发展的重要学科之一。语言课程包括学习母语和学习外语，与其他学科课程如历史、地理、物理、化学等一样，从不同的角度来促进人的心智的发展。英语作为一门语言，既是交际工具，也是思想的载体，具有理解和表达意义的功能。学习者通过说、写、做的交际渠道表达自己的想法，而这些想法往往可以口头或者书面文本为载体。因此语言使用既是社会交际过程，也是个体思维的过程，与个体的成长有着不可分割的联系。因而外语环境下的语言能力，不能仅体现为能做什么任务，即完成交际任务的量（quantity）（Hulstijn，2007），而更体现为交际的质量（quality）。这种质量就可能反映在学习者思维过程和思维结果所体现出的语言使用的策略性、逻辑性、批判性和创造性上（IRA，1996）。

　　王淑花（2012，2014）认为，Bachman 和 Palmer（2010）的语言能力模型可以作为外语环境下探讨英语能力构成要素的参考。该模型吸收了认知心理学的研究成果，关注学习者的认知能力在语言能力发展中的地位和作用，同时也在一定程度上反映出了认知语言学派的语言、交际和认知不可分割的观点，比较符合我国外语教育政策重视学生认知发展的原则，因此，当我们描写学生语言能力发展的阶段性目标时，可以此作为理论基础。在该语言能力模型中（如图 2-1 所示），以学习者 A 为例，他在阅读或倾听语言材料时，通过调动语言知识（language knowledge）、话题知识（topical knowledge）、认知技能（思维能力）对语言材料进行解码、思考，获取语言材料的意义，展示出一定的语言理解能力（interpretation of meaning）。如果他阅读或倾听语言材料后，与他人进行互动交流，那么他既需要一定的语言理解能力，又需要一定的语言表达能力（creation of meaning）。他也可能身处这样情境：主动向他人表达自己的意思而不需他人呼应。在这种情境下，他展示的是其语言表达能力。

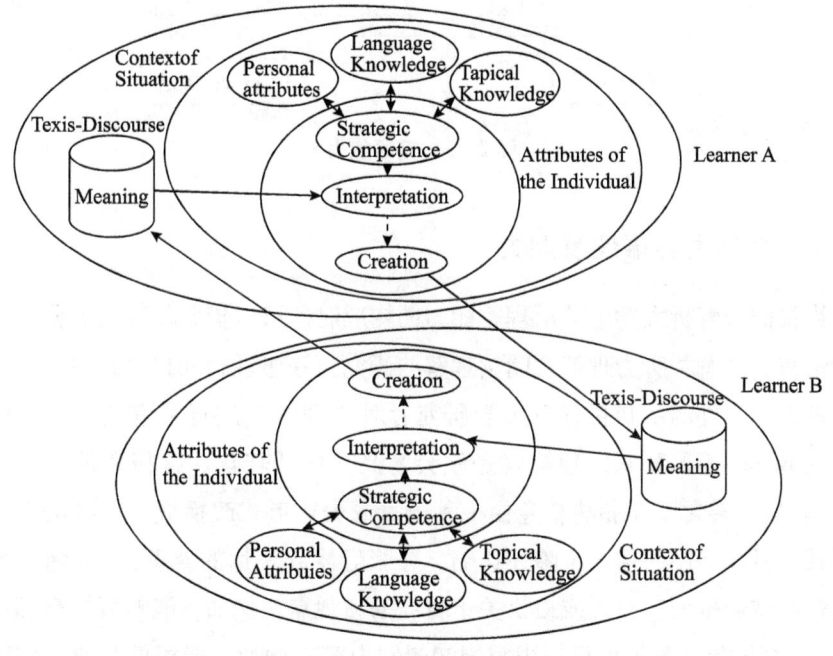

图 2-1　语言能力框架

　　基于该理论框架，我们可将语言能力定义为："语言学习者或使用者在各种情境下的语言活动中运用各种知识和策略围绕某一话题内容所体现出的理解能力和表达能力。"其中,"情境"指语言运用的场合;"语言活动"是以口头或书面方式完成某件事情所呈现出的各种语言实践活动;"知识"包括各种语言知识和非语言知识;"策略"指运用语言的经验、技巧和情感;"话题内容"指口头话语、书面材料的意思;"理解能力"即领会语言材料中话题内容的能力;"表达能力"即表述自己意思的能力。由于"话题内容"的外在表现形式有书面和口头两种,因此,"理解能力"又再分为"口头理解能力"和"书面理解能力";"表达能力"又再分为"口头表达能力"和"书面表达能力",如图 2-2 所示。

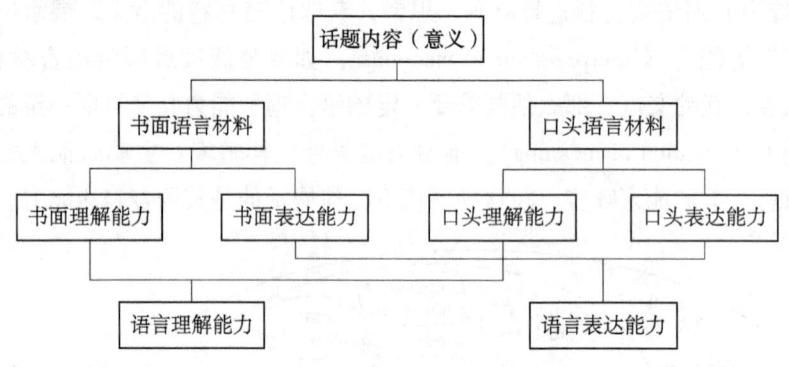

图 2-2　英语能力

2.4.2　大学生英语理解能力

当我们来解析大学生英语理解能力的构成时,可以借鉴教育目标分类学和应用语言学中有关听力理解和阅读理解的研究(王淑花,2012;2014)。

首先,国外的认知目标分类学研究者对"理解"进行了直接的定义和分类。在 Bloom 等人看来,理解就是领会意义,包括转化、解释和推断三类行为。其中,"转化"是指将信息由一种语言或表达形式改换成另一种语言或表达形式,譬如能用通俗语言陈述比喻、夸张等修辞表达的意思;"解释"指对材料进行重新排列、整理或提出关于材料的新观点,例如,能够概括整部作品的思想;"推断"是根据已知内容推知未知内容,例如,能根据一段文字预测事情的发展趋势和后果。Anderson et al(2001/2009:54)认为,"当学生能够从授课、书本或计算机渠道获得由语言、文字和图形等形式呈现的教学信息来构建意义时,我们就说学生理解了"。"理解"需要在将要获得的新知识和已有知识之间建立联系，或者说理解是新获得的知识与现有的心理图式和认知框架的整合。他们还对理解的具体行为表现进行了解释：当一个人"理解"了，他就能将原有信息从一种表示形式转变为另一种表示形式（解释）；或者能根据原有的概念或原理举出实际例子（举例）；或能把具体例子归入某个原理（分类）；或用一句话来描述呈现的信息或概括出信息的主题（总结）；或能在一组例子或事件中发现模式，能够发现例子之间的相互关系（推断）；抑或能查明两个或更多对象、事件、观点、问题或情境之间的相似或不同（比较）（Anderson et al. , 2001：70 – 76）。

Anderson 等人的"理解"包含了 Bloom 等人提出的三个认知过程，而且另外提出了举例、分类、总结、比较、解释等更多的认知过程亚类，因而也更加具体，使人们在教学和评测中能更准确地分辨学习者的表现，设定更为明确的目标。两个版本的认知目标分类对后世影响很大，不少研究如 Brown（2004），Duron & Waugh（2006）根据认知目标分类学中的认知过程及其亚类，列出了学习者需要掌握的思维技能。虽然认知目标分类学是对知识的理解和应用的认知过程的归类，但知识多以语言材料为载体，且其出发点是适合于任何学科，因此，认知目标分类的成果为语言研究、语言教学研究所广泛引用，而且影响巨大。

国外研究者对阅读理解能力的共同看法是：阅读理解能力可分为 3 ~ 5 个层次，呈现从低到高的层级性。对原有信息大意的了解、记忆属于最低层次（字面理解）；根据原有信息进行重组、概括总结、推断则是更高级的理解能力；而结合读者的背景知识和体验对原内容和形式做出反思和评价则是最高级的理解能力。读者先要学会理解字面意思，然后才能推断含义，最后才是学会评价、批判（Alderson，2000）。这种对"读懂"的层级性理解，源于研究者相信认知目标分类中的记忆、理解和应用是低层次思维能力，分析、综合和评价是高层次思维能力。阅读理解层次的划分明显源于认知目标分类学，又有所不同。阅读理解涵盖认知目标分类学的"理解"，并可能拓展至涵盖其所有的认知过程。

国内外研究对听力理解能力的归类数目不一，但其共同点是：听力可划分为"听辨语音、提取基本语言信息"和"利用所提取信息建构意义"两大类。人们认识到听力理解并非被动的倾听过程，而是复杂的积极建构意义的活动（Brindley，1998b；Buck，2001）。听者是积极的意义建构者，不是录音机

（Anderson & Lynch，1988），不仅对口头信息进行解码，还要推理和检验假设（Rost，1990）。听力理解是沟通思想的过程，而不是为了获取语言知识（Brown，1995b）。在此基础上，Rost（2002）将听力理解能力划分为四部分：接收信息能力（receptive orientation）、建构意义能力（constructive orientation）、沟通和回应能力（collaborative orientation）、创造意义能力（transformative orientation）。四类子能力互为基础，相互作用。目前听力研究领域达成的共识是，听力理解能力可划分为数目不等的子能力，子能力呈现从低到高的层级。识别字面意思是最低级别的能力，推理和评价能力是最高级别的能力（Barta，2010；Buck，1991；Rost，1990；Weir，1993）。

　　基于上述研究，王淑花（2012）提出的语言理解能力模型，把语言理解能力定义为：学习者在围绕某一话题内容建构意义过程中，了解大意、领会主要思想、结合已有知识和体验，进行分析与推断、评价与赏析的能力。话题内容（或意义）由书面或口头材料承载，语言理解能力因此分为书面理解能力和口头理解能力，两类理解能力各自再分为识别与提取、领会与概括、分析与推断、评价与赏析能力四类，如图2-3所示。

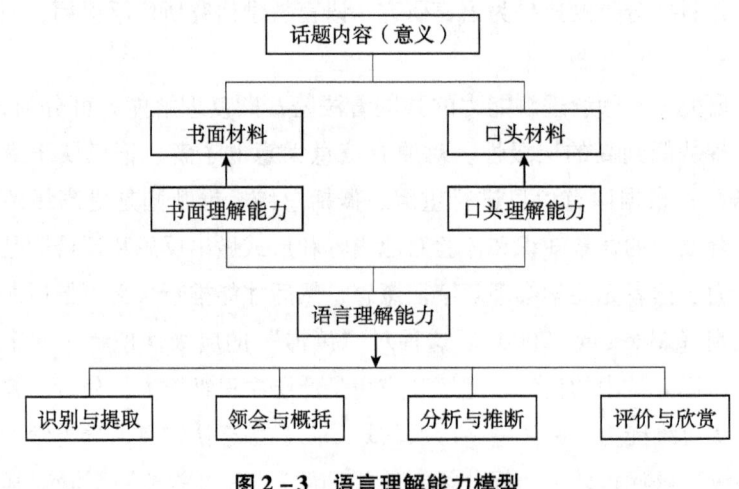

图2-3　语言理解能力模型

　　该模型采用了 Anderson 的观点，将理解看作学习者积极建构意义的过程，是将输入的信息组织成连贯的表象形式，与已有知识融为一体，并最终生成新知识或新东西的认知过程。语言理解也是类似的认知过程，学习者将语言材料承载的信息，与已有知识相联系，产生新的认识。意义是读者（或听者）、语言材料、情境相互作用的结果（Pearson，2009）。王淑花（2012）根据学习者将语言材料与自身经验、已有知识的结合程度，将语言理解能力划分为识别与提取能力、领会与概括能力、分析与推断能力、评价与赏析能力四类。

其中"识别与提取"能力，与认知目标分类中的"记忆/回想"相对应，指学习者能记起、找出所听或所读材料中具体信息，是字面理解能力。"领会与概括"能力，与认知目标分类的"理解"大致对应，指学习者能把握所听或所读材料的主要内容，并进行比较、归类、释义、解释、举例及概括。"识别与提取""领会与概括"属于基于材料内容的理解（text-based comprehension）。学习者识别和提取的信息在材料中是明显的、具体的，领会与概括着重于对材料整体内容的把握。"分析与推断"能力，指学习者能理清所听或所读材料的内在关系，并结合已有知识和经验做出推测、展开联想的能力。它包括了Anderson et al.（2001）"理解"中的"推断"（infer）认知亚类与"分析"这一认知过程，需要学习者运用已掌握的知识和经验参与意义建构。"分析与推断"能力与前述文献中提到的"推断性理解"含义相当。"评价与赏析"能力，指学习者能根据客观标准或主观经验对所听或所读材料的内容及其表现形式进行评价和鉴赏，包括了前述文献中的"批判性理解"和"欣赏"，涵盖了认知目标分类中的"评价"和"创造"。评价既有负面批评，也有正面评价，既指根据外在客观标准进行评价，也包括根据自己的主观感受做出判断。此外，评价可能产生创造性思维成果，而创造通常以批判为前提（Marzano et al.，1988），二者有大量交集。因此，研究者将两者合并为"评价与赏析"能力。与以往研究不同的是，该模型中语言理解能力的高低不是仅靠认知过程的复杂度来定，还与学习者所需理解内容的复杂程度和熟悉程度相关。Bloom的认知目标分类及前述的阅读和听力理解能力研究，都认同理解能力的层级性，即学习者先具有低层次认知能力，再发展高层次思维能力。笔者认为，同一学习者面对同一语言材料时，字面理解、推断性理解和批判性理解的认知复杂度不同，存在层级性；但对不同阶段学习者来说，不能想当然地认为基础阶段学习者只能理解字面意义，高级阶段学习者才能或才需要独立思考和评价能力。

四类语言理解能力举例说明如下：如果学习者听或读了某一故事，能记住主人公的名字或某一情节，这是识别与提取信息的能力；如能概括故事主题，说明他具有领会与概括能力；如能分析人物之间的关系，或推断故事情节，说明他具有分析与推断能力；如能评价故事情节对现实的反映程度，则说明他具有评价与赏析能力。

2.4.3　大学生英语表达能力

王淑花（2014）对英语表达能力的具体构成进行了探讨。在写作研究的基础上，她分析了表达能力中子能力的分类问题；在有关思维能力及思维品质研究的基础上探讨了表达能力的高低问题。

首先，写作研究领域常把写作分为三种模式、阶段或过程。例如，Britton（1970，转引自 Light，2002：259）区分了三种写作模式，这三种模式以表现性表达（expressive writing）为中心组成一个连续体，一端是公共交际性表达（transactional writing），一端是充满想象力的个人思想的表达（poetic writing）。Britton 实际上按照目的来区分写作的类别，我们不能认为连续体一端为表达能力的低级阶段，而另一端为高级阶段。Cramer（1978：66）认为写作分为三个阶段：准确模仿（close imitation，即一字不差地复述或总结所读或所听故事、诗歌等内容）、粗略模仿（loose imitation，即运用故事、诗歌等原材料的基本结构、修辞或情节增添独特的新内容）和模仿创新（creative modeling，即模仿原来形式，写出全新的内容）。Vahapassi（1982，转引自 Weigle，2002：10）则提到写作的三个认知过程。他认为最低要求的写作任务是模拟／再现已有文本表达出来的信息（reproducing information），如听写、填表；其次是组织／重组（organize/reorganize）作者已知的信息，如写实验报告；最高级别的任务是创作、产生（invent/generate）新的观点和信息。Vahapassi 认为第三类写作任务，也就是为改变知识而进行的写作，是学校教育培养的重点。与 Vahapassi（1982）类似，Bereiter & Scardamalia（1987，转引自 Jay，2006：234）建议随着写作经验的积累，学习者就该提高写作的难度，从简单地复现事实（a simple reproduction of the facts）过渡到更加复杂的重新组织事实阶段（more complex reformulation of the facts）。或者说是他会从采用陈述知识的方法（a knowledge‐telling approach）发展到采用改变知识的方法（knowledge transformation）。这三项研究表达出的一个共同观点是，语言表达是基于理解的表达。任何表达都是在理解基础之上的表达，离开了理解就没有表达。但表达对于理解的依赖程度不同，有的表达对于理解的依赖程度高，体现在使用材料原文进行表达；有的表达对于理解的依赖程度适中，体现在对材料进行整体把握，并结合自己的话语进行表达；还有一种表达对于理解的依赖程度低，体现在不拘泥于现有材料，用自己的话语进行创作。

思维能力研究和写作评分研究领域的研究者认为，真正影响和体现学习者语言表达能力的是他们的思维品质（李德龙、谢志礼，1998；朱行能，2006；陈玉秋，2007；文秋芳等，2009）。清晰的写作促使思维清晰，清晰的思维是清晰的写作的基础。思维的深度和广度能提高写作的质量。林崇德（2006）研究中的思维品质包括深刻性、灵活性、独创性、批判性和敏捷性五个方面。文秋芳等人（2009）结合中外的研究，针对批判性思维能力把思维品质归纳为清晰性（清晰、准确）、相关性（思辨内容与主题密切相关、详略得当、主次分明）、逻辑性（条理清楚、说理有理有据，具有说服力）、深刻性（有广度和深度）和灵活性（娴熟恰当地变换角度思考问题）。这些思维品质与写作和口语的评分标准有很多相通之处。Weigle（2002）总结了二语写作中分析性评分中的评估参数。其中 Jacob et al.（1981）的评分标准今天仍被广泛使用，包括内容、组织、词汇、语言使用和标点符号五部分。内容指的是是否与题目相关，是否充实；组织关注的是否明确陈述观点，叙述顺序是否逻辑条理；其他三条关注的是语言形式。Weir（1998）为 TEEP 考试制定的评分标准同样把内容的相关性和准确性、内容的组织合理性和逻辑性放到最重要的位置上。综上所述，我们能看出评分标准和思维品质研究之间存在一定的相关性，例如相关性与内容有关系；清晰性、逻辑性、深刻性和灵活性都与内容的组织有关系。这两者给我们的启发是：我们可以通过描述内容的组织方式来表现不同的表达能力水平。

基于上述研究，王淑花（2014）建立了语言表达能力模型（如图 2-4 所示），将语言表达能力定义为：学习者围绕某一话题内容，能够复述、概括、评析或创造新的意义的能力。在这个能力框架之下，话题内容是核心，话题内容以书面材料或者口头材料的形式存在，学习者接触一定形式的话题内容，理解意义，并进行相应的表现。

其中，复现和复述能力是对语言理解能力依赖性较强的表达能力，学习者往往会通过回忆、提取等手段，复现所读或所听的材料，如背诵听过的一个小故事；或者默写读过的一首诗。总结和概述能力则是指基于对意义的领会，通过归纳、解释、比较等手段，用自己的语言概括原信息的能力，例如，能用自

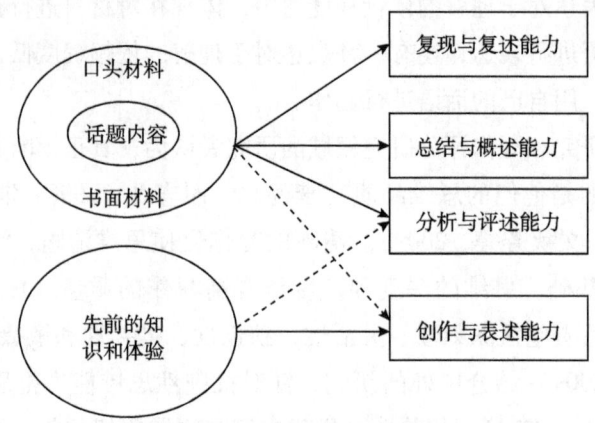

图 2 - 4　语言表达能力模型

己的话总结会议的内容；能用自己的话归纳故事的主题等。分析与评述能力是基于理解能力和先前知识和自身体验的一种能力，指学习者能结合已有的知识和体验，对所接触材料进行分析、判断、评价和赏析。例如，分析某部小说人物形象的真实性；评价某部电影的社会影响力等。创作与表述能力是指学习者能不拘泥于现有的材料，利用自己先前的知识和体验、想象力以及综合能力，创作新作品、表达新思想的能力，例如，创作一首小诗，发表一篇演说等。

　　这四种能力对于同一个学习者来说，具有一定的层级性。随着学习者知识和体验的累积，学习者从基于材料内容的表达，逐步获得更多的自由，表达自己的思想和观点。但对于不同年龄阶段或不同学习阶段的学习者来说，这四种能力都是他们应该发展，并最终具备的语言表达能力。

2.4.4　大学英语多元化目标

　　只有定义清楚了大学英语教学中所培养的英语能力是什么，教学中才能制订切实可行的教学计划，设置合理的课程体系来达成教学目标的实现。在2.4.2部分和2.4.3部分，我们将英语能力分解为英语理解能力和表达能力，而英语理解能力和表达能力又各自分成四个子能力，即识别与提取能力、领会与概括能力、分析与推断能力、评价与赏析能力；复现和复述能力、总结和概述能力、分析与评述能力以及创作与表述能力。这些能力是贯穿大学英语各阶段的英语能力培养目标。

　　在明确英语能力的定义和内涵之后，我们同时考虑社会需求、学校的办学特色以及学习者个性发展的需求，进一步将大学英语教学目标多元化。其含义是不同教学阶段的教学目标侧重点不同，不同能力层次的学习者教学侧重点不同。这种多元化教学目标设定的前提基于三点：第一，不少研究者指出根据社会经济发展的需要，大学英语的重点应该从目前通用英语立即向专门用途英语，尤其是学术英语转移，将专业学习和今后工作服务作为大学英语教学目标（蔡基刚，2006：178）。第二，北京物资学院是以流通和物流为特色的财经类院校，我们也将专门用途英语的教学作为目标之一。我们既要在基础阶段培养普通英语的理解能力和表达能力，也要在中高级阶段将财经英语理解能力和表达能力作为教学目标。第三，教学目标的设定要充分考虑学习者的不同能力层次、专业和兴趣特点，围绕英语能力要素，设定具体的教学目标。我们将在第4章对此进行详细叙述。

第 3 章　影响大学英语教学效果的因素

本章基于英语教育的相关文献，梳理影响大学英语教学效果的因素。通过对各主要因素的梳理，探讨本校大学英语教学改革的思路。

教学效果是高校教育质量的根本，其影响因素是复杂多样的。有研究者认为要探讨教学效果的影响因素，离不开对影响学习结果的要素的探讨。Stern（1983：338）曾在《语言教学的基本概念》一书中探讨影响和制约学习过程的诸多要素。他将这些要素分为社会环境（social context）、学习者特征（learner characteristics）、学习条件（learning conditions）和学习过程（learning process）。其中社会环境包括社会语言学、社会文化习俗和社会经济因素等；学习者特征包括年龄、认知特点、情感特征和个性特征等；学习条件是指教学目标、教学内容、教学手段、教学材料及教学评价等；学习过程指学习策略、学习技能、思维运作过程等。社会环境通过学习者因素和教学条件制约着外语学习过程，而学习过程最终制约着学习效果。

国内不少研究者从教学实施的角度，探讨了影响教学效果的因素（夏纪梅，2000；束定芳，2010；周杨，2011）。与 Stern（1983）提出的学习条件因素类似，国内研究者指出教学目标是向导，学生是主体，教师是主导，教学环境和条件是支撑，这几个方面都是影响英语教学质量的因素。教学是双边活动，教学效果很大程度上是由教师和学生共同决定的，师资质量高，学生素质好，教学环境良好，才能取得理想的教学效果。下文将从教师素养、教学内容、教学方法、教学条件、教学评价方式和学习者因素几个方面进行逐一介绍。

3.1　教师因素

教师是高校教育教学中"教"的主体，在整个教育过程中发挥着主导作用，对学生课堂的学习质量有着最直接的影响。杨先明、徐晓红（2004）认为，教师对教学质量影响的因素有教师自身业务水平、教师的职业精神、教师的教学水平、教师的理论水平、创新能力和精神等。尹明忠（2009）认为教师的职业道德、个性特质、思想观念、知识能力以及其他相关能力是影响教学效果的重要因素。他指出国外研究表明，教师的个性特征对教学效果有着非常明显的影响，热情洋溢、善解人意、富有效率和想象力的教师的教学效果远比那些个性冷漠、散漫，行为轻率且单调乏味的教师要好得多。教师的思想观念包括教师的知识观、教学观和师生观。掌握科学的思想观念，创建学习共同体和融洽的师生关系，能从根本上保障教学质量。教师的知识能力包括科学和人文素养、工具性学科知识和技能、教育学科知识技能、专业知识和技能。这些知识和技能对教学效果的影响是根本性和基础性的。其他相关能力包括管理方式和能力、交往意识和能力等。

杨春辉（2012）认为教师的专业化程度，教师的教学设计和理念、课堂教学技巧和教学风格都是影响教学质量的重要因素。教师的专业化程度是指教师对一门学科知识的充分把握和正确的知识传授；教学设计是教师以以往的教学经验为依据，在目前教学目标的引导下制订的可行的教学计划；教学技巧是指教师在教学过程中能根据学生的具体情况组织实施教学；课堂教学风格与教师的教学技巧、个人的性格和行为表现力等都息息相关。教师在教学中要关注学生，提高专业化程度，教学技能多元化，形成自己的教学风格，为学生创造一种宽松、愉快的学习环境，营造一个有利于学生学习创新的自由氛围。

其实，上述研究中的影响因素可以总结为教师的智力因素和非智力因素。智力因素主要指教师的知识结构和创造力，包括专业理论和基本知识、教育科学理论和基本知识以及相关学科的理论和知识等；非智力因素主要包括智力因素之外的心理因素，如性格、动机、信念、责任感、求知欲、热情、毅力等因素。

近年来，很多研究开始探讨教师的非智力因素对教学效果的影响，如杨玮丽（2010）认为非智力因素中教师的性格是影响教学质量的一个重要因素，教师应调整自己的情绪和性格，以便更好地促进教学质量的提高。她认为在民主型的老师的教导下，学生性格不会压抑，情绪开朗，性格活泼，对老师、同学态度好，又自信。在放任型的老师的教导下，班集体松散，缺乏核心，是非观念不清，同学间缺少有组织的活动，学生易形成自由散漫，缺乏友爱，不守纪律的习惯。在"过分权威"的老师教导下，压制意见，学生会有虚伪、圆滑的性格，老师在一个样，老师不在又是一个样，极端的会形成师生对立，产生反抗性格。教师要善于调整自己的性格和情绪，用生动、活泼、风趣的语言，让学生在不知不觉中全身心投入学习。喻平（2007）则认为教师的认识信念系统对教学有重要影响。教师的认识信念系统是一个涉及知识信念、认知信念、文化信念、学习信念以及对信念的自我调节等因素的复杂结构。教师认识信念的形成受到个体的学习活动经验、科学观和社会环境的影响。教师的认识信念会对自我的教学理念、教学设计、教学行为、教学组织以及教学评价产生直接影响，同时又会通过教学过程将自己的认识信念传达给学生，对学生的学习产生间接影响。陈丽华（2015）提到，国内外不少研究表明，教师效能感，即教师对自己影响学生学习行为和学习成绩的能力的这种主观判断，会影响学生学习的积极性、学习兴趣、学习态度、期望价值、自我效能和情绪情感，从而影响学生的学业成就。

除了智力因素和非智力因素外，刘红云、孟庆茂（2002）对高校181名教师的教学效果进行调查，用多层次分析法对教师背景变量，如教师性别、年龄、学历、职称、所教专业、年级、班级大小以及课程类别对教师教学效果影响程度进行了分析。研究结果表明，教师背景变量中教师性别、学历、专业以及所教班级的大小对于教师教学效果评价没有显著影响；教师职称、年龄、所教学生年级、课程类别对教师的教学效果有显著影响。

3.2　教学内容

我们经常会听到有老师听完别人的课说，这节课上得很热闹，气氛很活跃，却不知道学生能学到什么。这就是教学内容的问题。合理的教学内容是保证教学效果至关重要的一环。编写教材如果不能及时更新内容，也会致使学生兴趣受挫，影响教学效果。

目前，对于大学英语教学内容一直存在工具性与人文性之争，抑或是内容驱动还是语言驱动之争（俞理明、韩建侠，2012）。目前针对教学内容改革有三种主要观点：①大学阶段英语教学内容为专门用途英语（蔡基刚，2009；蔡基刚，2012）；②大学阶段英语教学内容为普通英语叠加通识教育类英语（吴鼎民、韩雅君，2010）；③大学阶段英语教学内容重点在于以英语为教学语言推广通识教育（王哲、李军军，2010），涵盖通用英语、专门用途英语、学术外语等内容，即普通英语、专门用途英语、通识教育类英语共存（王哲、李军军，2010；王守仁，2011）。蔡基刚（2009；2012）认为，大学英语教学应当考虑对学生的文化素质培养和国际文化知识的传授，但和培养外语工作者的英语专业不同，大学英语首先是工具性，即是获取信息的工具和国际交往的工具，因此主要是语言实际应用或工作。我国大学英语教学必须从普通英语教学、从一般英语技能的培养转变到专业英语教学上来，帮助学生用英语作为工具，在专业学习和工作上做好语言准备。提倡通识教育的人则认为，外语不仅是工具，而是在语言的载体中包含了极其丰富的人文性。语言一旦用于交流或者交际就必然承载信息、思想或者情感等诸方面的内容，这些内容从各方面体现了人文性、人文学科的特征（庄智象，2010）。吴鼎民、韩雅君（2010）所说的通识教育与王哲、李军军（2010）的观点趋同，他从提出在普通英语教学中融入通识教育，提高学生素养（吴鼎民，2003），发展到构建"三套车"的内容框架，提出将英语语言、中外文化和多学科知识融为一体，而多学科知识的获取就是通过专门用途英语教学来达成。

　　除理论探讨之外，研究者认为外语教学中需求分析是确定教学内容的有效手段，大学英语学习者的需求分析对我国大学英语教学的定位有着举足轻重的作用。在这个理念的基础上，不少研究者试图就"何为合适的大学英语教学内容"这一问题，以问卷调查、访谈等手段对用人单位和学生进行调查，了解社会对英语人才的需求，以及学习者的实际需要（傅正等人，2001；王斌华、刘辉，2003；朱鲁子，2004；蔡基刚，2012；许可新，2014；杜永辉，2015）。研究者对用人单位的调查涵盖了事业单位、民营企业、中外合资企业、个体及私营公司等。调查大都表明，用人单位要求英语毕业生的英语具有较强的实用性和针对性，社会需求的英语人才是英语口语好，交际能力强；业务能力强，是专业技术与英语能力均强的"双料"人才。可见，"英语口语好""懂与工作相关的专业外语"成为用人单位的首要需求。针对学习者的调查显示，他们对目前的大学英语教学内容并不满意，或者因为目前的大学英语教学内容重文学和语言知识（赵庆红等，2009），与中学所学内容重复多（王海华、王同顺，2003）；或者因为内容以通用英语为主，与专业无关，而学习者却表现出对专业英语教学浓厚的兴趣，希望能把专业英语课程和通用英语结合起来，以专业英语为导向（杜永辉，2015；龙宇，2015）。上述研究表明，无论是用人单位还是学习者自身，都期望大学英语教学能够依托专业内容进行语言教学。我国大学英语教学应该根据社会发展的需求和学科发展的需求，逐步实施以内容为依托的专门用途英语教学（蔡基刚，2012）。

那么，大学英语教学内容改革究竟该何去何从？束定芳（2010：7）指出，大学英语教学内容不应该是千篇一律的，由于各个学校的办学层次不同，学校定位不同，培养的人才规格不同，对英语教学的定位和学生的要求也应该不同。各高校可以根据各自的具体情况进行具体分析，进行社会和个人需求调查，确定自己的教学目标和教学内容。张珊珊（2015）认为，为实现我国高等教育的中长期人才培养目标（培养国际化人才），高等院校可以将普通英语教学、通识教育类英语教学、专门用途类英语教学、双语全英专业课程类教学组成大学阶段英语教学内容体系，它们有各自独特的作用，又相互关联，相辅相成。普通英语教学为通识教育类英语教学和双语全英专业课程类教学提供必备的英语水平；专门用途类英语教学在普通英语教学和双语全英专业课程类教学之间搭建桥梁，为双语全英专业课程类教学提供专业词汇、文献阅读和论文撰写等方面的培训；通识类英语教学和双语全英专业课程类教学为培养国际化人才直接服务。因此，这四个教学类别不存在取舍的问题，都应予以保留并各司其职。

3.3　教学方法

教学法是教师为完成教学任务所采用的教学方法和手段，是教学活动的实际呈现形式，直接影响教学效果。外语教学是一个有目的、有计划、有步骤的教学过程，在这一过程中所进行的各种教学活动，都是在一定教学法思想支配下组织和实施的。不少学者认为我国外语教学多年来处于费时低效的状态，落后的教学方法是造成这种局面的一个重要原因（付成梅，2005）。再好的教学内容或材料，若教学方法不对路，学生就不会产生学习兴趣。教学方法与教学观、教师观、学生观、人才观、质量观有着密切的联系。教学方法也可以视为路径，有明显的导向，关系到把学生引向何方，把学生培养成什么样的人（夏纪梅，2000）。那么，如何采用合适的教学方法提高教学效率是举足轻重的问题。人们普遍认为，如果教学法思想符合教学的客观规律、教学得法，教学效果就好；反之，就收效甚微，达不到预期的教学效果（张治英，2000）。

综观外语教学法的发展历史，其发展和演变经历了一个曲折漫长的过程。近百年来，外语教学法呈现出众多的流派：语法翻译法（Grammar Translation Method）、直接法（Direct Method）、视听法（Audio Visual Method）或情景法（Situational Method）、认知法（Cognitive Approach）、功能法（Functional Approach）、交际法（Communicative Approach）、启示法（Suggestopoedia）、沉默法（The Silent Way）以及 20 世纪 80 年代以来发展起来的任务教学法（Tasked - based Learning）。其中，语法翻译法距今已有三百多年的历史，是外语教学中最古老、影响最深远，至今在我国仍然大量使用而且相当成功的一种外语教学方法。它采用灌输式，以语法为路径，以句型为本，以教师为课堂教学的中心，注重语法知识的掌握，有利于培养学习者的阅读理解能力和写作能力；但其局限性在于重书面、轻听说，不利于语言综合运用能力的提高（张啸，2013）。影响中国外语教学相当长时间的另一种教学方法，当属交际法。它的基本观点是强调语言的意义，而不是结构，强调语言的功能，而不是形式；语言学习的目的就是学习交际能力（有效和得体地运用语言系统的能力），流利性与可接受性是语言教学的主要目标；主张利用真实材料进行教学，重视语境意义和篇章话语教学；主张教学过程交际化；认为学生是学习的主体，教师的作用就是以任何方式激发学生学习。交际法采用互动式，以情景为路径，以功能为本，以学生为语言活动的主体，对于培养学生的交际能力有很大的帮助。任务型教学法是对交际教学法的发展和完善，提倡通过交际来教，而不是为交际而教，教师设计任务，使学生运用已学知识和新学知识，开展合作，完成具有挑战性的任务（吕良环，2003）。虽然交际教学法和任务教学法重视学生综合语言运用能力的培养，改变了过分重视语法和词汇知识的传授，但在大班教学的情境下，存在一定的实施困难（张啸，2013）。

事实上，外语教学法的发展有其自身独特的客观规律，它同社会的变迁，同人们学习外语目的的改变，同有关学科的进展以及先进教学设备的问世等因素都密切相关，它是一定历史条件的产物，它们各有自己产生、存在和发展的原因和基础，也各有自己的理论根据、教学思想和教学任务，它们各在某一点或某几点上观察得细致、论证得充分，表现出自己的独到之处，但同时往往在另一方面又都有所忽视。换言之，每一教学法流派都各有其优缺点。没有哪一种教学方式是完美或者接近完美的，每种教学方式都有其具体适宜的"土壤"环境。广大外语教师和外语教学法的研究者逐渐意识到，没有哪种方法可以从根本上解决外语教学的所有问题，无论是定性的还是定量研究，都未能提供一种被普遍认为是最佳的外语教学方法（樊长荣，1999：29），因此当前外语教学法的理论研究与实践探索总体上呈两大趋势，即理论的折中化和实践的个性化（周福芹、刘秀云，2000：41）。在理论研究上各种外语教学法逐渐显现出越来越明显的互取所长的倾向，在实践探索上，人们对各种外语教学法采取了兼容并蓄的态度。

但即便如此，在教学活动中，教学法的选择和运用也有一条铁的定律，即它取决于两个方面的关键制约因素：一是教学目的和培养目标。方法是为达到目标和目的所采用的手段，不同的目的就决定不同的方法。二是教学条件与教学环境。客观条件与环境的不同，就制约着方法的选择。另外，即使采用折中的方法，将传统教学方法与新的教学法结合起来，取长补短，这种结合也不是任意拼凑，而是要因时、因地、因人制宜地择优组合。

3.4 教学条件

教学条件是指学校的整体教学环境，包括软件环境和硬件环境。宏观的软件环境包括社会和学校环境、教师、学生特点、人际关系等（Stern，1983：499），本书中所说的软件环境是个狭义概念，是指教育技术软件的应用，硬件环境主要指学校的实验室条件和计算机装备条件等。教学条件与教师、教学理念、教学内容、教学方法等因素相互作用，共同影响教学效果。

外语教学条件的变化，可谓日新月异。教育技术在外语教学中的应用和发展与外语教学理念与流派的衍生具有紧密的联系。20 世纪 50 年代，听说法的盛行带来语音室的大规模使用；在 60 年代，受行为主义的影响，基于操练的计算机辅助外语教学（CALL）开始出现，后来则被更智能、交互性更强的多媒体计算机辅助外语教学（MCALL）所替代；90 年代，因特网的发展则带来以计算机为中介的网络辅助教学（WELL）的兴起（马俊波，2007）。

3.4.1 计算机辅助教学

计算机辅助教学是以计算机的多项功能和特点，代替或部分代替教师面向学习者，促使学习实现有效学习的教学形态。从理论上讲，计算机辅助英语教学与传统教学相比具有很多优势，例如，在信息传递上更加形象化、个性化。

图片、声音、视频和多媒体课件较之书本、黑板、板书更能激发学生的学习兴趣；在教学模式上，打破了传统教学方法的束缚，使授课过程变得直接、清晰。计算机辅助教学中的人机即时交互性可使学生迅速地得到反馈，激发学习主动性。此外，交互式学习环境中学生可以按照自己的学习基础、学习兴趣来选择自己所要学习的内容，可以发挥学生的主动性、积极性、才能，获得有效的认知等等（杨春慧，2000；周慧芳，2006）。

谈言玲、严华（2007）回顾了十年间我国计算机辅助英语教学研究的开展情况，这些教学研究情况也反映了计算机辅助英语教学的开展情况。他们发现在教育部课程要求的指导之下，广大教师在计算机辅助英语教学的理论探讨、机辅教学与传统课堂的对比、教师和学生的角色定位等方面展开了广泛的研究，但这些研究反映出了很多问题。比较典型的两类问题是：第一，大多研究在重复性地关注传统课堂与计算机辅助课堂教学效果的对比，而探索在外语教学中如何更有效地使用计算机的行动研究很少。第二，对学习主体的研究较少。研究者多关注教学法、教学模式、计算机与具体课程（如口语、听力）的关系等，而较少关注影响学习者学习的内因与外因、学习者的心理认知过程、学习者的培训、学习者的策略选择等方面的研究。

而实际上，影响计算机辅助英语教学效能发挥的因素主要有三种，即环境变量、学习者变量和教师变量（项国雄，1996：32－33）。环境变量主要指学校本身的环境以及课室环境，如学校的计算机装备条件等。学习者变量主要包括以下诸因素：学习者的学习动机，学业的一般基础及成绩，对计算机辅助教学的兴趣及期望，学习的方式，使用计算机的能力以及性别、年龄等。在这三个变量当中，对教师变量的研究尤为突出。马俊波（2003）认为，教师的计算机水平直接影响计算机辅助外语教学效能的发挥。他采用问卷方法，调查了武汉地区四所高校大学英语教师的计算机水平，对计算机辅助外语教学的认识，以及使用计算机辅助外语教学的现状，并根据调查结果提出了相关的建议。他的研究发现，大多数教师的计算机水平不高，属于自学成材，对计算机辅助教学具有一定的畏难情绪，只是偶尔使用计算机辅助外语教学；他们使用的课件比较单一，动手制作课件的能力较弱。何高大，范姣莲（2004）的研究也显示，教师对现代教育技术的观念理论水平与操作技能，直接影响学习者的学习效果和教学效果。大部分教师运用现代教育技术的水平不高，目前所使用的教育手段非常简单，课件缺乏教学设计思想，交互性和趣味性不强，有的课件仅仅是纸介教材的"平移"。王国良（2014）对湖北省三所高校大学英语教师的计算机辅助英语教学效能感进行了调查，发现普通高校英语教师对于计算机辅助大学英语教学的作用和自己的计算机辅助大学英语教学的能力基本持有积极的、正面的看法和信念，但对计算机在教学中的使用还是存在一定的恐惧感。他认为，教师在计算机辅助英语教学方面的在职培训仍然匮乏。

从理论上讲，计算机在外语教学中的有效利用，能提高学习者的兴趣，改善外学习环境，提高外语教学质量，但在实践中是否如此，又存在哪些问题？何高大、范姣莲（2004）以湖南四所大学的学生为对象，对计算机辅助外语学习、学习者对计算机辅助外语学习的态度、效果等问题进行了实际调查。结果发现，超过半数的学生认为计算机对外语学习应该有好的效果，他们对教师使用计算机辅助教学持肯定态度，但认为教师实际进行的计算机辅助教学效果不尽人意。研究还发现，影响计算机辅助外语学习的因素依次为：缺乏外语学习资源，学校多媒体教室不够，硬件不够好，软件水平不高，缺乏整体的计算机辅助外语教学和外语学习的环境，缺乏真正意义的多媒化课程和教材，缺乏教育资源信息化、超文本化、数据库化、可视化、智能化，教学形式多媒化、网络化、自主化、个性化、多元化的高效外语教与学的模式。此外，学生的信息素质有待提高，学习者对现代教育技术的认识和技能的掌握，直接影响学习者使用媒体的积极性。

3.4.2 多媒体与网络辅助教学

多媒体与网络辅助教学是计算机辅助教学的一种发展形态，是以计算机技术为主导、涵盖多种媒体的教学方式：一方面，教学主体借助多媒体光盘和网络教学资源获得学习内容；另一方面，教学活动中也会吸取并发挥包括图书、磁带、幻灯片、电子白板、CD 等在内的多种媒体的特点和优势，形成合力。这一阶段的多媒体教学资源中还有了专为教师服务的电子教案、试题库、基于校园局域网的外语学习系统、基于校园局域网的考试系统（如外教社大学英语口试系统）、基于因特网的学习资源网站、基于因特网的教师培训网站等（庄智象、黄卫、王乐，2007）。

传统的"教师讲，学生听"的英语教学模式很难激发学生的兴趣和主观能动性。教师由于自身知识面的限制，能为学生提供的信息有限，无法满足学生的个性需求。相比之下，多媒体与网络辅助教学存在诸多优势（何培芬，

2007；唐丽霞，2014）。第一，网络辅助教学具有资源优势，教师可以充分利用网络获取资料，充实教学内容；外语课堂中最需要的是真实的语言、真实的语言环境。而把真实的语言引入课堂，创设真实的语言环境，恰恰是现代多媒体网络技术的专长。第二，多媒体网络技术能够使教学内容的呈现更显生动、丰富，更易调动学习积极性。多媒体网络技术以音频、视频、图像、动画、文字等功能，利用二维、三维等技术手段将教材中静态图形以及隐含的运动变化因素动态化，并丰富其内涵，帮助学生更深入地了解事物的本质。多媒体网络技术还具有直观、形象、丰富多彩的特点，可以帮助学生进行多感官的学习，激发他们的好奇心和学习兴趣。教师在教学中利用信息技术作为呈现教学内容的重要工具，将教学内容以文字、声音、图像、动画等多种形式呈现并有机地集成，通过电子课件、网络等途径传递给学生，实现对教学内容和教育资源的有效整合，全方位地调动学生的感官，大幅度地激发学生获取知识的学习兴趣，逐步实现教学方法从传统走向现代的转变。第三，人与计算机之间，人与人之间异时、异地交互的特点突出，教师可以促动学生在自然、真实的交际环境中提高英语运用能力。教师既可以利用网络的广播功能进行班级集体授课，也可以通过点对点的操作与学生交流，实施有针对性的辅导，达到因材施教的目的。在多媒体网络教学系统中，教师可以及时收集反馈信息，不断改善课堂教学的协调性和适应性。教师还可以促使学生在网上参加英语学习论坛、聊天室、订阅新闻、参加竞赛、寻找笔友，引导学生进入虚拟的英语课堂，倡导合作学习，在网络空间享受丰富多彩的课外活动。第四，网络课程更新快，可以随时进行补充、修改、完善，也可以利用互联网加进新内容，比传统教学模式先进许多。第五，网络技术在促进学生自主学习、"开放性"学习方面发挥了极大的优势。网络技术使学生不全依赖课上时间，可以在课外成为信息加工的主体，对教材和各种学习资源进行挑选、再加工，自由选择合适的或感兴趣的教学内容；学生可以根据自己的兴趣选择合适的学习环境，可以按照自己的要求调节内容呈现的形式和进度，媒体和学生之间是"双向强交互"（陈坚林，2005）。

顺应计算机和网络技术的发展，我国教育部于 2004 年颁布了《2004 课程要求（试行）》，提出："各高等学校应充分利用多媒体和网络技术，采用新的教学模式改进原来的以教师讲授为主的单一课堂教学模式。新的教学模式应以现代信息技术，特别是网络技术为支撑，使英语教学不受时间和地点的限制，朝着个性化学习、自主式学习方向发展。"课程要求首次突出了计算机网络在外语课程中不可或缺的地位，指出了新一轮的教学改革的方向。

在此背景下，广大高校积极进行了网络辅助英语教学模式改革的探索，建立"网络英语学习"模式。这些模式主要呈现两种形式，一种是网络自主学习与面授辅导相结合（黄芳，2007）；另一种是全面地推行学生课后的网络自主学习，学生课外自我安排学习和网上自我测验相结合。无疑这两种模式都培养了学生的自主学习能力，促使学生自主安排学习进度，制订学习计划，丰富的网络资源也能激发学生的学习兴趣。但是同时也暴露出了很多问题，例如网络系统有时不稳定，导致教学不能正常进行；学生面对计算机，缺乏人性的了解和沟通，时间一长未免枯燥乏味，尽管网络设备先进，学生未能全身心地参与到学习中来。另外，由于个体学习者缺乏良好的学习氛围，又有生活琐事牵绊，这使很多学习者很难将自觉将学习坚持下去，就出现了"刷机"现象。

除此之外，网络辅助英语教学过程中还出现了教师的负担加重，参与积极性不高的问题。教师在网络辅助教学过程担任的角色是多元的，他们除了要利用计算机网络为学生开发和提供教学资源，并根据学生特点设计具体的教学任务以支持学生有意义的知识构建和学习外，还要担当起管理者的角色，在真实的教学环境中进行课堂管理，协调完善整个教学过程。此外，教师还需要充当学习促进者的角色。在资源丰富的网络学习环境中，教师还要指导学生如何利用网络资源进行学习，及时了解他们的学习情况。如何促使教师转变传统的教学观念，重新对自己的角色进行定位，正确理解和合理应用新的教学模式，一直是学界研究的热点问题。

3.5 评测方式

在大学英语教学中，合理运用评价体系是提升教学质量的有效方式。在教育评价中，往往按照其在教学过程中的目的和作用，分为三种类型：诊断性评价（diagnostic assessment）、终结性评价（summative assessment）和形成性评价（formative assessment）。目前大学英语教学评测中使用最多的便是终结性评价和形成性评价。在中国的外语教育中有很多终结性、高利害的评价，如中考、高考、大学英语四、六级考试等（罗绍茜等人，2015）。

3.5.1　终结性评价

Bloom 等人（1971）认为终结性评价是在学期、课程或项目结束后所进行的评价，其目的是为了打分、评级、评价进展，或进行课程、研究项目、教育计划的有效性研究，最核心的特征就是在学习或教学完成之后对学习或教学效果做出判断，具有总结功能；而形成性评价是在学习环境内、学习过程中发生的评价，其目的是提供反馈。国内现有研究文献基本沿袭了 Bloom 等人的理论，也多把终结性评价定义为教学活动结束后，对学生课堂学习成果进行的检验和评价。功能视角的二分法使人们忽略了评价的中立性质以及终结性评价对学习的积极意义（罗绍茜等人，2015）。虽然终结性评价仍是英语教学中经常采用的评价方式，但被不少研究指出了终结性评价的负面影响：终结性评价往往只重视结果而不看重过程，具有一定的片面性（白杨，2014）；长期以纸笔考试或标准化考试成绩为本的终结性评价，其评价过程和教学过程相脱离，测量的结果是学生对知识片断的知晓，而不是综合运用能力；同时，这种评价形式也给教学改革带来了很大的负面影响，导致教师追求以应试知识为主的教学模式，从而忽略学生对知识的创造力及多元的理解力（张秀玲，2008）。此外，终结性评价这种以考试成绩来判定学生学习能力和教学质量的做法，无疑在某种程度上强化了分数的作用，不易于激发学生学习英语的积极性和保持学习的持久性。

但也有研究者指出，评价本身是中立的（Taras，2005），高质量的终结性评价可以起到支持学习的作用（Shepard，2006；Bennett，2011）。首先，如果终结性评价的内容、格式和设计使终结性评价能充分代表某学科的内容，那么备考过程则成为一种宝贵的学习经验；其次，参加考试可以帮助学习者记忆考试过程中处理的信息，并借此减缓知识遗忘的速度。

3.5.2　形成性评价

Bloom（1967）认为形成性评价是在教学过程中的每一个阶段提供反馈和纠正措施，是教师和学生通过小测验进行的评价，其目的是辅助教学过程。在 Bloom 之后很多人对形成性评价进行了研究和定义，但难以形成合力。在 Black 和 William（1998）的综述研究中，继承了 Bloom 从目的和功能角度定义形成性评价的传统，将其定义为所有教师/学生进行的活动，而且这些活动提供的信息将用于反馈，以调整随后进行的教与学的活动。Heritage 等人（2009）将形成性评价定义为在教学过程中连续收集学习证据、提供学习反馈的系统化过程。罗绍茜等人（2015）介绍了国外 32 个形成性评价的定义，可见人们对形成性评价难以形成一致看法。研究者对形成性评价的争论在于教师主导还是学生主导、应该是计划的还是非计划的、是工具还是过程等几个方面。罗绍茜等人（2015：13）在综述和对比国外研究的基础上，将形成性评价定义为"形成性评价是一种以评价为导向的课堂活动范式，它以评价者的判断能力为核心，要求评价者（教师、学生）采用、调整、设计各种适当的任务（课堂提问、任务、纸笔测试、档案袋等），系统地收集学生的信息（包括学习产品和学习过程），并用适当的评价工具（检查表、评分准则等）对信息进行评价分析和阐释，再反馈给评价者（教师、学生）用于调整教和学的过程，促进学生语言能力的发展"。这一定义是各种定义的集大成，如研究者本人所言，这一定义是综合性和全面性的，体现在评价目标、评价参与者、收集信息的手法等方面的多元化。

形成性评价对学习的促进作用得到国内外很多研究者的支持（Black & William，1998；Moss & Brookhart，2009）。首先，它为学生提供相对有安全感的学习环境，重视对学生学习过程的评估和评判。它通过多种渠道多种方法收集、综合和分析学生日常学习的信息，了解学生的知识、能力、兴趣和需求，着眼于学生潜力的发展，通过教学过程中的不断反馈，使学生在反思和纠错中不断成长。它使教师看到教学意图和教学效果之间的差距，从而改进教学。高质量的形成性评价模糊了教学、学习和评价之间的关系，创造了一种师生合作探究的课堂学习方式，师生互动的质量得到提升。

形成性评价在国内得到推崇，教育部于 2004 年颁布的《2004 课程要求（试行）》中倡导"应用形成性评价手段来更科学、更全面、更合理地评价学生的学习过程和结果"，作为全面推动大学英语教学改革的一种手段。

3.5.3　测试的反拨作用

语言测试和语言教学相互联系、相互影响，Hughes 把二者的关系客观地定义为"伙伴关系"（partnership）（1989：2）。考试作为促进学习的手段，要适应教学的需要，或作为测量学生语言行为的工具，来调整教学使其尽量达到考试要求。因此，测试既为教学服务，又直接影响教学内容，对教学产生一定的反拨作用（backwash），这种反拨作用或有益于教学，或妨碍教学。简单地说，语言测试的反拨作用就是指语言测试对语言教学产生的影响（Alderson & Wall，1993）。考试反拨作用可能是正面的，也可能是负面的。正面反拨作用是指考试对教学产生人们所期望的影响（Watanable，2004），而负面反拨作用是"某一被公认为'质量差'的考试对教学产生的不利影响"（Alderson & Wall，1993）。Alderson & Wall（1993）提出了 15 个反拨效应假设，指出了测试可能对教师教学、学生学习、教师的教学内容、教师的教学方法、学生的学习内容、学生的学习方法、教学的速度和顺序、学习的速度和顺序、教学的程度和深度、学习的程度和深度、教学和学习的态度以及其他相关人员可能造成的正面的或者负面的影响。

　　有关考试反拨作用的正面性和负面性，语言测试史上曾有过四种不同的观点。一种倾向认为考试所产生的反拨作用绝大部分是负面的（Smith，1991），另一方面，一些学者却采取积极的、正面的态度来看待测试的反拨作用（Pearson，1988），认为考试可以产生正面的反拨作用。还有学者认为，不能笼统地说考试的反拨作用一定是正面的或是负面的，判断是否为正面反拨作用主要依赖考试的质量，如果考试质量好，那么它就会对教学产生正面的影响；如果考试质量差，那么它就会对教学产生负面影响（Heaton，1990：16）。另外，也有人认为，反拨作用的正面性和负面性可以独立于考试质量之外，受教育系统中其他因素的影响，质量差的考试可能会产生正面反拨作用，而质量好的考试也可能产生负面反拨作用（Messick，1996：242）。

　　国内外研究者对考试的反拨作用进行了大量而深入的研究，包括理论构建和实证研究两种。国外研究主要集中在以下几个方面：反拨效应是否存在；反拨效应是怎样起作用的；影响反拨效应的因素；怎样减少负面反拨效应、提高正面反拨效应；等等。他们的研究对象主要是大型国际标准化测试，如 TOFE-FL、IELTS 等大型考试（Hughes，1989；Alderson & Wall，1993；Bachman & Palmer，1996；Cheng，1997）。国内也有不少研究者从理论角度详细阐述了反拨作用与语言测试设计的关系（李绍山，2005；陈晓扣，2007）；另有研究者针对我国大型考试——非英语专业四六级考试进行了实证研究，如金艳（2000）、唐雄英（2005）、辜向东（2007）分别对大学英语四、六级考试中口语考试以及大学英语四级考试反拨作用进行了研究。

　　为了了解师生对实施大学英语四六级考试口语考试的必要性以及对该考试

各方面的评价，金艳（2000）在上海、北京和南京三个城市进行了四六级口语考试第二次试点后，对参加考试的358名学生和28名主考教师分别进行了问卷调查。问卷调查数据表明，绝大部分考生和教师认为四六级考试增加口语考试是十分必要的，考试形式、内容、时间安排、评分标准等设计合理、科学。她提到自从1999年设立口语考试试点以来，不少学校已经开始转变教学思想，从片面追求简单通过率到重视提高学生实际英语能力。学生自己也意识到口语的重要性，积极参加各种口语活动。大学英语课堂气氛明显比以前活跃，同学们在课堂上踊跃发言，争取机会来提高自己的英语口语表达能力。在大学英语选修课中，报名参加英语口语选修课的人数大幅度上升。许多同学表示希望进一步提高自己的英语口头交际能力，争取达到用英语自由表达的程度。金艳认为四六级考试口语考试的实施必将对我国大学英语教学的改革和提高产生进一步的推动作用，使"教学大纲"规定的"培养学生具有较强的阅读能力和一定的听、说、写、译能力，使他们能用英语交流信息"这一教学目标的实现具有更扎实、可靠的基础。

辜向东（2007）对全国范围内约4500名教师和学生进行了调查，调查手段包括课堂观察、问卷调查和面对面访谈，其研究发现：大多数大学英语四、六级考试相关人员对该考试，特别是其命题、施考、评分及采取的最新措施评价很高。他们认为该考试正面的反拨效应远远大于其负面反拨效应，而且其负面反拨效应主要是考试使用者对该考试的误用造成的，不是考试本身引起的。不过有些大学英语四、六级考试相关人员对以下几个方面不太满意：该考试过多使用多项选择题题型；不直接将考试数据和考试结果报道给教师；对学生语言水平的评定因口语考试非必考而不够完整；以及将该考试作为评估大学英语教学质量的唯一标准等。此外，大学英语四、六级考试对大学英语教学的方方面面都产生了影响，但对各方面影响的程度不同。它对大学英语的教学内容、教学进度和教学态度影响较大，对教学方法影响较小。其影响也因学校、年级和教师而异。大学英语四、六级考试对大学英语教学既产生了正面的影响也产生了负面的影响。正面的影响表现为：它促进了《2004课程要求（试行）》在大学英语教学中的贯彻落实，使学校领导重视大学英语课程，从而保证了大学英语基础阶段的课堂教学，激发了教师和学生的积极性，使教师和学生非常重视阅读技能，极大地提高了学生的阅读能力。其负面的反拨效应包括：大学二年级（特别是第四学期）大学英语教学的进度过快；课堂上使用所谓的

"模拟试题"以及教材完成情况不够理想等。

3.6 学习者

20 世纪 80 年代，第二语言学习的重心从探索最佳教学方法转移到多变量研究，也就是把第二语言学习看作是一种受多种因素影响的过程（吴一安等人，1993）。这些因素主要包括：学习过程，学习者的认知因素、情感因素，语言学习环境和社会文化环境，等等。语言学习是一个错综复杂的过程，教师和教学法只起到基本的作用，学习者的个体差异、认知能力、社会语境等因素的影响更为突出。二语习得领域的研究专家 Vivian Cook 曾经评述道，如果学习者不学习，教师的教学几乎没有任何作用。毋庸置疑，学习者是影响大学英语教学效果的决定性因素。

吴一安等人（1993）所提到个人差异研究主要包括智力、语言学能、认知方式、性格倾向、学习动机和学习方法等等。文秋芳（2001）把学习者因素分为可控因素和不可控因素，前者指学习者通过自身努力可改变的因素，如动机、观念和策略等，后者则是靠自身努力无法改变的因素，如智力、个性特征等。也有人将影响学习者英语学习的因素分为智力因素和非智力因素。其中非智力因素包括学生的兴趣、信心、动机、情感、爱好、性格和意志力等（夏纪梅，2000；刘孟兰，潘俊峰，2004；李国芳，2012）。在认知过程中，非智力因素起调节教学效果的作用，它可以激发、维持、加强或阻碍甚至中断智力活动的进行。

国内不少研究者运用各种实证研究方法，探索学习者因素对英语学习效果的影响，以及学习者影响的主要构成因素。例如，文秋芳（2001）运用定性研究的方法分析了英语学习成功者和不成功者使用的学习方法。研究结果表明，不同的学习方法是造成英语成绩有明显差异的主要原因。申锦标、李春红（2009）应用统计分析方法对广西大学管理专业学生的英语考试成绩及其影响因素进行了分析；文秋芳和王海啸（1996）运用多元回归方法，分析了学习者因素与全国大学英语四级考试成绩的关系。孙方莉（2014）以英语四级首次考试成绩作为因变量，以学生的班级、性别、年龄、民族、籍贯和高考英语成绩为自变量建立了两水平模型，分析了影响大学英语课堂教学效果的因素。研究发现，教师与学生因素对大学英语课堂教学效果都很重要，但学生本身的特征更重要一些。

实践证明，外语教学不仅要调动学生的智力因素，还要激发学生的非智力因素，即情感因素。调动好学生的情感因素，从而调动学习积极性，释放潜能。王初明（2001）认为，我国英语教学收效低是因为没有正确认识英语学习过程中的关键因素：情感因素的作用和母语的干扰。英语教学中学习者学习过程中的情感因素对英语教师的教学效果以及学生的学习效果具有重要的影响作用。英语教师在教学过程中不仅要重视语言知识的传授，同时更要高度重视学生的情感因素，充分利用学生学习过程中积极的情感因素以达到优化教学效果的最终目标。

鉴于智力因素、个性特征为不可控因素，下文主要从非智力因素的影响及相关研究成果入手进行探讨。

3.6.1　情感因素

在探讨非智力因素的影响中，有关情感因素的研究成果较多。首先，研究者从认知与情感的关系入手，认为学生的认知因素和情感因素得到和谐统一，就能进一步增强教学效果，有效地提高学生的英语水平。其次，外语教学既是传授语言知识和技能的过程，也是特定的人际交往过程，情感因素是教学活动中的关键因素之一。例如，舒曼认为二语习得是由学习者情感所驱动，以情感和认知为基础的（Schumann，1997）。美国著名语言学家克拉申（Krashen，1985）提出的五大假说之一就是情感过滤假说（The affective hypothesis），他认为大量的言语输入并不能保证良好的言语输出，只有在积极的情感因素作用下，学习者的学习效果才能达到最佳状态。他在"情感过滤假设"中指出，语言学习者实际上并不全部吸收他们接触的语言材料，学习者的学习动机、态度、性格、自信或焦虑等都会对输入的语言材料加以筛选。Richards 也曾提出，学习外语成功与否一部分取决于智力、记忆和分析等认知方面的因素，还有一部分取决于诸如自尊心、态度、动机、兴趣等情感方面的因素。在教学实践中，英语教学中的沉默法、暗示法和社区学习法等都涉及了情感因素。西方一些语言教学专家如 Jane Arnold，Douglas Brown，Rebecca Oxford 和 Earl W. Stevick 等对情感问题的研究都取得了一些成果（项茂英，2003）。

研究者对情感的定义不同，其构成要素自然也不同。关于英语教学中的情感因素论述有很多，并未形成明确而统一的定义。有研究者认为，情感是人们对客观事物是否符合自己的需要而产生的态度的体验，影响语言学习的情感因素可以分为两大类。第一类是学习者的个人因素，包括焦虑（anxiety）、抑制（inhibition）、自尊心（self – esteem）、学习动机（motivation）等；阿诺德（Arnold，1999）将个人情感因素分为焦虑、抑制、动机、态度、自信心等。第二类是学习者与学习者之间以及学习者与教师之间的情感因素，包括移情（empathy）、课堂交流（classroom transactions）等情感（冀文辉，2004；谢欣希，2014）。

在语言学习过程中，各种情感因素交织在一起，共同影响学习效果。下文主要分析对语言学习产生影响的几个主要情感因素：动机、焦虑、自信心、学习策略以及师生关系。

3.6.1.1 学习动机

在众多影响大学英语教学效果的情感要素中，研究者认为动机是外语学习成功与否的主要因素，它与学生的学习态度、学习策略、学习成绩有着十分密切的关系。动机决定学习者是否有强烈的学习愿望及学习的努力程度，决定坚持学习的时间的长短，是驱使人们学习的动力。动机（motivation）在情感因素中占极其重要的地位。调查发现，在影响第二语言学习的诸因素中，动机占33%，学能占33%，智力占20%，其他占14%（李国芳，2012）。

加拿大的语言学家 Gardner & Wallace Lambert 提出学习动机可分为融合型学习动机和工具型学习动机。持有融合型学习动机的人对目的语社团有真正的兴趣或特殊的兴趣，他们学习外语的目的是为了更好地同目的语社团的人进行交际，期望参与或融入目的语社团的社会生活，甚至成为这个社团的成员。持有工具型动机的人学习外语是为了某些具体目的，比如通过考试获得某一职位以此改善自己的社会地位和资格；或者为了阅读科技文献，获得目的语国家的新信息。国内研究者把学习动机分为内因性动机和外因性动机。内因性动机是指主要由个体的内在心理因素转化而来的动机。好奇心、兴趣、自我实现、自尊心、好胜心、上进心、理想等心理因素，在一定条件下都可以转化为推动人们进行学习的内因性动机。外因性动机是指由外部条件诱发而产生的动机。奖惩、老师和家长的督促检查、学习竞赛等都是外因性动机的典型表现。内因性动机的推动力量较强，维持的时间也较长（林汉生，2003）。

研究者普遍认为，学习者学习动机不强烈，学生的学习必然消极；反之，学习动机明确且强烈则能够增加学习乐趣，从而提高学习效果。对于如何激发学生外语学习动机，研究者区分了影响学习者动机的因素类型，其中把焦虑感、英语学习兴趣归纳为影响学习者英语学习动机的内部因素；而把英语教师的教学方法、教室的内部环境、教师的性格特征以及教学风格等归纳为影响学习者学习动机的外部因素。无论是内部因素还是外部因素，对于激发和维持学习者英语学习动机都有非常强的影响作用（朱利阳，2015）。国内很多研究者从教师和教学的角度进行了研究，提出了激发学生外语学习动机的途径与策略。例如，邹长虹（2002）提出两条建议，首先，让学生建立明确的学习目标，端正学习态度；其次，在外语教学中，教师要创造轻松的语言学习环境，提高学生们的学习兴趣和学习积极性，采取灵活多样的教学方法。许丹（2015）以中国医科大学466名学生为研究对象，对其英语课学习动机进行调查，研究发现，具有内在学习动机的仅为16.1%，70%以上的学生具有工具型动机，而后者很容易失去学习兴趣。因此在英语教学过程中，针对具有不同动机的学生，采用不同的教学方法，变"要我学"为"我要学"，才能调动他们学习的主动性。李鸿杰（2015）从教师的角度提出三条强化学习动机的建议，即教师在教学过程中，对学生实施妥善奖惩，激发学习热情，使学生获得更大的成就感，增强自信；创设竞争与合作的学习情境，提升其学习热情；实施启发性教学，让学习者融入学习的氛围之中，通过一步步引导来获得更好的学习效果。

众多研究发现，外语学习动机不是一成不变的，因为人们学习外语的目的、态度、兴趣等心理因素及社会环境是不断变化的，外语学习动机可以从无到有，也可以从有到无，它也可能是时断时续的。学习动机的变化取决于人们的心理认知因素以及社会客观因素。外语教学中要充分激发学生学习兴趣，端正其学习动机。要引导学生树立正确的学习动机，从内心喜欢学习英语语言文化和知识，从行动上切实使用英语来交际，培养学生自主学习的积极性和能动性，提高教学效果。教师还应该做到因材施教，针对学生差异给予正确指导，提高教学效果（王鸣华，2011）。

3.6.1.2 焦虑

焦虑是指个体由于预期不能达到目标或者不能克服障碍的威胁，使其自尊心与自信心受挫，或使失败感和内疚感增加而形成的紧张不安、带有恐惧感的情绪状态。在欧美国家，早在 20 世纪 40～50 年代，焦虑就是教育心理学研究以及教学实践关注的焦点。语言焦虑是语言学习所特有的一种复杂的心理现象，是影响语言学习较大的情感障碍。MacIntyre & Gardner（1991）认为，语言焦虑有助力型与障碍型之分，促进型焦虑在面对一定程度的学习压力下或在面对强劲的学习对手时产生，这种学习压力以及学习对手会促使学习者更加勤奋地学习。这种焦虑可以增强学习者的学习动力，是学生英语学习过程中一种积极的情感因素。然而，退缩型焦虑指的是那些过分注重自我，过分在意他人评价的学习者在英语学习过程中出现的一种过度紧张的心理状态。这种焦虑状态会极大地阻碍学习者英语学习的效果，甚至使学生对英语学习产生抵制现象（朱利阳，2015）。

国外的研究中，Horwitz（1991，2009）具有里程碑意义，他设计出了一个后来被广泛采用的外语课堂学习焦虑量表（Foreign Language Classroom Anxiety Scale），其目的是测量外语学习焦虑的广度和深度。该量表由 33 个问题组成，包括外语课堂学习焦虑的三个方面，即交际畏惧（communication apprehension）、考试焦虑（test anxiety）和负评价恐惧（fear of negative evaluation）。其中 29 个问题（占 87％）涉及与听、说、读、写、语言记忆以及语言处理速度相关的典型困难。使用这一量表进行多次实验后，Horwitz 认为，外语学习焦虑是可以有效且可信地进行测量的，而且它在外语学习中起着重要作用。

国内很多研究者利用 Horwitz 的焦虑量表对外语学习中的听、说、读、写焦虑进行了调查研究。杜丽辉、唐雪粉（2007）从负评价焦虑、听力考试焦虑和听力课堂焦虑三个纬度，调查分析了非英语专业学生的听力焦虑状况。结果显示，多数非英语专业学生处于低度焦虑状态；听力成绩与听力焦虑呈负相关，中高度焦虑抑制听力学习；听力焦虑与性格相关；听力课堂焦虑与性别呈弱相关。在此基础上，他们建议可以从训练听力技巧、选择难度适中的听力内容、用情感策略、进行心理辅导等方面来减缓其焦虑程度。教师应创造条件让学生体验成功，在消除学生状态焦虑的过程中培养其自信心，从而逐渐减少焦虑。王琼等人（2010）对非英语专业大学英语口语课堂中的焦虑进行了调查，认为口语焦虑对大学生口语水平的提高有很大的负面影响，其中男生的焦虑程度高于女生。因此建议教师应多关注学生这种情感状态，通过创设轻松的学习环境，多给不同层次学生成功的体验，多给他们鼓励和赞扬，帮助他们减轻焦虑情绪，提高英语教学效果。廖淑梅（2008）采用定性和定量相结合的方法，对来自两所大学的 202 位非英语专业大学生阅读焦虑进行了研究。定量研究显示：非英语专业学生阅读焦虑与英语成绩（阅读成绩和英语总成绩）呈显著的负相关；学生自我阅读能力的评估与阅读焦虑的程度密切相关。定性研究显示，生词多、文本类型和题材不熟悉、阅读速度慢、缺乏有效的阅读策略是四个引起非英语专业学生阅读焦虑的可能性根源。秦翠娟（2015）以非英语专业大学生为研究对象，调查了学生的写作焦虑，结果显示高焦虑程度的学生成绩明显低于低焦虑学生，学生的写作综合焦虑、焦虑症状均与英语写作成绩存在负相关。

在上述实证研究之外，研究者还探讨了在外语教学中如何对待学习焦虑的问题。大家普遍认为教师的作用应该在于把学生的焦虑降低到最低程度（王银泉、万玉书，2001），并指出了降低学生焦虑，增强学习动力的方法。例如，游云红（2009）提出，教师需要掌握合理的课堂提问技巧、要合理对待学生错误的回答、允许学生沉默期的存在、不用考试给学生施压、本着表扬为主绝不轻易批评的原则来对待学生，才能减少学习的焦虑感，保持其学习动力。廖淑梅（2008）倡议教师创设低焦虑的阅读课堂，提高学习者的阅读自信心。在英语阅读课堂中，让学生以小组活动的形式相互交流、相互倾听，有利于他们放松自己，减缓压力，不断提高他们的阅读自信心。

3.6.1.3 自信心

"自信是成功的一半"，有人说，"自信犹如混凝土建筑中的钢筋，是人们自身行事的脊梁"（唐灵芝，2014）；自信心是对自己能力和知识水平的肯定看法和判断，是外语学习中的重要情感因素，是影响语言习得的重要因素。大量研究表明，在自尊心和自信心受到保护和鼓励的环境中，外语学习的认知活动最有效（郭书彩，2002）。

相关研究表明，自信心能激发学生的学习动机，减少焦虑带来的负面影响，保证学习质量和良好效果。在英语学习过程中，具有高度自信心和良好的自我概念的学生学习成功率相对较大，他们敢于冒险，在学习中不怕犯错误，能大胆地用英语进行交际。相反，如果大学生对能否学好外语没有信心，不敢积极地进行语言实践，害怕犯错误，不敢冒险，往往会丧失许多运用外语与人沟通交流的机会，学习效果也不理想。而且还会减弱他们的自信心，产生更大的不利情感（陈波，2007；王西娅，2012）。王西娅（2012）利用 Stanley

Coopersmith 的自信量表对 30 名一年级非英语专业本科生在课堂英语学习过程中表现的自信心进行了问卷调查，并用皮尔逊相关分析法，研究了自信心与学生英语总成绩、听力成绩和口语成绩的关系。结果表明学生自信心越差，其英语总成绩、听力理解成绩和口语成绩越低。

关于如何在大学英语教学中提升学习者的自信心，不少研究者指出，合作学习乃是提升学生自信心的有效途径之一（郭书彩，2002；唐灵芝，2014）。具体做法是将不同学质的学生分为若干小组，根据教师预先设置的项目内容，以小组学习为基本教学形式，采取科学的评判标准，对学生做出综合评价。在合作学习过程中，每个学生需以团队为依托，不但要对自己的学习负责，而且要对小组其他成员的学习负责。在相对分工的基础上，彼此相互协调，相互协助，共同完成本组分配任务，接受老师的最终评价。在此过程中，学生获得交流机会，通过小组成员之间的相互切磋与交流，逐渐实现"听、说、读、写"并举，从而实现异质学生整体成绩的提高，学习者的成功机会加大，自尊心和自信心也随之增强，从而使他们愿意为学习付出更大的努力，取得更好的成绩。这反过来又进一步增强学习者的自尊心和自信心，形成一个良性循环。

此外，教师在课堂上应特别注意保护学生的自信心（单映，2011，王西娅，2012）。学生每一次参与任何形式的课堂活动，教师都要善于倾听学生的意见，都要给予及时反馈，赞扬学生的优点，同时也宽容其缺点。课堂中在对学生进行评价时，要采用积极性评价方式（楼敏盛，陈舜孟，2003），尊重学生，多鼓励学生，有爱心和耐心，学会接受和欣赏学生。在课堂中当学生回答问题或者进行课堂语言展示时，教师不要过分纠正口误，而要对话题进行引导，鼓励他们使用适合自己水平的语言表达观点，保持能和同学进行自然的英语交流，提升学生的自信心。学生不能回答问题时，教师也要小心地进行引导，维护学生的自尊心。

此外，还有研究者提出，在大学英语课堂中适当运用游戏教学有利于激发学生的学习兴趣、提高自信心、缓解学习压力，从而提高学习效率（范方芳，2010）。也就是说，大学英语课堂要根据学生特点、兴趣和英语水平设置有趣的教学活动，促使学生参与，通过提升其成就感而提升自信心。

3.6.1.4　师生关系

在学校众多的社会环境因素中，人际关系是最为重要的（骆伯巍，1996，转引自项茂英，2004）。这些人际关系中的师生关系又是影响英语学习效果的情感因素中至关重要的一环。教师和学生在教与学的双边互动中，发生直接和间接的交往和联系，因其各自的地位、任务及规范行为的不同，通过相互影响和作用而建立起来的一种特殊的人际关系就是师生关系（郭慧敏，2010）。大量研究表明，师生关系在教学活动中发挥着重要作用：如果师生关系融洽，其学生就会"亲其师，信其道"；消极的师生关系则必然影响教师工作积极性，影响学生学好英语的信心（席爱玲，2005；郭慧敏，2010）。

不少研究者探讨了理想的师生关系的样貌。项茂英（2004）认为民主型师生关系是理想的师生关系，即教师尊重学生，与学生平等相待。在课堂上教师并不包揽一切，而是根据教学要求，创造机会让学生参与课堂活动；课后能听取学生对教学的意见和建议，能与学生交流思想，融洽相处。师生间相互理解、信任，亲密友好。也有研究者提出了以人为本的新型师生关系，这种提法反对传统的教师专制或放任型师生关系，而把学生视作学习的主体，平等意义上的人，教师要热爱学生，尊重学生，从学生的角度出发理解和接受学生。按照上述理想的师生关系来审视大学英语教学中的师生关系，很多研究者从教育主管部门、教师的角度来反省问题，寻找原因（吴传强等，2004；席爱玲，2005；郭惠敏，2010）。

在有关英语教学中的师生关系问题，许多研究者从自身的英语教学出发，利用问卷和访谈的形式，调查大学英语教学中师生关系中的问题，借此寻找提高教学效果的良方（项茂英，2004；郭慧敏，2010；蔡燕芬，2011；袁秀丽、张建军，2011）。尽管调查对象各不相同，样本大小不一，但结果趋于相似。归纳一下，目前大学英语教学中的师生关系存在的问题无外乎两类：一是很多英语教师课堂中无法做到知情统一，师生关系不够融洽；二是师生课外交流机会少，师生关系日渐疏远。

郭慧敏（2010）的问卷调查显示，大学英语学习中的师生关系表现为一定的冲突性，即关系趋于紧张和疏远。尽管很多英语教师意识到让学生主动参与课堂活动的重要性，但实际上仍然采用教师控制课堂、灌输书本内容，在一定课时内匆忙完成既定内容的教学模式。英语课堂成为机械传授语言知识的地点，知识成为师生交流的唯一纽带。教师独白式的讲课方式，教师控制一切的沟通交流方式，必然导致课堂教学中师生缺乏情感交流，学生对英语学习普遍缺乏兴趣的现象（冯继巍，2010）。如果说课堂教学中是教师的威严和权威破坏了师生关系的和谐，那么课后的师生关系如何呢？上述的实证研究也表明，在师生的非正式交往中，大多数教师承认跟学生接触交流的时间不多，只有极个别的教师能在课后主动对学生进行心理或教学辅导。绝大多数接受调查的学生认为英语教师课外跟自己接触交流不多或几乎没有。我们可以设想，英语课上教师为了完成教学内容没有给学生足够的交流机会，而课下又没有机会交流，那么师生间势必缺乏沟通，缺乏了解，拉大彼此的距离，使关系日渐淡薄。

不少研究者认为师生关系的不和谐主要归咎于高校扩招，英语大班教学、全国性英语考试的压力以及教师自身的生存压力等，极少有人提到学习者的原因。从宏观层面讲，师生关系的僵化和距离感的拉大一定程度上与国家教育政策相关。英语师资短缺和经费紧张使大学英语不得不实行大班教学，导致了师生交流的机会和时间越来越少，很难建立深厚的感情。从教师的生存方面讲，许多学校的人事评聘制度过分向科研倾斜，该导向使英语教师疲于应付科研工作量，不愿花时间与学生交流。从教学内容上讲，部分学生注重四、六级考试培训，对考试之外的内容不感兴趣，导致师生关系失调（蔡燕芬，2011）。此外，部分教师能力不足，缺乏社会实践经验，不能驾驭很多与职场联系紧密的课程，导致学生满意度降低。

作为师生关系中的另一方，学习者也对关系的和谐与否负有责任。大学生是认知趋于成熟的成年人，应对教学内容、学习方法等拥有自己的观点，能独立思考。但不少学习者习惯了填鸭式教学，等着老师指出重点。还有的在课上不愿意参与英语情景对话、讨论等活动，面对老师的提问，经常采取沉默等不合作的方式。另有研究者指出，现在的大学生多是独生子女，思想不太稳定，心理素质差，经不起失败和批评。这使教师不愿与其交流，生怕说错话，引起负面情绪。

如何在英语教学中建立和谐的师生关系？袁秀丽、张建军（2011）提出建立师生合作的课堂，寓教于乐。教师要把"微笑"带进课堂，把"趣味"带进课堂。师生之间的沟通是平等的朋友之间的沟通。师生共同阅读英文文章，探讨文章承载的价值观，分析故事中人物的命运，寻找时代的缩影，交流彼此的心得。教师不能居高临下地提问，导致学生畏难情绪，不敢开口；教师要坦诚相待，谈自己的看法，抛砖引玉，使学生愿意开口谈自己的看法。小小的幽默是和学生保持良好沟通的良方。英语教学的课堂应该是笑声洋溢的课堂，是师生之间、生生之间畅所欲言的场所。只有在宽容、轻松的氛围下，学生才能乐于英语交际，学会参与，学会合作。

3.6.2 英语学习策略

学习策略的科学研究最早始于 20 世纪 50 年代中期，不同的学者从不同的研究角度对学习策略进行了定义（付敏、张璐璐，2015）。早期外语学习策略的研究关注学习策略的描述、分类，以及成功语言学习者所采用的学习策略。国外较早的语言学习策略研究者有 Rubin、O'Mally 和 Chamot、Oxford 等人。Rubin 主要研究了成功外语学习者的认知学习行为和学习策略，她发现所有成功的外语学习者在心理特征、交际策略、社交策略和认知策略上存在很多共同之处。Oxford 主要侧重语言学习策略培训的研究，设计了语言学习策略调查问卷，并被后期的研究者广泛引用。20 世纪 80 年代后，国内对学习策略的研究也日渐增多，其中较有影响力的是文秋芳的系列研究。

根据文秋芳、王立非（2004）对 20 年来国内英语学习策略的研究统计分析，英语学习策略研究领域内，成果丰硕。其中我国学者从事的国家级科研项目、出版的专著各有 6 项，在国内外各类期刊上发表的论文有 500 多篇，其中理论研究类占 27%，实证研究类占 71%。张森、段然（2012）检索中国知网，发现 2000—2010 年关于"外语学习策略"的学术论文共计 1606 篇，其中发表在核心期刊的论文数为 164 篇。

3.6.2.1 英语学习策略的定义与归类

国外研究者对策略的分类共有三种。O'Mally 和 Chamot（1990）将学习策略分为元认知策略、认知策略和社会/情感三大类，其主要依据是信息加工理论。Oxford（1990）依据策略与语言材料的关系将学习策略分为直接策略和间接策略两大类。Cohen（1998）根据使用策略的目的将学习策略划分为语言学习策略和语言运用策略。

文秋芳（1995）不仅对英语学习策略进行了定义和归类，还针对优秀外语学习者与非优秀外语学习者进行了对比研究。她提出，英语学习方法是一个系统，该系统由观念和策略两大部分组成。观念指学生在学习英语过程中通过自身体验或别人影响所形成的一种看法体系。英语学习者的观念大致分为两类，一类为管理观念，另一类为语言学习观念。管理观念指学生对确定目标、制订计划、选择策略、调控策略等一系列心理活动重要性的认识。语言学习观念是指学生对如何才能掌握好语言知识、语言技能和交际能力的主张。策略指对学习过程最理想的调控，调控内容可分为两个方面：一是与过程有关，二是与语言学习材料本身有关。前者称为管理策略，后者称为语言学习策略。管理策略涉及目标的制定、策略的选择、时间的安排、策略有效性的评估和调整。语言学习策略直接用于英语学习。应该说语言学习策略本身并没有明显的好坏之分，它们的成效高低要看学习者使用得是否恰当。这种恰当性就是执行管理策略有效性的最好标志。

3.6.2.2　英语学习策略的实证研究

在文秋芳和王立非（2004）提到的实证研究中，研究者或者聚焦于英语学习者的观念和策略总体，或者侧重于学习某一类知识或技能策略的研究，如听力策略、阅读策略和词汇策略等。本部分中主要分析以非英语专业大学生为对象的研究。

在策略总体性的实证研究中，研究者往往基于国外现成的量表（如 Oxford 的学习策略量表）针对本土学生进行调查研究，或者基于理论设计量表，探寻学生常用的英语学习策略。文秋芳、王海啸（1996）和文秋芳（2001）的研究结果表明，各类中国大学生，无论是英语专业的，还是非英语专业的，都对学好英语的观念比较统一、稳定，对功能操练观念的认同程度最高，其次为形式操练观念，认同程度最低的是依赖母语观念。对策略的偏爱倾向而言，非英语专业学生最常用的是形式操练策略，其次为依赖母语策略，用得最少的是功能操练策略。付敏、张璐璐（2015）借鉴 Oxford 的《学习策略量表》《语言学习策略量表（SILL)》通过与专业老师和学生交谈，制定并验证了大学生英语学习策略包含的要素为四个：英语学习的认知策略、调控策略、交际策略以及资源策略。

在有关某一类技能的英语学习策略研究中，研究者对听、说、读、写、词汇、语法等专项学习中学习者使用的学习策略均有涉及。例如，Gu 和 Johnson（1996）运用问卷调查了 850 名北京师范大学非英语专业二年级学生的词汇学习策略。他们发现词汇学习观念、策略能够解释学生词汇测试或英语测试成绩的 20%。其中预测力最强的是主动学习与选择注意等元认知策略。他们从 850 名学生中挑选了两名背景情况极其相似但大学英语四级考试成绩差异很大的学生进行了个案研究。他发现高分者和低分者在词汇学习观念和策略上表现出一系列差异。最重要的差别表现在词汇学习的观念与对词汇学习的管理上。吴霞、王蔷（1998）调查了202名非英语专业的大学二年级学生的词汇策略。她们发现所有的元认知策略都与词汇量和词汇知识深度有密切关系，四类认知策略都与词汇测试成绩显著相关。

另一类为数众多的学习策略研究则是英语学习策略的使用与外语成绩的关系。例如，文秋芳和王海啸（1996）调查了1081名非英语专业大学二年级学生。结果表明，形式操练策略和依赖母语策略对大学英语四级考试成绩有预测力。何瑛（2004）就非英语专业学生使用英语学习策略的状况利用 Oxford（1990）的学习策略问卷进行了调查和研究。研究结果表明：非英语专业学生对英语学习策略的使用处于中等水平；英语学习策略可以解释53%的成绩方差，元认知策略和补偿策略可以预测四级考试的成绩。高分组和低分组的学生在元认知策略、补偿策略、认知策略、情感策略以及记忆策略上均有差异，其中差异显著的为元认知策略和补偿策略。文秋芳、王海啸（2004）研究认为，听力、交际、词汇策略训练对学习者策略的使用有明显的帮助，对英语成绩的提高也有显著影响，对低水平学生的帮助大于对高水平学生的帮助。李春华（2005）对长沙理工大学的非英语专业学生的调查显示，元认知策略和功能操练策略对外语学习的成功与否起决定性作用，学习策略使用与学习成绩有线性因果关系。学生过多使用母语策略对外语水平的提高有负面作用。任石（2012）以东北师范大学六个非英语专业的三年级学生为研究对象，调查他们英语策略的使用特点，高、低分学生在学习策略使用上的差异以及学习策略与大学英语四级考试成绩的相关关系。他的研究中，英语学习策略调查问卷主要基于 Oxford 设计的语言学习策略量表（SILL）。结果表明：记忆策略和元认知策略与四级成绩有密切关系。在男学生和女学生之间，学习策略的使用无明显差异，女学生比男学生更多地使用补偿策略。谭霞、张正厚（2015）以医学本科生为对象，进行了英语学习策略、自主学习能力、大学英语四级成绩之间的两两关系以及它们的多维关系研究。相关性分析表明，三者之间呈显著两两正相关。多元线性回归分析表明，学习策略中记忆策略、元认知策略和认知策略及自主学习能力中目的要求、目标计划和监控评估对四级成绩具有显著预测力。结构方程分析表明，学习策略对四级成绩和自主学习能力均有显著影响，自主学习能力对四级成绩亦有明显影响。

　　影响外语学习策略使用的因素是国内研究者的另一个关注点。例如，胡国安（2001）研究中提到，外语学习策略直接影响到学习者的外语学习效果，而影响外语学习策略的因素也很多，归纳起来主要有内在因素和外在因素。内在因素主要有学习者个体差异如年龄、性格、动机、语言学习观念、个人背景。外在因素主要是环境和社会因素。王奇民、王健（2003）认为制约大学英语学习者学习策略的选择和使用的主要因素包括社会环境、学习文化、学习观念、学习动机和教学模式等。杜宇、曾萍（2009）则认为成就需求和对过去失败的归因是两个重要的动机成分，对策略的选择和使用有较大的影响。

　　除此之外，国内研究者的另一个焦点是外语学习策略的训练及其效果研究。例如，吕长（2001）和苏远连（2003）测量了听力策略训练的效果。吕长从两个大学英语四级自然班中，随机挑选了学生，分别组成实验组和控制组。结果显示：实验组的听力成绩显著高于控制组，听力高水平者从策略训练中得到的帮助不明显，但策略训练对中等水平和差生的效果显著。谭晓瑛、魏立明（2002）在大学非英语专业学生中进行学习策略培训，旨在验证策略培训的有效性。他们所教策略涉及元认知、认知和社会三大类；具体策略的选择基于对学生当前所使用策略的调查与分析；培训方式采用了明晰式、结合式、综合式。结果证明，在大学英语教学中实施策略培训是可行的。欧阳建平和张建佳（2008）以768名非英语专业大学生为实验对象，并由参与教学实验的5名教师对其实施了为期两个学期的情感策略培训。研究结果表明，情感策略培训不但能够促进学生认知、情感、技能的协同发展，逐步增强学生的情感策略意识，而且能够有效地提高学生英语自主学习的能力，促进学生英语学习成绩的提高。研究最后还指出，"情感策略培训具有持久的效力，能持续促进英语学习能力的提高"。范琳、王庆华（2002），范林、刘振前、李旭奎（2008）和徐翠（2010）均以非英语专业大学生为研究对象，对其展开了词汇学习策略培训的相关研究，且研究结果均证明了词汇策略培训能够有效地促进学生的词汇学习水平。

　　综上所述，上述研究由于出发点不同对于英语学习策略的分类并不一致，但是研究者较为一致地认为，英语学习策略是影响英语学习成效的一个重要因素。作为学习过程的一个重要环节，学习策略的选择和使用直接作用于语言学习效果。大学英语教学中，教师不仅要了解学习者的策略取向，分析影响其策略使用的影响因素，同时也要对学习策略的使用进行适当的指导，使学生学会学习，授之以渔。

3.7 小 结

本章我们回顾了影响大学英语教学的主要因素，从教与学两个方面，分析了各要素的地位、影响以及当前的研究焦点和结论。教的方面包括教师、教学内容、教学方法、教学条件和评价方式五个方面。首先，教师是教学的主体因素，教师的智力因素、非智力因素都对教学效果有影响，这提醒我们要重视大学英语师资队伍的建设，提高教师素质。除了提高专业素质外，也要激发其教学热情，倡导通过态度、思想和品质来影响学生。其次，大学英语教学内容改革存在工具性和人文性之争，是实施专门用途英语教学还是宏观的通识教育教学，需要结合社会需求和各校学生具体需求和情况，进行系统规划。第三，从教学方法的发展历史来看，每种教学方法都有其产生和应用的土壤，优势与不足并存。这给大学英语教学的启示是，教学方法要根据教学内容、学生特征进行因地制宜的选择，可以多种方法兼容并蓄，优势互补。第四，教学条件是教学顺利实施的有力保障，除却各校的硬件差异，当前的大学英语教学应该顺应网络和信息技术的发展，充分利用网络和多媒体教学资源，丰富教学内容，探讨课堂教学方法和学生自主学习的结合，以保障大学英语教学效果的最大化。第五，教学评价方式和具体评测方式，都对大学英语教学具有反拨作用。大学英语教学目前使用终结性评价较多，但有关形成性评价的研究表明，评价与教学的界限并不那么泾渭分明，对学生学习及时的反馈有利于激发学生学习潜力。对于大学英语四六级考试的反拨作用的回顾，也使我们反思如何发挥大型考试的正向反拨作用，减少其负向反拨作用。

在学习者方面，我们主要从非智力因素方面，回顾了影响英语学习效果的几个关键因素，包括学习动机、学习策略、情感因素。情感因素之下主要回顾了焦虑、自信心和师生关系对英语学习效果的影响。这些研究文献的回顾，带给我们五点启发：第一，积极情感能够强化和调控认识活动，提高认知活动的水平，激励能力的发挥。第二，学习动机的研究告诉我们学习动机明确且强烈则能够增加学习乐趣，提高学习效果。学习动机不是一成不变的。教师应该区分影响学习者动机的因素类型，通过调整教学方法、课堂环境、教学风格等途径，降低学习者焦虑感、提高英语学习的兴趣，激发学生的学习动机。第三，有关焦虑和自信心的研究告诉我们，适当的焦虑可以促进英语学习，但是过分的焦虑会影响学习自信心。英语教师还应当通过各种积极有效的方法，促使学生从退缩型焦虑向促进型焦虑转化，这样虽然不会很大程度上降低学生的焦虑感，却可以使学生在促进型焦虑情感状态下学生仍具有学习的主观能动性，从而提高学生英语成绩与水平。此外，教师可以激励合作学习，让学生不断体验学习过程的成功，多进行鼓励，增强其信心和学习兴趣，达到提升英语学习效果的目的。第四，有关师生关系的研究表明，师生关系在教学活动中发挥着重要作用，如果师生关系融洽，其学生就会"亲其师，信其道"；消极的师生关系则必然影响教师工作积极性，影响学生学好英语的信心。所以，大学英语教学中应该创建和谐的师生关系，使师生形成一种合力，促进教学质量的提高，促进学生素质的健康发展。第五，有关学习策略的研究对大学英语教学的启发有两点，一是英语学习策略与英语学习成效之间存在一定的相关关系，二是英语学习策略是可以培训的，大学英语教学中，教师不仅要了解学习者的策略取向，分析影响其策略使用的影响因素，同时也要对学习策略的使用进行适当的指导，使学生学会学习，授之以渔。

　　我们在教学改革过程中通过多次问卷调研的形式，对上述教学效果影响因素进行了分析，并据此调整了教学内容、教学方法和评测方式等。详细研究过程及结果分析可参见第 4 章和第 7 章。

第 4 章　大学英语校本改革历程

本章主要回顾我校自 2004 年以来的大学英语改革历程，从教师反思和学生反馈的角度来分析各阶段改革的得与失。

4.1　因材施教理念下的分级教学改革

教育部于 2004 年颁布《2004 课程要求（试行）》，提出："大学阶段的英语教学要求分为三个层次，即一般要求、较高要求和更高要求。"这种政策导向使各学校纷纷开展大学英语分级教学。分级教学是对以陈旧教学观念、保守教学模式和单一教学方法为重要特征的传统教学模式的变革，是构建具有个性化和特色性的大学英语教学新模式的探索，旨在推动大学英语教学的发展（张晓书，2009）。分级教学的基本理据来自于教育学、语言学等。从教育学角度来看，分级教学有利于因材施教。"因材施教"是指教师要从学生的实际情况出发，充分考虑学生之间的个别差异，并根据学习者之间的差异，有的放矢地制定不同的教学目标和内容，设置不同的课堂教学模式，使他们能够在自己原有的基础上迅速提高（李京平等，2003）。从语言学角度来看，分级教学能促使学生循序渐进地学习。教学内容必须与学生已有的认知结构相匹配，难易要适度，教师要依据学生的认知水平、接受能力等来安排相应的教学活动，这样才能收到良好的教学效果。

4.1.1　分级教学改革内容

2004 年 9 月开始，我校大学英语教学部在 2004 级学生中开始实行分级教学改革。按照学生入学后的英语考试成绩，将学生分为 A、B、C 三个级别组织教学。其中共八个 A 级教学班，在排课时把不同院系的优秀学生安排在同一个班上课。

在教学课程及内容安排上，A级学生加快教学进度，主要是在第一学期完成大学英语第一、二册的教学，辅以大量课外阅读材料、听说训练，在第二、三学期讲授三、四册，并着手四级备考工作，第四学期备考六级。B级学生教学进度适中，每学期完成一册书的学习，在第四学期参加四级考试。C级学生教学进度较缓，入学后从大学英语预备级开展教学，程度略低于大学英语一级水平，目的是辅导基础知识，夯实高中英语知识，逐步展开大学英语知识体系，争取在第四学期达到三级以上水平，同时推动学生准备四级考试。

经过一年的实践之后，2005级的分级教学由A、B、C三级改为A、B两级教学，并开始推行网络自主学习辅助课堂教学的模式。改革的初衷是为了积极贯彻《2004课程要求（试行）》中关于"大量应用现代化信息技术，改革现有教学模式"的要求。我们先后建起多个应用于大学英语教学的数字语言实验室、网络学习平台和资源库，开始尝试网络自主学习辅助课堂教学的模式。在课堂教学的同时，发挥网络优势，对学生的自主学习能力进行培养。听力课安排在语言实验室进行，由学生在语言语音教学中心专用网上自主进行，教师进行课外指导、监督和检查。具体实施方案是：听力课教学模式：在专用网上安装已通过教育部鉴定的学习系统，学生可根据正在使用的教材进入与该教材配套的学习系统进行自主学习，在网上自主完成教材中的听力训练和作业，同时完成教师在网上指定的听力内容（一般为教材听力量的2~3倍）并提交作业。教师定期检查，督促学生完成学习内容，并将检查结果作为平时成绩记载。网上学习内容分指定部分和自选部分（包括自测及作业提交），充分利用现代化的自主学习设施开展视听练习。

2007年分级教学中的新举措是全面展开网络自主学习与课堂教学相结合的教学模式改革。在2005级两年的网络自主学习试点与实践中，我们不断学习、探索网络自主学习的特点和规律，调整和完善网络自主学习的要求和管理、评价模式，制定了网络自主学习的一系列相关管理文件，形成了一套完整的网络自主学习管理方案。2007年9月，随着外语系语言实验中心各新建实验室和网络学习平台的投入使用，大学英语网络自主学习在全校范围内全面开展。网络自主学习的管理和评价也进一步规范化。为了配合我院大学英语网络教学的全面开展，2007年9月开学前，大学英语教研室有计划地多次安排一线教师外出学习和研修，从教育思想、教学理念、教学方法、学习策略指导、教育技术等各个方面对教师进行更为全面的网络教学培训，为 2007 年 9 月网络自主学习各项工作的顺利开展打下了良好的基础。从 2007 年 9 月开始，大学英语教研室着手组织安排相应的任课教师在网络教室辅导答疑，以便随时掌握学生的学习动态，及时解决学生网络自主学习中遇到的问题，学生可以在线同教师进行有关学习方面问题的讨论，也可以在线完成一定量的学习任务，然后由教师批改后再在线转给学生，大大提高了学习效率。

同时，从 2007 年开始实行 A、B 级小范围内滚动制，有重点地培养英语水平突出的学生，从而营造出良好的竞争气氛，充分调动了学生学习的积极性。各个级别流动的依据是统一考试的成绩。按照期末成绩高低和各个级别人数的比例，B 级中达到更高一级标准的学生可以进入 A 级班级学习，A 级中成绩下降者降入 B 级学习。由于 2007 级第一学期期末考试中，B 级达到 A 级标准的人数较多，加上考虑到一次考试的效度、信度和教学管理方面的问题，最终 A 级约 20% 的学生调到 B 级，B 级约 5% 的学生调到了 A 级。

大学英语评价方式的改革，更注重学习的过程，强调综合能力培养的学习理念，而不是学习结果。形成性评估比重的加大使得学生从注重成绩的学习逐步转向注重英语综合能力的培养。大学英语课程形成性评估的比重从最初的 20% 提高到 30% 直到 2007 年 9 月后的 40%，越来越把学生的听说能力以及课下自主学习能力提到重要的位置。形成性评估体系不仅包括学生的课堂和课外活动的记录、出勤与课堂表现，还包括听说能力与网络自主学习的测评等方面的内容。大学英语评价模式的改革，从根本上改变了学生的学习观念，提高了学生第一课堂与第二课堂参与的积极性，改善了学生的英语综合应用能力，提升了学生学习英语的兴趣。

4.1.2 分级教学改革的得与失

4.1.2.1 教师研讨

在这次分级教学改革中，大学英语教师通过集体备课等教研部活动，对改革展开了充分的研讨和反思。大家认为分级教学的最大特点首先是因材施教，把英语水平相当的学生组织在一起上课，这样有利于教师对教学内容的选材与取舍，进度安排适中，从而使学生能更好地消化吸收所学内容。其次，分级教学有利于开展以学生为主体的教学。教师根据学生英语水平和学习特点精心策划课堂语言活动，给学生营造语言环境，强化培养学生英语思维能力、英语实际应用能力以及口语表达能力。课下布置大量学习任务，强化训练。课外还组织课后辅导答疑、第二课堂等活动，不断挖掘学生自身潜力，激发英语学习热情。同时从 2004 级的学生开始，我们在 A 级的学生中增加了除精读之外的英语拓展课讲授的尝试，如英美文化、英美文学、听说等，使得通过四六级的学生能够在语言之外扩展知识面，培养了学生的英语文化素质，并提高了学生的听说能力。

教师们认为不足之处有五点：

（1）C 级的部分学生自尊心受挫，学习积极性不高，基本不参与课堂活动，导致 C 级课堂气氛沉闷，教学效果差。

（2）由于对网络教学认识不到位，相应的教师和学生培训没有很好地安排，师生在摸索中开始熟悉网络教学和学习。因为把网络学习定位为学生完全自主学习听力，教师课堂内容则基本上以读写和口语训练为主，所以基本上是老师对于学生的听力学习情况监管力度不足，只在学期末检查学生上网学习是否达到规定的时间，并以此作为期末成绩的一个评价指标。另外，单纯以上机小时数为评价指标，导致相当多的同学平时不去上机练听力，到期末为了上够规定的机时集中上机，由此引发了很多问题。加上由于教师和学生都缺乏必要的培训，学生在网络学习过程中遇到了种种问题，教师也没有能够及时给予指导和帮助，极大地挫伤了学生上机学习的积极性。总体的网络学习效果不太理想。

（3）2004 级、2005 级、2006 级分级教学中，由于排课等种种原因，《2004 课程要求（试行）》中所提出的阶段性评估在分级教学中没有得到体现。A 级没有通过考试的学生还在跟随 A 级学习，而按照分级教学的原则应该降入 B 级；与此相应，B 级优秀的学生也没有得到升入 A 级学习的机会。A、B 级学生之间没有形成流动，不能形成很好的竞争机制。

（4）同一个老师既负责读写、口语的教学，同时还负责学生网络自主学习的管理及监督，教学任务繁重。

（5）由于考试形式比较单一，课堂教学形式还是以读写为主，听说为辅，学生的听说能力不能得到很好的训练，听说能力依然欠缺。

4.1.2.2　学生反馈

为了弄清楚分级教学对学生而言是否达到了预期效果，大学英语教研部组织了学生座谈。学生座谈反映出的问题主要有五点：

（1）A 级学生认为成绩评定对他们而言缺乏一定的公平性。由于三个级别的学生使用的试卷不同，评定的成绩没有实行原始分数的换算，这对许多学生而言是欠缺公平的，而英语成绩会直接影响到他们所在原始班级的各项评优。因此，有些学生提出愿意回到普通班上课。

（2）C 级学生认为班里全是英语水平差的学生，班级缺少"领头羊"带动的学习氛围。上课气氛沉闷，影响学习积极性。

（3）从教学内容和教学方式上，A 级学生认为与其他层次的学生并无明显差别，现实与其预期有一定的差距。

（4）学生提到了网络自主学习使学生变被动学习为主动学习，实验室开放时间的灵活也使得学生有更多的上机实践机会，但是由于机位比较短缺，导致座椅不够；还有些学生只是去上网刷机时，也会对认真完成网络作业的学生造成一定的影响。

（5）学生没有充分认识到英语口语交际的重要性，英语口语的学习缺乏主动性和积极性。

4.1.2.3 教师研究：大学英语低分学生语音教学效果研究❶

随着大学英语教学改革的不断推进，强调听说、注重综合应用能力成为大学英语教学的重点。笔者所在的学校展开了包括网络自主学习在内的教学改革，要求学生进行大量的自主的和小组合作的听说训练，课堂上也更加强调听说、注重综合应用能力的训练，课程考核中也加入口语。在改革过程中，我们发现有相当多的学生由于语音发音不标准等问题，影响到自主学习内容的完成，进而导致他们当中大多数人的期末考试成绩处于全年级的低端。笔者认为有必要在网络自主学习的基础上，对部分低分学生进行语音教学实验研究，以探讨语音教学能否对低分组学生的听力产生明显的促进作用，进而明显促进大学英语水平的提高；语音问题是不是影响低分学生顺利完成学习任务的主要障碍。

1. 研究理论和现实依据

近年来，许多英语教育专家和大学英语教师从理论到实践各个层面对大学

---

❶ 本部分源自韦美璇发表的教学研究论文。

英语语音教学的重要性、教学方法进行探讨。他们的研究证实了语言学家早就指出的一个重要事实：语音是语言的一个重要组成部分；教授语言首先应教授学习者语音。但是，由于各种原因，有一定数量的大学生尚未掌握好英语语音，而且他们在中学期间形成的不正确的语音及发音习惯在很大程度上妨碍了他们在大学期间英语水平的进一步提高（罗立胜、张莱湘，2002）。

大学英语的语音教学的重要性日益引起人们的重视，但是，在大学英语的教学中加入系统的语音教学并不是一件容易操作的事情，因为从总体上看，目前在我国众多高校中，语音教学并没有被纳入听说课教学大纲之中，多数高校使用的大学英语听说教材普遍缺少专门的语音训练的内容（郭燕，2007）。笔者在教学中也注意到，在使用过的大学英语教材中，只有少部分有一些辨音练习，缺乏系统的发音指导和音位练习。与此同时，因为认识不同、师资、课时等原因，多数大学并未正式开设英语语音课程。因此，笔者在决定探讨语音教学对低分学生学习的影响的同时，也试图探讨一个行之有效而且便于实施的办法。近年来，我校网络自主学习资源不断增加，利用效果也比较显著，利用网络课程，加上有针对性的辅导和指导，可以较好地帮助学生解决语音问题。因此，笔者决定利用课间时间对部分大学英语（一）考试中成绩较低的学生进行英语语音辅导，同时指导他们利用网络训练语音。

在语音训练重点的选择上，参考同行的一些实践经验（范连义、蠡洪汉，2005；张金生，2002；陈永利，1996），结合自身的语音学习过程和教学经验，在考虑学生的个体差异和需要的基础上，以纠正不正确的单音发音为主，辅以结合听力练习进行的超音位知识教学。单音发音教学可以在短期内改善学习者的语音，但是超音位的知识则需要更长时间的学习和训练。

2. 实验对象选择及研究过程

笔者从任教的三个班级（均为我校大学英语B级，所有学生入学分级考试和大学英语（一）考试成绩均为年级中下水平）中抽取每个班大学英语（一）考试排名在最后十名的学生，对他们进行语音辅导，并对他们提出语音训练和加强口语训练的要求。具体的做法和要求主要有：①从学期开始到期末，要求这部分学生朗读每个单元的一段课文内容和对话，每次上课的课间和课后，抽查部分学生的课文朗读情况，对其发音有问题的单音进行发音指导。②布置课后在英语学习平台上（主要为蓝鸽英语在线和新视野大学英语学习平台）进行语音训练。比如某个学生的长元音和短元音发得不到位，就让他利用网络课程的相关小节模仿、跟读其中的音节、单词、短句和歌谣。③对单词重音、句子重读、连读、弱读、语调等进行简单的指导（这部分结合课程内容也在全班讲授）。④对学生训练过程中自主发现的语音问题和疑惑进行解答和指导。⑤利用上课的时间将一些多数学生普遍存在的发音问题在全班进行讲解。

在最初几周的训练中，有几名学生没有坚持参加训练，同时有一些没有被选为实验对象的学生主动提出参加训练，最终三个班参加语音训练和指导的共有 37 人，他们的大学英语（一）成绩都在班级平均以下。笔者将每个班大学英语（一）考试成绩班级排名在倒数 22 名以内未参加训练的学生（每个班 12~13 名）的成绩作为对照组样本（37 名），所有学生成绩作为参照组样本（115 名）。之所以以班级排名作为分组依据，是因为笔者所教的三个班虽然都是 B 级班，但是水平还是有一定差异，这样三个班最末 10 名在总体中基本上较自然地分布在中下偏下水平，而对照组成绩分布基本上与实验组接近。但是，因为都是笔者所教，而且出于职业道德，有些对实验组提出的要求并没有限制非实验组的学生去做，只是实验组的学生必须接受课间检查，完成训练要求。最终实际上实验组的学生直接接受面对面单独指导的时间每人平均大约半个小时（每次课间只能抽查指导 5~6 名学生，课后指导主要根据学生的情况和要求进行），主要的训练还是靠学生自己，还有网络课堂的语音课程。

3. 研究结果与分析

1）变量和分析工具选择。

经过近 3 个月的指导和训练，实验组的学生在期末的口语考试中都显示出比较可喜的进步，语音有了比较大的改善，单音发音基本上都到位。但是本实验的目的是要考查学生的总体英语水平是否有进步及进步的幅度、听力水平是否有提高。因此，需要利用 Excel 和 SPSS 对他们实验前的大学英语（一）和实验后的大学英语（二）考试数据进行对比分析。同时，由于第二次考试比第一次难度大，将考试成绩本身作为分析对象不是很直观，笔者决定用所教的三个班的所有学生的成绩排名变化和总分作为主要分析对象，同时分析听力成绩，以考查语音训练对听力的影响情况。另外，有少数学生参加奥运志愿工作未参加第二次考试，这些学生被排除在参照组样本之外。

2）均值比较和 T 检验条件检验。

笔者将 115 名学生的两次考试成绩样本导入 SPSS（16.0）对总分、听力成绩和总排名三个变量分别进行均值比较和 T 检验。因为 SPSS 进行配对样本 T 检验的前提要求除了两组样本数量一样之外，还要求样本总体服从正态分布，因此，笔者先用 SPSS 对实验组和对照组的考试数据分别进行正态分布检验，结果如图 4-1~图 4-4 所示。四个正态概率图显示两个组两次考试的数据服从正态分布，满足 SPSS 进行配对样本 T 检验的前提要求。

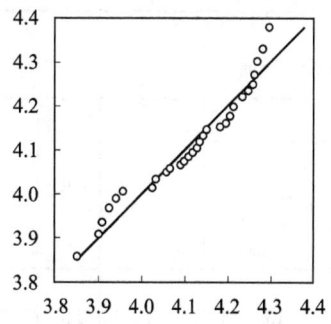

图 4-1　实验组总分一正态概率图

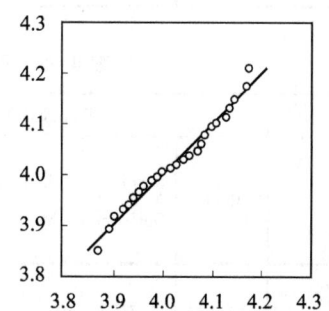

图 4-2　实验组总分二正态概率图

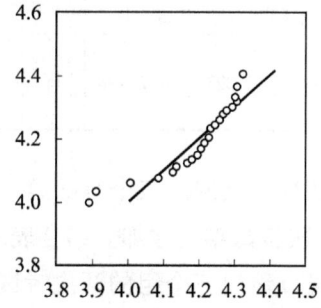

图 4-3　对照组总分一正态概率图

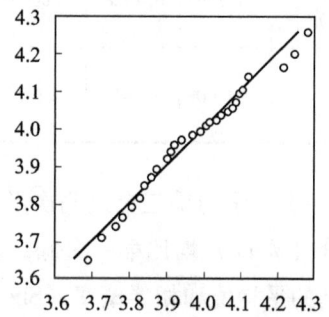

图 4-4　对照组总分二正态概率图

3）均值比较和 T 检验结果及分析。

利用 SPSS 对两次考试数据进行配对样本均值比较和 T 检验结果及分析如表 4-1~表 4-5 所示。

（1）总分变化分析

表 4-1　**Paired Samples Statistis**

		Mean	N	Std. Deviation	Std. Error Mean
参照组	总分二	56.273	115	7.0446	0.6569
	总分一	68.661	115	8.2872	0.7728

续表

		Mean	N	Std. Deviation	Std. Error Mean
实验组	总分二	56.246	37	4.798	0.789
	总分一	61.986	37	7.4167	1.2193
对照组	总分二	52.65	37	7.806	1.283
	总分一	67.26	37	6.086	1.000

表 4 – 2　Paired Samples Test

		Paired Differences					T	df	Sig. (2 – tailed)
		Mean	Std. Deviation	Std. Eiror Mean	95% Confidence Interval of the Differcncc				
					Lower	Upper			
参照组	总分二 – 总分一	– 12.3878	7.7347	0.7213	– 13.8167	– 10.9590	– 17.175	114	0.000
实验组	总分二 – 总分一	– 5.5297	6.4528	1.0608	– 7.6812	– 3.3783	– 5.213	36	0.000
对照组	总分二 – 总分一	– 14.608	6.943	1.141	– 16.923	– 12.293	– 12.798	36	0.000

　　表 4 – 1 显示的是三个组两次考试总分的变化情况。三个组的第二次考试的平均分（Mean）均比第一次低，说明第二次考试难度增加。结合表 4 – 2 的差值序列的平均值和相伴概率（Sig. 值），可以看出三个组的两次考试成绩都有明显的变化（在 95% 的显著性水平下，Sig. 值大于或等于 0.05 则变化不显著，小于 0.05 则变化显著，越接近 0 变化越显著）。参照组、实验组和对照组的差值序列的平均值分别为 – 12.3878、– 5.5297 和 – 14.608，其相伴概率均为 0.000，说明三个组的两次考试成绩都有非常明显的变化。但是实验组的 T 统计值（– 5.213）远大于参照组（– 17.175）和对照组（– 12.798），可以说明实验组的成绩与未参加实验的学生相比成绩下降幅度小得多，也就是说，实验组的成绩有了显著的提高。

（2）听力成绩变化分析

表4-3 **Paired Samples Statistis**

		Mean	N	Std. Deviation	Std. Error Mean
参照组	听力二	11.85	115	2.120	0.198
	听力一	14.04	115	2.951	0.275
实验组	听力二	11.43	37	1.788	0.294
	听力一	12.00	37	2.321	0.382
对照组	听力二	11.32	37	2.161	0.355
	听力一	11.89	37	3.007	0.494

表4-4 **Paired Samples Test**

		Paired Differences					T	df	Sig. (2-tailed)
		Mean	Std. Deviation	Std. Eiror Mean	95% Confidence Interval of the Differencc				
					Lower	Upper			
参照组	听力二 - 听力一	-2.191	2.991	0.279	-2.744	-1.639	-7.857	114	0.000
实验组	听力二 - 听力一	-0.568	2.534	0.417	-1.412	0.277	-1.363	36	0.181
对照组	听力二 - 听力一	-2.568	3.236	0.532	-3.647	-1.488	-4.826	36	0.000

表4-3和表4-4显示的是两次考试听力成绩的变化情况。表3的均值显示第二次考试听力成绩普遍比第一次考试低，结合考试总分分析，主要原因是第二次考试难度增加了。

表4-4显示，在难度增加的情况下，参照组和对照组的相伴概率均为0.000，说明这两个组的听力成绩有非常显著的变化，而实验组的相伴概率为0.181，说明实验组的听力成绩变化不显著。从表4-4的差值序列平均值可以看出，与第一次考试相比，参照组和对照组的第二次听力平均分分别下降了2.191分和2.568分，而实验组的第二次听力平均分仅下降了0.568分。结合Excel观察，实验组超过半数的学生的听力成绩不但没有下降，反而有一定的提高；而对照组只有9个学生的听力成绩没有下降或有提高。在总体下降的基础上，这些数据也显示，实验组的听力成绩有一定的提高。

（3）排名变化分析

由于考试难度的加大，通过考试成绩本身说明实验结果不够直接，因此笔者也对其排名情况进行分析，以提供更为直接和直观的统计数据（见表4－5）。

表4－5　Paired Samples Test

		Paired Differences					t	df	Sig. (2－tailed)
		Mean	Std. Deviation	Std. Eiror Mean	95% Confidence Interval of the Differcncc				
					Lower	Upper			
参照组	总排名一－总排名二	0.000	32.374	3.019	－5.980	5.980	0.000	114	1.000
实验组	总排名一－总排名二	28.514	23.888	3.927	20.549	36.478	7.261	36	0.000
对照组	总排名一－总排名二	－8.189	29.941	4.922	－18.172	1.793	－1.664	36	0.105

表4－5显示的是第一次考试和第二次考试的排名变化情况，参照组差值序列的平均值（Mean）为0.000，其相伴概率为1.000，说明全体样本作为一个总体来考查没有显著变化。但是实验组和对照组的差值序列的平均值分别为28.514和－8.189，说明实验组第二次考试的排名平均上升了28.514位，而对照组第二次考试的排名则平均下降了8.189位；实验组和对照组的相伴概率分别为0.000和0.105，说明实验组在排名上有非常显著的变化而对照组没有显著变化。结合Excel观察，实验组大部分学生第二次考试的排名均上升，只有5个学生排名下降，但是下降的幅度都在7位以内；对照组大部分学生第二次考试的排名均下降，只有10个学生排名有不同幅度的上升。从以上数据和分析中可以看出，经过语音训练后，实验组学生的成绩有了非常显著的提高。

4. 结论与建议

通过对以上实验数据的分析，可以得出这样的一个结论：语音教学对大学英语低分学生成绩的提高作用是非常显著的。虽然我们不能排除学生自身希望提高英语水平的动机、学生课后对学习的投入、学生因为教师的关注和关心而产生的情感动力等因素的作用，但是，我们仍然可以这样认为，语音方面的问题正是许多学习大学英语感到困难的学生的一个重大障碍，突破了这个障碍，他们就有可能顺利地完成英语学习任务。从语言学习的规律和特点看，英语是拼音文字，每一个词的语音都是由固定的书写符号表示出来的，因此书写形式和语音有直接而密切的联系。学会词的读音，基本上就可以拼写出这个单词，看到新单词也基本上能正确地读出它的音来（王毅、封婧超，2008）。从这点也可以了解到为什么对这些学生进行单音为主的语音训练会对他们的总成绩产生这么大的作用——因为正确的语音不但是单词学习的基础，也是听力和阅读的基础。

随着大学英语教学的重点由读写转向听说，很多大学英语一线教师（尤其是学生入学英语基础较差的学校的教师）均觉面临极大的挑战。要达到全面提高大学英语教学质量，尤其是提高非英语专业大学生英语的听说能力的教学要求，在很大程度上取决于学生英语语音和语调水平的提高（王毅、封婧超，2008）。因此，笔者建议有关教学工作者重视大学英语的语音教学问题，充分利用网络资源，花一些不多的时间（以选修课的方式或在课程中安排一段时间），有针对性地对学生进行语音训练，切实解决学生的语音问题，使他们形成正确的语音习惯，达到《2004课程要求（试行）》"语音、语调基本正确"的要求，同时提高语音敏感度，增强学习信心，最终达到全面、有效地提高教学效果的目的。

4.2　听说领先理念下的分课型教学改革

4.2.1　分课型教学改革的内容

在总结以往改革得失的基础上，我校大学英语教研部继续推进改革。推进改革的依据有两点，一是仍以大学英语课程要求为指导，二是以服务学生需求和社会需求为宗旨。

《大学英语课程要求》把大学英语的教学目标规定为"培养学生的英语综合应用能力，特别是听说能力，使他们在今后的工作和社会交往中能用英语有效地进行口头和书面的信息交流"，加大英语学习者听说能力的培养成为重中之重。该要求反映出"听说领先"的理念。此处的听说领先并不意味着在听说读写译五大技能的培养中，听说技能的掌握要先于读写译，也不是说重要性大于读写译，而是在一段时间内，要给予听说能力培养足够的重视。因为自高中时期起，英语教学就十分重视读写能力的训练，而忽视了听说能力的培养，教学模式传统老套，教师为教学活动的中心，学生始终是教学活动的配角，教师的课堂讲解占大部分教学时间，而留给学生进行语言训练的时间很少。这样既忽视了听说能力的训练，又挫伤了学生学英语的积极性。因为大学时期，学生学习英语最终要面向就业，在今后的工作和社会交往中能用英语有效地交流，就必然要重视口头表达能力的培养。要在口头培养过程中加大学生的听说实践，减少教师课堂讲解所占比重，使学生"在做中学"。根据近年来学校的《就业质量报告》中的信息反馈，社会用人单位对毕业生英语口语能力非常看重，英语听说能力好成为求职时的敲门砖，有待在校期间进行加强训练。

2010 年大学英语教研部实施教学改革，在分级教学的基础上，将以往的大学英语一门课程分为大学英语读写、大学英语听说和大学英语实训三门课。在学分和学时上进行了 2∶1∶1 的重新设置。在新模式下，大学英语读写、听说、实训课分模块细化后，每一门课都制定了相应的教学目标和教学内容，教师的教学任务也进一步细化。此项改革使大学英语课程具有了"分级、分课型、分专项指导"的特色，并具备了基础和拓展两个阶段的课程体系。基础阶段的学生完成大学英语读写（一）、听说（一）、实训（一）到大学英语读写（四）、听说（四）、实训（四）的学习。拓展阶段针对考过四六级的学生，开设了一系列的语言文化素质课程以及语言技能方面的课程，开拓学生的视野，促进学生学习的兴趣，增加课外活动和参加竞赛空间。下面详细介绍具体的课堂实践教学实施模式。

（1）读写课的教学：读写课程采用学生网上自学和教师面授相结合的教学模式，每周两个学时。新生入学后参加全校统一的入学分级考试，按照考试成绩把学生分为 A 级班、B 级班组织教学；同时 A、B 级班之间的小范围滚动制，进一步深化了分级教学，有重点地培养英语水平突出的学生，从而充分调动了学生学习的积极性，并营造出良好的竞争气氛。读写课的单独设置，一方面减轻了教师的备课压力，另一方面可以在课堂内容与方式上更有针对性地进行教学。读写课的评估方式分为形成性评估和终结性评估：其中形成性评估为40%，终结性评估为60%。

（2）听说课的教学：大学英语听说教学旨在培养学生正确的语音、语调和良好的模仿能力；掌握交际活动所需的基本功能和意念英语表达方法；了解并掌握英语的会话策略；培养学生口头表达的流利性和准确性。听力部分以学生自主学习为主。听说课采用课堂面授的教学方式，每两周上一次课，相当于每周一学时。对每单元的课文内容和听力补充材料进行讨论，用师生交流、生生交流，教师指导的方式，重点培养和提高学生口头表达能力。听说课程的评估分为形成性评估和终结性评估：形成性评估和终结性评估各占 50%，形成性评估由学生出勤、上课表现、完成作业情况和期中考试几个方面组成，更强调学生平时的口语表达能力的培养。为了与课堂教学紧密结合，考试内容都与课堂教学内容相关，让学生在口语考试过程中能够用英语充分表达自己的观点。终结性评估的考试方式采用网上机考的方式，一方面顺应大学英语四六考试未来的机考模式，另一方面消除学生口语考试时面对老师的紧张和焦虑，能够更加客观地体现他们真实的口语水平。

（3）实训课的教学：实训课采用面授和网络自主学习相结合的方式，每两周一次，相当于每周一学时，旨在提高学生的听力理解能力和听力策略，培养学生自主学习能力。课程全部在网络实验室完成。面授课上，任课教师在网络教室讲解听力策略，辅导答疑，随时掌握学生的学习动态，并能及时解决学生网络自主学习中遇到的问题，引导不同能力的学生掌握适应自身能力的学习方式和方法，学生可以在线同教师进行相关学习问题的讨论，也可以在线完成一定量的学习任务，然后由教师批改后再在线转给学生，大大提高了学习效率。同时老师在课下安排学生完成听力作业，老师采用目标管理、过程监控的模式，加大对学生的管理力度。同听说课程一样，实训课的评估也分为形成性评估和终结性评估，各占 50%。形成性评估由学生出勤、完成作业情况等构成，更强调学生自主学习能力的培养。

4.2.2　分课型教学改革的得与失

本次改革经过一年多的实施，大学英语教研部组织了多次教研部专题研讨，对改革的得与失进行反思。教师认为分课型改革无论对教师，还是对学生都大有裨益。主要有三点：

（1）读写、听说、实训三门课分别由专门老师任课，教学内容细化；减轻了教师的备课压力。

（2）可以在课堂内容与方式上更有针对性地进行教学，培养学生的专项技能。

（3）三门课教师在课下布置针对各门课内容的作业，学生的自主学习能力得到培养。

研讨中教师认为的主要不足有两点：①分课型后，每门课教师与学生上课见面的次数大为减少，由原来的每周上两次英语课改为读写课每周一次，听说实训每两周一次，因而老师与学生的交流减少，导致学生与老师的关系不如从前，从学生对老师的评教结果可以看出，大英教师的学生评教普遍下降，学生与老师课上的合作不够密切。②三门课教师之间没有做到很好的衔接，内容上有时会有重复。

除了教研部的集体研讨之外，也有教师发表论文，探讨有效的课堂教学方法，如杨润芬撰文谈了大学英语口语课教学方法，张岩分析了读写课的三个教学阶段。

4.2.2.1　教师思考：大学英语口语教学❶

设置大学英语口语课，能够帮助学生克服在传统教育影响下产生的爱面子、怕张口等心理障碍。由于课堂教学中采用丰富多彩的互动活动来活跃课堂气氛，排除了学生的心理负担；鼓励学生迈出敢说的第一步。在教学活动中，教师应当围绕特定的交际和语言项目，设计出具体的、可操作的任务，学生通过表达、沟通、交涉、解释、询问等各种语言活动形式来完成任务，以达到学习和掌握语言的目的。

在实际课堂教学过程中，教师可以根据教学需要设计任务型教学活动，并逐渐增加活动难度，由浅入深，循序渐进。具体任务型教学活动可以是：①跟读与模仿（Repeating & Imitating）：大部分非英语专业的学生，尽管已经学习了五六年的英语，但语音和语调比较薄弱，很多学生对音标的学习一知半解，有些音标的发音是完全错误的。针对这种情况，首先应该要求学生对有声资料进行长期的跟读与模仿，帮助学生培养起正确的英语发音习惯。②角色扮演（Role‐playing）：角色扮演可以训练学生灵活地进行英语交际，有助于学生认识自身的基本价值。例如，给小组中的两个成员布置一项任务，由学生 A 扮演售货员，学生 B 扮演顾客，让两名学生模拟真实购物过程，用英语完成一段对话。③自由讨论（Brainstorming）："自由讨论"的目的是调动学生思维，让学生的创造性思维充分地发挥出来。该活动特别适合某个话题的导入阶段，

---

❶ 本部分取自杨润芬发表的教学研究论文。

教师提出问题，然后让学生通过自由讨论的形式来集思广益。例如，谈到污染问题，可以引导学生们逐渐想出污染的种类、污染的危害以及污染的原因等等。这样既开拓了学生的思路，又锻炼了学生口语表达的能力。④戏剧表演（Drama）：戏剧表演就是对课文中的角色重新进行设计、包装。让各组成员扮演课文中的各种角色，在班上进行演出。这对语言学习有着积极的影响，可以充分发挥学生个体的想象力，满足他们表现自我的欲望。⑤英语辩论赛（Debating）：将学生分成两组，对老师指定的题目，或是身边发生的新闻事件发表各自的评论，进行辩论。例如，讲到《新视野大学英语3》第三单元的时候，就可以组织学生辩论，大学教学是应该侧重于专才教育还是全才教育。在辩论的过程中，不要求学生的语言逻辑性有多强，但要求学生可以用最简单的语言准确地表达其思想和看法。这样既达到在情境中学习语言的目的，又培养了学生的思辨能力。此外，还可以进行电影配音活动：寻找新颖而有趣的大众娱乐电影，语言清新简单，让学生模仿其配音。这一活动既能带动学生的参与热情，又可以使枯燥的课堂变得生动有趣。口语课堂的教学模式可以有很多种，无论形式是否新颖，只要是鼓励学生用英语进行思想的交流，让学生迈出敢说英语的第一步，在英语口语教学实践活动中都有着重大的意义。

4.2.2.2　教师思考：大学英语读写课堂教学的三个阶段❶

大学英语读写课堂活动大致分为三个阶段，即讲解阶段、言语产出阶段和应用交流阶段。

在语言讲解阶段，教师根据教材内容引出要学习的语言及语法点，讲解其意义与用法并指导学生进行练习。对学习者来说，本阶段有两个显著的因素：引起语法敏感和可理解性语言输入。①引起语法敏感：Carroll（1999）指出，敏感的语法意识是语言能力的重要组成部分，这里的语法意识是指个体表现出的对于语言在句法形式方面的察觉。引起外语学习者对于目标语言语法规则性质的察觉能够帮助学习者内化这些规则。Gass（1988）还指出，在自然的外语环境下，人们对于语言形式的注意十分欠缺，趋向于随意性和非系统性，因此他们学习速度与效果不及接受了正规指导的学习者。正规课堂教学可以推进外语学习进程、提升语言掌握的准确性与流利性（Ellis，1994），具体包括两个

---

❶　此部分取自张岩发表的教学研究论文。

方面：第一，有针对性地引导学习者能够引起他们对语法规则的察觉和注意；第二，这种有意识地注意可以强化句法结构的习得。总之课堂教学为学习者提供系统的语法指导。②可理解性语言输入：课堂教学中在词汇词组用法方面逐渐深入扩展；在句法方面循序渐进，讨论的话题从具体形象到概括抽象，由简单到辩证。这样的特点有其科学的依据。Krashen（1983）认为学习者的内部语言处理机制发挥作用有赖于接受可理解的语言输入。他强调：学习者从一个知识点"i"进步到下一个知识点"i + 1"的一个必要非充分条件是他（她）理解了包含有"i + 1"的语言输入。这里"i"的成分代表了学习者现有的外语习得发展程度，" + 1"则指输入的语言难度稍高于学习者的现有语言水平，既具有挑战性又是可以驾驭的。在这种情况下，对于语言输入的理解是可能的，又是需要学习者付出努力的。在这方面正规课堂教学相对于一般的学习环境来说具有很大优势，它更能保证外语习得所必需的适合其程度的高质量语料，从而提供一种"外语吸收型"的环境，而自然语境相对则是一种不加分辨的环境。

在语言产出阶段，学习者运用指导者讲解过的语言结构等知识进行语言产出练习，并在准确性方面接受反馈。外语课堂教学提供多种有指导的练习机会。①可理解性语言产出：在本阶段，学习者努力自己说出（或写出）目标语言并被他人理解。要做到这一点，他们必须练习尽量准确、连贯、恰当地表达意思。语言课堂上可理解性语言产出的练习是必要的，这种实践迫使学习者注意自己语言产出的合乎语法性，以便被人理解。Swain（1983）提出学习者主动努力表达目标语言内容（而不仅仅是理解它）可以促使他们进行一次语言习得的飞跃，即从语义处理的初级阶段到以句法处理为特征的更高一级阶段。换句话说，学习者只要注意实词的意思就可以基本弄懂语义，然而语言产出则激励人们对于语言形式特征的专注。因此，当学习者练习产出目标语言时，他们进一步整合了已学习的语法词汇等知识，以达到对目标语特征的更加自如的、趋于自动化的控制，从而为灵活运用做好准备。②反馈：外语课堂上学习者的语言输出训练收到及时的反馈，这种反馈对于二语习得具有积极作用。在语言产出阶段，大学语言课堂上提供给学习者形式多样的表达机会。例如，根据课程内容把学生配成对子或组成小组进行系统的以练习语言知识为目的的训练，教师则起到组织、监督、及时指导答疑的作用，还可以让部分学习者在全班进行口头报告。Swain（1983）认为，学习者表达练习受到反馈可以检测他们关于目标语使用的假设。正如 Ellis（1994）指出的那样，学习者得到反馈的意义在于假设确认（hypothesis confirmation）。面对一个新学习的语法形式，学习者常常建立起关于它的两个或者更多的表达假设，而指导者的反馈可以帮助学习者确定最终那个假设是可行的，从而成为其永久目标语言规则。Ellis（1987）指出，成功的语言课堂教学是这样一种情况，学习者清楚自己要表达的内容，而教师适时的介入指导，让学习者看到在目标语言里有专门的方式与规则来表达这一内容。

在应用交流阶段，应用交流过程迫使学习者在大脑中搜索其习得的关于目标语言的各类知识（包括语义、语法、语音、语用等），并从中提取出合乎其当前交流目的的相关内容，加以组织整合以目标语言输出。通过这种语言实践，学习者才可能真正灵活运用目标语言。这一阶段兼有上一阶段的特点和其自身特有的促进二语习得进程的特征。当与指导者或其他学习者进行外语应用交流时，学习者常常遭遇到相当大的困难。这就要求双方做出相当多的相互协调、互动努力以确保理解和交流的达成。这种互相的协调叫作"意义协商"（negotiation of meaning），对于二语习得具有积极的作用。

在应用交流阶段，说话的一方要综合运用目标语的各类知识以及交谈的策略和方法（Ellis，1994）。听话的一方也需要通过确认、质疑、询问等及时的反馈为交流的继续做出努力。这样，交流时会产生许多这样的时刻，即交流双方在具体的情境下专注于所谈及的话题，说话者根据听话者的反应不断将言语输出调整到听话一方可理解的程度。因此，意义协商使得交流双方以一种特有的方式完成了信息的双向输出与接受，特别是这种交流会产生可理解性输出及输入，进而推动语言习得进程。Ellis（1987）认为在交流中为了克服障碍或误解所做出的互动性的调整对于外语习得有着特殊的意义。

外语课堂教学的三个阶段（讲解阶段、语言产出阶段、应用交流阶段）在促进学习者的外语习得方面所具备的独特优势，在英语学习中起到非常重要的作用。

4.2.2.3 学生反馈

为了解读写、听说、实训分课型教学的成效，2012 年春季学期，大学英语教研部和本校 2010 级物流学院、信息学院、商学院的学生一起进行了两次座谈，并进行了问卷调查。本次调查收回了 400 份调查问卷（见附录 4-1）。

调查问卷为研究团队在大学英语教学研讨的基础上自行设计，包括三部分内容：第一部分是填空题，请学生用比喻的方式，说出大学英语教师在他们心目中的形象；第二部分是选择题，请学生就课堂教学方式、教学内容、第二课堂、师生关系影响因素等方面的具体问题根据自己的经历，选择最佳答案。

一些相关问题的具体调查结果如下：

9. 您是否喜欢大学英语分成现在的读写、听说、实训三种课型的教学？

A. 非常喜欢	B. 比较喜欢	C. 一般	D. 不喜欢	E. 非常不喜欢
6.7%	33%	33.9%	20.7%	5.7%

10. 分课型的实施是否提高了您的学习效率和效果？

A. 极大地提高	B. 有提高	C. 不确定	D. 几乎没有提高	E. 完全没有提高
3.8%	38.7%	23.6%	31.1%	2.8%

30. 在目前的三类课型中我最喜欢的是

A. 读写课型	B. 听说课型	C. 实训课型
19.8%	61.3%	18.9%

34. 如果分课型对您的英语水平有提高，它提高了您的_____。

A. 读写能力	B. 听说能力	C. 自主学习能力	D. 其他
20%	50.5%	38.1%	11.4%

对于是否喜欢大学英语读写、听说、实训三种课型的教学，6.7%的学生反映非常喜欢，33%的学生表示比较喜欢；认为分课型的实施提高了学习效率和效果的学生为42.5%；认为分课型提高了自己的听说能力的学生为50.5%，提高了自主学习能力的为38.1%，提高了读写能力的为20%；在目前的三类课型中，学生最喜欢的课依次为听说（61.3%）、读写课型（19.8%）、实训课型（18.9%）。这个数据结果和韩佶颖、于书林（2013）的研究相吻合，分课型教学模式下视听说课程受到学习者的普遍关注和认可。首先，学习者对大学英语分课型教学模式下视听说课程比较满意。与传统大学英语教学模式相比，分课型教学有其优越性。分课型教学提高了学习者对听说交际能力的重视程度，改善了外语学习者的学习情感因素，使学习者对外语学习的认识发生了变化。其次，学习者普遍认可视听说课上教师的授课方式方法、教学内容、教

材以及评价体系。在隐喻调查部分，学生们给出的丰富比喻，可以作为佐证，如表 4-6 所示：

表 4-6　听说教学印象

比喻分类	具体比喻	比例	意义
家庭生活	严格的、气氛紧张的家庭；聊天一样轻松愉快	4.5%	正向 +
自然界	百鸟争鸣；太阳；春天	6.8%	正向 +
场所	展示台；在休息室休息；网吧；谈话；口语角；英语角；单词课；听力课堂；一场讲座；两会；会议室	27.2%	中性
	地狱	2.27%	负向 -
	英语派对，大家学得开心，说得开心；聊天对话的地方；学员交流会；在国外；天堂；说唱 rap；论坛；活跃，得到锻炼；游戏；交流会	22.7%	正向 +
其他活动	看情景剧；话剧表演；做游戏；野战演习；学术交流会；锻炼胆量的舞台；Party	15.9%	正向 +
	听录音；障碍赛，总会发现自己的听力口语是那么次；一场冒险；娱乐表演	9%	负向 -
物品	兴趣的摇篮；一部电视剧	4.5%	正向 +
	海中无方向的船；酸甜大杂烩	4.5%	负向 -
其他	祖国的未来	2.27%	正向 +

这个结果充分反映出了学生在英语听说课上的感受。学生对听说课的积极评价多于负面评价。他们认为听说课堂气氛轻松，活跃，大家能够得到能力的锻炼，听说课像"派对"，也像"交流会"。听说课堂在学生的眼中是活跃的，丰富的，他们使用了"万花筒、游戏、外国电影"这样的比喻，描述了听说课堂活动的多样性。这说明听说课上教师是以活动和任务为中心，给了学生充分的口语练习机会，锻炼了学生的实际运用能力。

表 4-7 显示，学生对于听说教师的印象也多是正面的，认为听说教师既亲切又严厉，既像家人又像朋友。他们也用太阳、花朵这样的比喻来形容听说教师的亲切、温和以及带给他们的愉悦的感觉。在实际的教学中听说教师多是活泼、外向的年轻女教师，所以学生用"姐姐"这样的字眼比较多。

表4-7　对听说教师的印象

比喻分类	具体比喻	比例	意义
亲属	优秀高贵的长辈；母亲；认真负责的姐姐，严厉的姐姐	11.36%	正向 +
朋友	朋友；益友；爱聊天的朋友；同龄人；一个引导人	18.2%	正向 +
自然界	太阳；月亮；花朵；一朵花；含苞待放的花	11.36%	正向 +
其他职业	严师；游戏老师；课堂内容丰富的表演家；指导员；园丁	18.2%	正向 +
其他人物形象	特种部队的教官；女神；上帝；天使；神；外国人	13.6%	中性
	严厉的演讲者；母老虎；母夜叉	6.8%	负向 -
物品	一盏指路明灯；灯塔；加油站；丰富的外国电影；万花筒；爆炸筒；海绵	15.9%	正向 +
	录音机；播放器	4.5%	负向 -

负向的比喻不多，但是也能反映出学生对听说教师主要的不满在于有的教师过于严厉，使学生惧怕，此外有的教学方法需要改善，没有突出自己在教学中的引导作用，成了"录音机，播放器"。根据这个调查结果，听说教师需要在对待学生的态度和教学方法方面进行反思。

学生对读写教师的印象如表4-8所示，对读写课堂的比喻如表4-9所示：

表4-8　对读写教师的印象

比喻分类	具体比喻	比例	意义
亲属	和蔼可亲的叔叔；姐姐	13.2%	正向 +
朋友	亲切的朋友	7.9%	正向 +
自然界	月亮；阳光；一朵花；大树；正在盛开的花；一片草原	18.4%	正向 +
其他职业	导游；翻译；传道者；教官；园丁；学者	15.8%	正向 +
其他人物形象	将军夫人；女王；神；上帝；女神；路上的好心人	15.8%	正向 +
	无聊的演说者	2.6%	负向 -
物品	百科全书；小字典；工具书；电脑；明灯；指明灯	18.4%	正向 +
	鸡肋；出土文物；一支珠钗	7.9%	负向 -

从表4-8可见，学生对读写教师的看法绝大多数是积极的、正面的，认为读写教师像自己的朋友和亲属，他们用太阳、月亮、花朵这样的比喻，表示了教师带给他们愉悦和温暖。读写教师像园丁、上帝、百科全书这样的比喻透露出了读写教师在知识传授方面起到了自己的作用，教师在传道授业方面做得

比较扎实。虽然负向的比喻不多，但是"无聊的演说者、鸡肋和出土文物"这样的比喻，带给读写教师的警示是，知识需要更新，传授知识的方法需要更有吸引力，否则就会成为不受学生欢迎的人，上课对学生来说就会是一种痛苦。

表4-9　读写课堂印象

比喻分类	具体比喻	比例	意义
家庭生活	温暖的家庭；朋友之间的谈话	4.5%	正向 +
	温开水，不温不火，能让人安静地学习吸收老师的知识	2.27%	正向 +
自然界	原始森林，老师总会带给我们新的有趣的东西；知识的海洋；太阳；春天	9%	正向 +
	一盘沙子	2.27%	负向 −
场所	讲座；高中教学课堂；课堂；小学课堂，按部就班，一个教，一个听；座谈会；高中的英语课堂，有些死板；正式课堂；阅读课；作文课，读书；练习	36.3%	负向 −
	训练场；图书馆；两会	9%	中性
	坐牢；赶集的市场；十九层地狱；面试官	9%	负向 −
	天堂；访谈、互动很好；茶话会	8.3%	正向 +
其他活动	演讲；在念经；处在半睡眠状态；老师假装上课，我们假装听课	13.6%	负向 −
物品	一本无聊的书；一锅煮烂的杂豆粥，内容多，杂但无头绪	4.5%	负向 −
其他	祖国的未来	2.27%	正向 +

　　表4-9反映的是学生在读写课上的感受。与对读写教师的正面评价一样，学生对读与课堂的正面评价在于教师创造的课堂氛围是亲切的、温和的、春天般的感觉。学生感到满意的另一点是教师提供了大量的知识。但是我们看到的中性的和负面的评价超出了正面的印象。课堂气氛紧张、沉闷，像"高中的课堂"，缺乏新意、缺乏自由的氛围。更为极端的是学生觉得"像坐牢，下地狱"，这种比喻形象地反映出了读写课堂带给学生的极端痛苦的感觉。

　　读写课堂每周只有两课时，内容多，学时少，教师往往会进行填鸭教学。从这个调查结果看，不少读写教师需要在教学方法上进行反思，思考如何促进有效学习，活跃课堂气氛，不能总是不温不火，更不能自顾自念经，让学生如坐针毡。

4.3　网络环境下的大学英语教学

为贯彻教育部《2004 课程要求（试行）》中关于"分类指导，因材施教""大量应用现代化信息技术，改革现有教学模式"的要求，我校从 2005 年开始，积极开展了计算机辅助自主学习＋课堂教学的模式。先后建起多个应用于大学英语教学的数字语言实验室、网络学习平台和资源库，建立了网络自主学习辅助课堂教学的模式。教学模式的改革核心是在课堂教学的同时，发挥网络优势，对学生的自主学习能力进行培养。

但经历了五年多的以学生自主学习为主，教师指导为辅的网络学习模式下，我们发现了很多问题。针对我校生源入学英语基础薄弱，学生的自主学习意识和自主学习能力不强的特点，自 2010 级开设大学英语实训课。该课程是我校深化大学英语教学改革，运用现代信息技术为教学平台，培养学生英语综合应用能力，特别是听说技能的一门课程。该门课程利用外语教学与研究出版社的《新视野大学英语》教材及其配套的网络教学系统，在我校语言教学实验中心的数字语言实验室进行基于课堂教学和课后网络自主学习的听、说语言教学与实践。

4.3.1　大学英语实训课教学内容

大学英语实训课全部课程共开设 4 个学期，每学期一个学分。每学期隔周一次课，每次 2 个学时。授课内容为基于网络与计算机的大学英语听力课内容讲授、训练与课后网络自主学习的辅导与监控。学生每次课的前 50 分钟（第 1 小节）由教师讲解与单元听力内容有关的听力技巧、语言知识和文化小贴士，后 50 分钟教师可以根据各班级学生总体的学习程度、学习风格和学习特点灵活安排课堂教学内容。可以以听力测试或者口语讨论、口头回答问题等形式检查学生课后网络自主学习任务的完成情况和学习效果；也可以是学生在教师的指导下进行网络自主学习。在新视野大学英语网络环境中进行自主学习，每个学生可根据自己的听力基础选择学习进程和听力的节奏、速度，教师可以及时指导、解答学生在自主听力练习中遇到的语言知识及计算机软件应用方面的问题。课程考核方式为形成性评价。

新视野大学英语网络教学系统的应用：新视野大学英语网络教学系统同时

具有学生学习平台和教师管理平台。教师可以通过教师管理平台的设置，安排和监控学生自主学习的内容、进程、评价标准和测试方式；学生可以在学生学习平台按照教师预先设定好的学习内容进行网络自主学习。新视野大学英语网络教学系统可以同步记录学生每一单元的网络自主学习情况和每一次网络测试的成绩，师生均可以在各自的教学管理平台和学生学习平台里及时查看学生每一单元和每一时间段的学习内容和学习效果。经过 2010 级、2011 级及 2012 级学生的网络教学实践证明，合理地应用网络学习系统中的管理和测试模块可以帮助学生积极主动地学习，克服以往学生刷机时、不按时完成网络自主学习任务、盲目上网搜索答案等影响学生网络自主学习效果的不良因素。

第一，明确学习任务，培养自主学习意识。开课前，教师需将本学期的教学大纲上传到学习系统中的"课程教学大纲"模块中，以此方便学生明确本课程对学生的要求、在规定的时间段内学生需要完成的学习任务以及学生学习完一个学期的学习任务后学生应该达到的语言应用能力的目标。因为，刚刚入校的大学新生由于受传统教学模式的影响，往往缺失自觉学习的意识。在自主学习伊始，往往是教师布置一个学习任务学生就只完成教师布置的任务，然后静静地等着老师给布置下一个学习任务，不知道从教学大纲中可以查看到教学计划和安排，并且根据计划和安排进行自己的网络自主学习。针对这种现象，教师可以引导学生在网络自主学习前查看教学大纲，引领学生养成自主学习的意识。

第二，加强网络测试信度，提高学生信息加工的素质。新视野网络学习系统中的测试题库与单元学习内容紧密相关。通过进行阶段性网络单元测试可以检查学生网络自主学习的效果。因此，教师要加强网络测试过程的信度，通过使用局域网等技术手段让测试成绩真实、可信。严格的测试手段可以激励学生加强平时网络自主学习时语言知识的积累，注重语言能力的真正提高，明确如何合理利用网络资源，提高自身处理、加工网络信息的素质。自 2010 年秋季学期开始大学英语实训课的平时测验和期末考试以闭卷、网络机考的模式进行，经过几届学生机考经验的不断积累和完善，现在大学英语实训课的机考模式已推广应用于大学英语读写月考中。由此可见，网络测试对网络教学产生了良好的测试反拨作用。

第三，充分利用网络系统中的"成绩簿"功能加强教师对学生网络自主学习的监控。教师通过对网络系统中"学期考核标准"的设定帮助学生随时了解自己的网络自主学习和测试的成绩。及时检查自己现阶段的学习表现，反思自己网络自主学习中的薄弱环节。教师通过监控学生的网络自主学习情况，及时指出学生网络自主学习中的问题，并且针对问题对学生的学习方式加以正确的引导。

第四，利用新视野"网络答题记录和排名"的功能激励学生按时完成网络自主学习任务、提高网络自主学习的质量。教师可以利用此功能随时了解每个学生完成网络自主学习的进展和表现，及时提醒未按时完成作业的学生尽快完成网络自主学习任务。除此之外，此部分模块的功能还可以允许教师删除学生过低的学习记录允许学生反复做题以达到真正的掌握练习中的语言知识和语言结构。因此，教师可以充分利用此功能正确地引导学生认真进行网络课程学习，激发学生学习兴趣，提高网络自主学习的效果。

第五，充分利用网络平台答疑系统，促进教学信息的及时反馈。网络平台在线答疑系统可以帮助学生对所学内容做出积极的反应。互联网上交流一般是不受时空限制的，学习者提问与表达自己的见解时与传统的课堂学习活动中用语言、神态等的交流存在很大的、本质性的差异。通常情况下用文字等信息来进行交流，是没有心理、情感方面束缚的，网络在线答疑系统中就是经常是用文字的方式来传递信息的。在这种条件下，学习者可以自由地表达想法，能比较主动地参与交流讨论。在网络在线答疑系统的环境下，交流通道是相交的，多个学习者可同时向教学者提出各自的意见，而学生之间的相互讨论可以不受到干扰。

网络辅助测评软件的使用：在利用网络自主学习平台进行听说、读写等方面的训练与测试的同时，我校也利用批改网作为对学生进行有效提高写作能力的监控手段。批改网对于写作的反馈快速而及时，学生能够很快就知道自己的写作分数以及了解自己在写作中出现的问题并加以改正。因为能及时得到批改网的回馈，有些学生写作的兴趣会更强，经常有学生根据批改网的反馈意见，多次修改自己的写作，最终能够得到一个比较满意的分数。

4.3.2　网络实训课程的得与失

4.3.2.1　教师研讨

大学英语教研部实施大学英语实训课的同时，重视教师研讨和学生反馈。从教师的角度来看，实训课具有如下优点：

（1）顺应了教育技术的发展，充分利用教学资源，培养了学生的自主学习能力，形成了良好的学习氛围。我们利用外研社的 uipus 高校外语教学平台，采用网络平台在课堂上进行英语听力、读写以及口语、文化等方面的训练，同时学生借助网络平台在课下完成规定的学习任务和作业；不仅逐步培养了学生的自主学习能力，使不同水平的学生找到适合自己的学习方法，并根据自身的水平与能力调整学习时间与学习进度；同时学生在学习之余对服务器资源库的访问大大提高了学生的词汇量，对各类英文原声电影、歌曲的接触，激发了学生的学习兴趣，提升了学生综合运用英语的能力，而且也为学生提供了更多了解英语文化背景的机会，创造了一个良好的语言环境。随着网络自主学习的不断推进，我校学生总体学习自觉性、自主性增强，自觉完成网络自主学习任务的学生逐步增加，还有更多的学生利用外语系语言教学实验中心的网络资源进行个性化的学习。到语言教学实验中心学习的学生人数不断增加。学生课外作业完成的质量也有所提高，越来越多的学生更为积极地投入到网络自主学习中，形成了自主学习的良好习惯。

（2）推动了过程性评价的落实。网络自主学习平台不仅是学生自主学习、完成作业的平台，也是检测学生学习成效并与老师进行沟通互动的平台。网络实训课的成绩由学生的平时测试成绩和期末考试成绩构成，平时的几次测试和期末测试全部是在网络平台上完成。不仅可以减轻老师的工作负担，而且这样的过程性评价体系还可以更好地督促学生学习。

（3）网络学习为学生提供了大量丰富的学习资源，学生在完成规定的作业后，还可以根据自己的兴趣爱好选择学习资料，并且按照适合自己的节奏完成网络学习，适合学生的自主学习；同时像批改网之类的网络学习平台，学生可以在完成作业并提交之后立即看到自己的成绩，得到一定的反馈，能够增强学生学习的动力和参与活动积极性。

实训课存在的问题主要在于：

（1）学生管理问题：作为自主学习方式，网络实训课比较适合一部分学习自觉性较强的学生，他们会严格按照老师的要求完成课下作业；但是对于缺乏学习主动性的学生来说则不利于老师的监管，他们会为了得到分数而在网络上搜答案，查资料；批改网的作文也会在网络上搜答案，这样不利于老师的监控和管理。

（2）学习主动性有待提高：学生在网络学习平台上刷分刷机时一直是一

个突出问题。而老师要做的就是从根本上提高学生学习的自主性和积极性，帮助他们变被动学习为主动学习，让网络自主学习成为一种学习习惯。

4.3.2.2　学生反馈

对于学生对大学英语实训课的态度和感受，大学英语教研部组织了问卷调查和座谈。

座谈中，学生认为网络自主学习是一种新的学习方式，资源丰富，选择范围广，可以随时得到反馈，给他们一种新鲜感。批改网可以根据批改的反馈不断修改，能够随时看到自己的分数，感觉很有挑战性也很刺激。就是电脑打字不是很快，不太喜欢在电脑上完成作业，尤其是长时间待在电脑面前，但像一些大型的英语考试都是机考，自己的机考能力还需要加强。不过网络上的诱惑比较多，经常是做着作业就忍不住看看视频或者玩游戏，自制力比较差，平时学习时对自己比较放松，作业也不做，直到快考试了才有紧张感，才完成老师平时留的作业。

在 400 人的问卷调查中，相关问题的调查结果如下：

25. 实训课规定的机时对我来说＿＿＿＿＿＿＿＿＿＿。

A. 太多了	B. 有点多	C. 不知道	D. 刚刚好	E. 不够
19.6%	40.2%	6.9%	26.4%	6.9%

26. 大学英语实训课给学生搭建了一个良好的学习平台，培养了良好的学习习惯

A. 非常同意	B. 同意	C. 不确定	D. 不同意	E. 非常不同意
7.8%	31.1%	35.9%	17.5%	7.7%

27. 大学英语实训课培养了学生自主学习的能力和终生学习的意识

A. 非常同意	B. 同意	C. 中立	D. 非常不同意	E. 不同意
7.6%	26.4%	40.6%	16%	10.3%

28. 我的大学英语实训教师给学生进行了学习方法及学习策略方面的指导

A. 总是	B. 经常	C. 不确定	D. 很少	E. 从不
8.7%	24.3%	26.2%	33%	7.8%

29. 目前的大学英语实训评价系统能够客观地评价我的英语水平

A. 非常同意	B. 同意	C. 不确定	D. 不同意	E. 非常不同意
5.8%	20.2%	33.7%	33.7%	5.5%

43. 基于网络平台的大学英语实训课能够提高我的_____。

A. 自主学习能力	B. 听力理解力	C. 沟通能力	D. 学习英语的兴趣	E. 其他
54.3%	55.2%	7.6%	12.4%	3%

47. 以网络平台为基础的大学英语实训课在下列哪些方面对您有益?

A. 提高了听的能力	B. 提高了说的能力	C. 提高了读的能力	D. 提高了写的能力	E. 增长了文化知识	F. 养成了良好的学习习惯	G. 其他
70.5%	16.2%	14.3%	13.3%	29.5%	20%	8.6%

48. 对基于网络平台的英语学习,您同意下述哪种说法?

A. 提供了丰富的英语学习资源	B. 信息太多,没有重点	C. 提供了真实的语言环境	D. 师生交流较少	E. 师生交流渠道灵活	F. 应放手让学生按自己的水平选择学习内容及进度	G. 教师应决定进度和内容,并在课堂上讲解语言知识	H. 其他
43.8%	43.8%	19%	47.6%	3.8%	37.1%	13.3%	2%

上述问题的答案显示,学生对于实训课的评价褒贬不一,受访学生一方面肯定了实训课的正面影响:55.2%的学生认为基于网络平台的大学英语实训课能够提高自己的听力理解力,54.3%的学生认为基于网络平台的大学英语实训课能够提高自己的自主学习能力;70.5%的学生认为以网络平台为基础的大学英语实训课提高了他们听的能力;但是另一方面,59.8%的学生认为实训课规定的机时有点多;只有38.9%的学生承认大学英语实训课给他们搭建了一个良好的学习平台,培养了良好的学习习惯;34%的学生认为大学英语实训课培养了自主学习的能力和终生学习的意识;33%的学生认为英语实训教师给学生进行了学习方法及学习策略方面的指导。

在对实训教师和实训课的隐喻调查中,学生给出了非常生动的描述,如表4-10和表4-11所示。

表 4 - 10　实训教师印象

比喻分类	具体比喻	比例	意义
亲属	长辈；妈妈；认真负责的阿姨；温暖的阿姨	11.1%	正向 +
朋友	和善的朋友；朋友	5.5%	正向 +
自然界	一朵花；一个鸡妈妈；弯月；月亮；太阳	13.9%	正向 +
	一片白云，短暂的停留；一阵风，来也匆匆去也匆匆	5.5%	负向 -
其他职业	技术指导老师；有名无实的老师；监考老师；监督员；网管；驯兽员；传教士；看门的	27.7%	负向 -
	园丁	11.1%	正向 +
其他人物形象	陌生人；容嬷嬷	8.3%	负向 -
	上帝；神	5.5%	中性
物品	夜晚的航海灯	2.7%	正向 +
	电脑；软件程序	8.3%	中性

从表 4 - 10 可见，实训教师得到的正面积极的评价也在于教师对待学生的态度较好，真诚，能为学生着想，因此被学生认为是像"妈妈，阿姨"。但是实训教师得到的负面评价比读写和听说教师要多，从学生的比喻中我们也能看出一二：学生认为他们像"一阵风、一片云"，说明教师缺乏和学生的交流，学生渴望教师能与他们更多地相处和交流。而那些诸如"网管、驯兽员、看门人、容嬷嬷"等比喻则表示了学生对授课方式的不满。实训课由于是上机学习，实训教师需要在上机学习方法、学习内容等方面给予学生更多的指导，而不是一味布置作业，检查作业。这个调查结果也显示出学生感觉压力较大。一旦学生对于学习内容和方式产生不满，势必影响学生对教师的印象和评价。实际教学中三位实训教师面对了整个年级 1000 多名学生，由于人手缺乏，一名教师在同一时间段带两个班级，穿梭于两个实验室之间，势必又造成面授时交流的缺乏。那么实训教师如何在课下实现与学生的互动交流将成为他们面临的一个新课题。

表 4 - 11 中学生对实训课堂的印象，也能印证表 4 - 10 所反映出的学生对教师印象的由来。首先，有学生觉得课堂气氛沉闷，像"一潭死水"，其次，实训课上缺乏学习方法的指导，学生觉得像待在"自习室""无人引领的小船"；其次，实训课上学生的学习压力较大，学习方式缺乏趣味性，就是在"不停地做题"。

表4-11 实训课印象

比喻分类	具体比喻	比例	意义
自然界	太阳；春天	4.87%	正向 +
	一阵风，刮过就没了，有的没的都一样；一潭死水	2.43%	负向 -
	自习；上机时间；小考试；测验时间；在自习；网吧；电脑课；工人操作机器；一节自习课；在自动答题；自学平台；应用操作；网上练习；工作；作业；自习室；电脑课；两会	43.9%	中性
	快餐店，吃完就走；网吧却不能上网查东西也没处问问题；很单调，像语文课；动物园；监狱	9.75%	负向 -
	快乐的天堂；游乐园；天堂；自由活动场所；自由学习的平台	12.19%	正向 +
活动	练习听力；考试；有时像战场，一直在考试；在不停地做题上机，直到下课	9.75%	负向 -
物品	无人引领的小船，究竟开往何处，都靠自己的努力；一台为完成任务而学习的机器	4.87%	负向 -
	成功的阶梯	2.43%	正向 +
其他	祖国的未来	2.43%	正向 +

虽然实训课设置的目的就是要加大学生的自主学习能力，提高英语听力，但是可以看出目前的实训课不够成熟，需要教师在授课方式、授课内容和学习方法指导方面都进行研讨，提高学习者的满意度。

4.3.2.3 教师研究：合作式学习模式在大学英语实训课堂上的应用❶

实训课堂是基于网络的课堂教学活动，因此很多作业都是在网络上完成的，以往的课堂教学是教师布置任务，学生独立完成。这种基于网络学习平台的任务型教学模式，比较注重学生个体任务的完成情况，对于团队协作的重视不够。其最大弊端是课堂上师生互动、生生互动不足，无法形成互促互进的优良学习氛围。并且缺少团队讨论的课堂气氛比较沉闷，教师发挥的空间也会受到负面影响。

通过在课堂上使用合作式学习模式，课堂互动性增强了，学生感觉在学习小组中与其他同学一块携手合作比自己单独学习的效率更高了，学习动机也更

---

❶ 本部分取自杨润芬发表的教学研究论文。

强。合作式学习就是在教学上划分成小组，使学生共同活动，以最大限度地促进他们自己以及他人的学习。合作式学习的最主要特点是以小组活动为主体，由教师设计教学，分配学习任务和控制教学进程的一种目标导向活动。约翰逊兄弟于 1987 年提出了合作学习的基本模式——共学式（Learning together），在大学英语实训课的课堂教学中，采用的也正是这种共学模式。4～5 名学生组成一个异质学习小组，教师分配学习任务或指定作业单，每个学习小组共交一份作业单，成绩单评定和考核以学习小组为单位。

在大学英语实训课的课堂教学过程中，要构建合作式学习模式，对教师也提出了新的挑战，教师要从传统的主宰课堂的权威变成组织参与学生活动的一员，要充分发挥引导者、组织设计者和检验评价者等多角色的作用。具体说来，作为引导者，教师首先要简介课程目标，向学生解释清楚教学要求、格式规范、提交期限以及评定标准等内容，并给出一些例子，回答学生相关问题。同时，教师应引发和保持学生的学习动机，激发学生的学习兴趣；利用提问等环节引导学生进行思考和讨论，以加深学生对所学内容的理解，培养学生的发散性思维。作为组织设计者，教师要针对每一节课的教务任务，组织并布置相应的小组活动，这些教学任务和活动的设计既要鼓励学生探索通过多途径获取学习资料，又要充分调动每个小组成员积极思考，参与小组任务的完成。作为检验评价者，教师要随时关注学习小组讨论的方向，及时解答学生问题，保证小组任务的顺利进行。教师要对学生的小组任务和小组作业及时地给予反馈，并提出建设性的意见和指导。

例如，我在讲授新视野视听说教程第三册 Unit 4 The devil finds work for idle hands 这一课的过程中，针对本课主题 job hunting and time management 布置的小组任务是听写一段题为 Big Rocks 的演讲，写下演讲的主要内容并对其进行评论。这个小组练习的布置是为了实现如下几个教学目标：一是提高学生的听力理解能力；二是提高学生的总结概括能力；三是通过小组讨论，提升团队协作意识；四是提高学生的语言表达能力。每个单元小组任务的布置，基本上都遵循 Problem identification—Problem analysis—Problem solving 的模式，旨在培养学生独立思考的能力。每个任务都需要小组所有成员的参与和合作，成绩评定也以小组整体表现为准。

合作式学习模式与传统教学模式相比，有如下几项优势：①有助于提高学生的课堂参与积极性。合作式教学模式要求全体学生参与到课堂活动中来，因此实现教师与学生的双向教学活动，同时也促进了生生互动，能让英语课堂真正地活起来，为英语学习提供了一个良好的环境和氛围。建构主义认为，学习者与周围环境的交互作用对于学习内容的理解起着关键性的作用。这是建构主义的核心概念之一。在学习小组中，学生们需要进行协商和讨论，甚至是辩论。在这样的合作学习环境之下，学习者群体（包括教师和每位学生）的思维与智慧就可以被整个群体所共享，即整个学习群体共同完成对所学知识的意义建构（何克抗，1997）。②有助于提高学生的自主学习能力：合作式学习模式能够很好地激发学生的主体意识，鼓励学生在学习的过程中进行自我监控与评价；此外，在完成小组作业的过程中，需要进行诸如收集资料、交流思想、组内讨论等活动，而这些活动都需要学生在课下自主展开（任莉，2011）。③有助于培养学生的团队精神：具有较强的团队精神和与他人协作的能力，是现代社会对人才的基本素质要求。作为一种学习方式，小组学习把协作意识与社交技能引入网络教学系统，有助于培养团队意识和合作精神。在合作式学习模式下，小组成员为了完成学习任务，需要相互帮助、互通有无，小组学习活动中既强调分工又强调合作，有助于引导学生产生共同的使命感、归属感和认同感，这种使命感和认同感反过来会逐渐强化团队精神，从而产生一种强大的向心力和凝聚力。

4.4　基于教育生态学理论的教学模式

基于第一阶段和第二阶段改革的经验和发现的不足，我们自 2011 年起开始进行第三阶段的大学英语教学改革。本阶段的改革措施以教育生态学理论为基础，将大学英语教学看作一个生态系统，系统中的各因子要达到和谐、平衡，理顺教师、学生、教学内容、教学条件、教学方法等各方面的关系，才能使改革措施具有针对性，使教学处于良性循环之中。本阶段的改革主要包括四个方面：①确定多元教学目标，将培养学生的英语应用能力和专业技能相结合。以构建和谐融通的师生人际关系、激发学生英语学习内驱力为抓手，改革教学内容：将语言、文学、跨文化、专业知识作为教学内容，形成先修后续的课程体系。②尊重学生的主体地位，建构了合作探究式"生态课堂"教学模式；学生主动探究知识，教师引导思维训练，培养了批判性思维和创造性解决问题的能力。③建立多维度过程性评价模式，全面衡量学习进步情况，促使学习者稳步提高语言能力。④通过丰富多彩的课外活动，促进学生全面、健康、个性和谐与可持续发展。大学英语教学呈现着"多元、和谐、开放、主动"的良性教育生态特质，为学校培养具有国际视野的高素质应用型人才探索了一条有效途径。

4.4.1　教育生态学理论

教育生态学是运用生态学的原理与方法，研究构成整个教育生态系统的人、教育（活动）、环境三个要素之间的关系，从而揭示教育生态系统基本规律的科学。教育生态学把教育视为一个与自然的、社会的、经济的、政治的、文化的生态环境关系密切的实在的生态系统，虽然它在整个社会生态环境中是相对独立的系统，但是它与自然生态环境、社会生态环境以及规范生态环境要素之间是相互影响、相互作用的（谭玮，2008）。教育生态学是把教育看作一个生态系统，是一个统一的整体，各种教育生态因子之间存在着整体关联，某一教育生态因子的变化，会引起其他教育生态因子的变化及反应，起到牵一发而动全身的作用。其整体关联包括教育系统内部各种教育生态因子之间的整体关联，以及教育与其所处的周围生态环境中的政治、经济、文化、科技、民主、法制等各种教育生态因子的整体关联，甚至还包括各种教育生态因子之间的整体关联，不同教育生态系统之间的整体关联以及教育生态系统在不同发展阶段上的整体关联。教育生态系统中存在着多种多样的关系，特别是其中的竞争、合作、共生等关系，促使整个教育生态系统产生协同进化作用。

英语教学是一个整体的生态系统，要使该系统达到和谐、平衡、发展的目的，从宏观上要注意处理其与周围生态环境中的政治、经济、文化、科技、民主、法制等各种教育生态因子的整体关联；从微观层面上，要理顺系统内部的各种关系，遵循教育生态规律。这些关系主要包括教师与学生的关系、教师与教学内容的关系、教师与教学手段的关系、学生与学习内容的关系、学生与教学手段的关系。教育生态规律主要指：教育节律要符合人的生理、心理节律，以及自然界周期性的节律变化，使生命实体在良好的条件下自然地、和谐自由地生长发展（王凤产，2011）；教的规律要符合学的规律（顾曰国，2005），使学习者调动起自身的一切，去不断地创造自我，改善和发展自我；能够创设一个和谐和充满关爱的人际氛围，让学生富有个性地独立自主地合作与探究学习的良好生态环境。学生的发展首先是为了他们能够成为幸福生活的创造者，并进而成为美好社会的建设者。教学必须着眼于学生潜能的唤醒、开掘与提升，促进学生的自主发展。必须着眼于学生的全面成长，促进学生认知、情感、态度与技能等方面和谐发展。

我们把大学英语教学看作一项系统工程，一个完整的生态系统，同时也是我国社会文化宏观生态中一个小生态，依附于社会而存在。大学英语改革要取得预期的效果，必须考虑系统各要素间的平衡发展。我们认真分析微观生态层面上的各教学要素间的联系和作用（如教师、学生、教学内容、环境），调动教师积极投入、顺应学生发展需求，实现教学目标多元、教学关系和谐，教学内容和体系开放、学生学习主动，打造合作探究型生态课堂，让学生在认知、情感、态度与技能等方面和谐发展，享受成长的幸福，同时让教师收获事业的成功，实现师生共同发展。

4.4.2 构建多元教学目标和课程体系

生态教育强调教学目标的设定既要符合宏观生态的要求，即社会需求，也要满足学生个性化发展的需求。我校大学英语部根据学校的人才规格定位，根据今后学生工作岗位的实际需要，实事求是地确定英语教学的目标定位，并据此设置课程体系。

4.4.2.1 毕业生英语使用情况调查

为了解社会需求和学生需求，我们以应届毕业生为调查对象，了解我校毕业生就业或者实习的各类职业岗位中的英语能力要求，从而对大学英语教学进行针对性调整，以此为依据来确定其教学目标、能力标准、教学内容、教学模式和考核机制，使大学英语教学能够最终起到支撑学生职业岗位能力发展的作用。

我们设计了一份问卷（见附录4-2），共有8个题目，包括毕业生所工作的行业、职位、求职面试中英语能力的侧重，以及工作或实习中主要需要使用英语的场合。最后两个题目是要求毕业生对我校大学英语教学的内容、模式、方法等方面做出反馈。问卷实施是在毕业生离校之前，发出问卷1500份，实际回收问卷的份数1130份，问卷回收率为75.3%，其中信息学院265份，劳法学院147份，商学院320份，物流学院195份，经济学院203份。问卷数据分析结果如下。

（1）有关毕业后从事的相关行业。在经济学院 203 名学生中，近 7 成学生选择金融类的工作。经济学院少数同学选择文化体育娱乐和教育行业，其他行业参与度相对较低。交通运输、仓储和邮政与物流学院同学专业贴近，24.61% 的学生选择此行业。其他学生进入公共管理、金融业、软件业等行业的工作。物流学院学生对各职业的参与度较高，就业面比较宽泛。商学院21.88% 的学生在金融业从事过相关工作，17.19% 的学生在文化体育娱乐行业实习，16.56% 的学生从事过教育业，12.24% 的学生从事过租赁商业服务。此外，商学院中学生在批发零售、公共事业管理、住宿餐饮等行业实习过的学生人数较相似，都为 8% 左右。从事过房地产、社会福利、交通运输等行业的人数较少。劳法学院毕业生从事的行业也较为分散，其中从事公共管理和社会组织、金融业、计算机软件业的比率较重，分别为 10.20%、10.88% 和10.88%。信息学院的毕业生里有近四成多从事过信息传输、计算机服务的工作。由此可见，近一半的信息学院毕业生从事了与自己专业契合度很高的工作。综合起来说，我校非英语专业毕业生就业的几个行业主要集中在金融、交通运输、公共管理、信息传输和计算机服务、公共管理、文化体育、教育、租赁和商业服务业等。

（2）有关毕业生工作或实习的单位性质。经济学院学生选择私营企业和国有企业最多，分别为 36.94% 和 28.07%。同时工作职位集中在国家机关和商业服务人员，比重相当，各占 3 成，总共为 6 成，比较受经济学院学生欢迎。物流学院有 35.38% 的学生选择私营企业，国有企业比重占 18.46%。同时，办事人员和有关人员比重较高为 28.20%。商学院有 33.44% 的学生在私营企业工作过，10.63% 的学生在国有企业工作，在中小学、乡镇企业以及科研单位工作的学生极少，由此可见，商学院学生更愿意寻找一些发展前景较好、公司规模更大的企业工作。商学院 31.88% 的学生在工作（实习）单位中担任商业服务人员，24.06% 的学生担任办事或相关人员，22.5% 的学生担任生产运输设备操作员，以上三类占据了商学院学生担任过职位的大多数。信息学院学生选择私营企业和国有企业最多，分别为 48.70% 和 19.20%。在企业中大多为专业技术人员、办事人员及相关人员。劳法学院有 37.41% 的学生选择私营企业，国有企业比重占 14.97%，在单位中充当办事人员和有关人员比重较高，为 44.9%。整体来看，我校学生在私营企业就业的人数居多，担任一般办事人员的人数为多。

（3）有关英语在求职时的重要性。经济学院学生观点较为明确，认为英语在求职过程中有用和非常有用的占到65%，认为根本用不到英语的仅为6%。物流学院超过50%的学生认为英语有用和非常有用，仅有2%的学生认为英语不重要。39.06%的商学院学生认为英语在求职中是有用的，26.56%的学生认为英语在求职中非常有用，25.31%的学生认为英语在求职中的作用一般。综上可见，商学院学生对英语较为重视并且认为英语是求职中必不可少的技能之一。信息学院有50.6%的学生认为学习英语有用，38.9%的学生认为学习英语的重要程度一般。劳法学院超过40%的学生认为英语有用和非常有用，仅有不到10%的学生认为英语不重要。

（4）有关英语口语能力的重要性。五个学院的调查数据一致指向了听说能力在求职中的重要性。其中经济学院超过75%的学生认为听说最为重要，阅读和翻译比重相当接近15%，占比重最小的是写作部分。物流学院近8成学生认为听说最为重要。阅读和翻译比重相当，为11.79%，写作部分占8.2%。信息学院63%的学生认为听说在他们的求职中起了关键性的作用，因此针对"哑巴"英语问题需提高重视；另外23%的学生认为阅读也在求职中起了重要作用。劳法学院70.07%的学生认为听说最为重要；写作和翻译比重相当，阅读部分占8.84%。

（5）有关工作中需要英语的地方及实际使用场合。经济学院学生认为英语在写简历和面试中最为重要，在浏览招聘信息时也需要英语能力。同时在撰写工作邮件、外宾接待、翻译资料。接听电话等工作场合，英语使用频繁，重要性凸显。物流学院57.94%的学生认为在面试中英语最为重要；41.02%的学生认为写简历中也需要英语能力；浏览招聘信息和撰写邮件位于其次，分别为18.97%和14.87%；同时，63.07%的学生认为在商务洽谈中非常需要英语能力，撰写工作邮件列居第二，为36.41%。商学院57%的学生认为在回答面试问题中最为重要，41%的学生用于写简历。同时在的学生浏览招聘信息、撰写邮件、参加讨论和辩论，也偶尔用到英语，比重依次为27.5%，18.12%，15%。商学院35.93%的学生常用英语进行撰写工作邮件，同时在外宾接待和翻译资料中的使用分别为26.87%和17.50%；英语在口头的日常交流也使用比较频繁，为14.3%。信息学院分别36.6%的学生和38.1%的学生认为英语在写简历和面试中最为重要；其次是在浏览招聘信息和撰写邮件当中也需要用

到英语；另外在日常的工作交流，如参加讨论、打电话等也会用到英语；32%
学生认为工作中最主要需用到英语的场合为撰写邮件，另外在外宾接待及拜访客
户中也需要用到英语。劳法学院37.41%的学生认为在写简历中英语最为重要；
31.97%的学生认为回答面试问题也需要英语能力；浏览招聘信息和撰写邮件位
于其次，分别为25.17%和25.85%；同时，39.64%的学生认为在撰写邮件过程
中英语应用的比较多；23.13%的同学认为接听电话也会经常用到英语。

（6）有关我校英语教学需增加的课程以及对求职有帮助的课程。经济学
院有71.42%的学生认为与专业相关的听说课最为重要，远超于读写课程
（16.25%）。同时，经济学院超过6成学生期待增加职场口语课程，以便英语
与求职更好地衔接。面试英语和商务英语位居其次，比重分别为43.34%和
45.32%。少数学生需要增加经管英语和出国英语，比重分别为29.06%和
20.68%。物流学院超6成学生认为与专业相关听说课程相对重要，文化翻译
和与专业相关读写课程分别为20%和18.46%。同时，超5成同学认为有必要
增加职场口语课程，面试英语和商务英语的需求分别为37.94%和38.97%。
商学院有65.62%的学生认为与专业相关的听说课程最为重要，远超于仅为
22.81%的与专业相关的读写课程，可见商学院学生对英语交流的重视，不希
望学习哑巴英语。同时，商学院6成学生期待增加职场口语课程，更有利于自
己的工作。商务英语和面试英语位居其次，比重分别为47.18%和44.68%。
不到3成学生希望增加经管英语和翻译课程，其专业性和工作针对性更强。信
息学院有52.5%的学生认为与专业相关的听说课最为重要，远超于仅为
16.25%的读写课程，可见信息学院学生对英语听说的需要。同时，信息院
超过7成学生期待增加商务英语课程，以便英语与职场更好地衔接。职场口
语和翻译位居其次，比重分别为52.08%和61.89%。少数学生需要增加面
试口语教学。劳法学院超6成学生认为与专业相关听说课程相对重要，文化
翻译和与专业相关读写课程分别为16.33%和12.93%。同时，超5成学生
认为有必要增加职场口语课程，面试英语和商务英语的需求分别为34.01%
和42.18%。

综上所述，五个学院学生都认为听说能力在求职中较重要，并且在写简历
和回答面试问题时用到英语的机会多。在工作中用到英语的场合选择中，都有
将近5成的同学希望增加与专业相关的听说课程、职场相关的口语课程、面试
口语课程和商务英语课程。

4.4.2.2 多元化教学目标和个性化课程体系

根据研究和调查，我们认为理想的、科学的大学英语教学目标应该是多元和多层的。大学英语教学既要训练学生基础听说读写能力，开阔视野、增长知识、提升思辨能力和陶冶情操、融入多元文化，也要提升学生专业英语应用能力，培养学生在国际经济领域使用英语参与事务的能力。

确立了多元教学目标后，我们将大学英语课程体系分为基础课程和选修课程两部分。基础课程开设在第1～3学期，但从第3学期开始，允许通过四级的学生选修课程。没有通过四级的学生继续学习第3学期的基础课。基础课分为读写（1～4）、听说（1～4）和实训（1～4）。读写课程的教学应为学生提供足量的阅读材料，开出必读书目、建议阅读书目和经过精心选择的网络读写资源，有指导地开展阅读活动，并安排相应的面授辅导课时检查督促，以保证学习的效果。听说课主要目的是促进学生用听说课上所学的内容进行口头交际，锻炼应用能力。要注意学生听力技能和交际技能的培养。实训课程为学生在语言实验室完成上机学习，由教师进行学习方法指导和网上答疑。实训课程的训练内容包括阅读、听力、语法、翻译、人际对话等各种练习。

大学英语选修课的开课对象为学有余力的学生，分为英语通识类课程，考试辅导类课程和专业英语类课程。从第3学期开始开设，每门课程为2学分，16×2学时，学生在同一学期必须选择两门课程，并通过考试，才算完成大学英语学习。第5～6学期的选修课与第3～4学期的同类选修课程存在先修后续的关系。

（1）英语通识类课程：英美文化、英美影视欣赏、英美音乐欣赏、英语演讲与辩论等。

（2）英语考试辅导类课程：高级视听说、英语写作、六级辅导等。

（3）专业英语类课程：商务英语、行业英语读写、听说类课程。

专业英语类课程突出结合我校特色专业和重点学科，选择或者编写合适教材，课堂教学中突出英语听说能力的培养，以增加学生职场竞争力。个性化选修课程由大学英语部资深教师和英语系专业教师联合开出。大学英语教学部每个学期开出4门选修课，学生可以4选2。要求学生每学期至少选择两个模块的课程完成4个学分的学习。如图4-5所示。

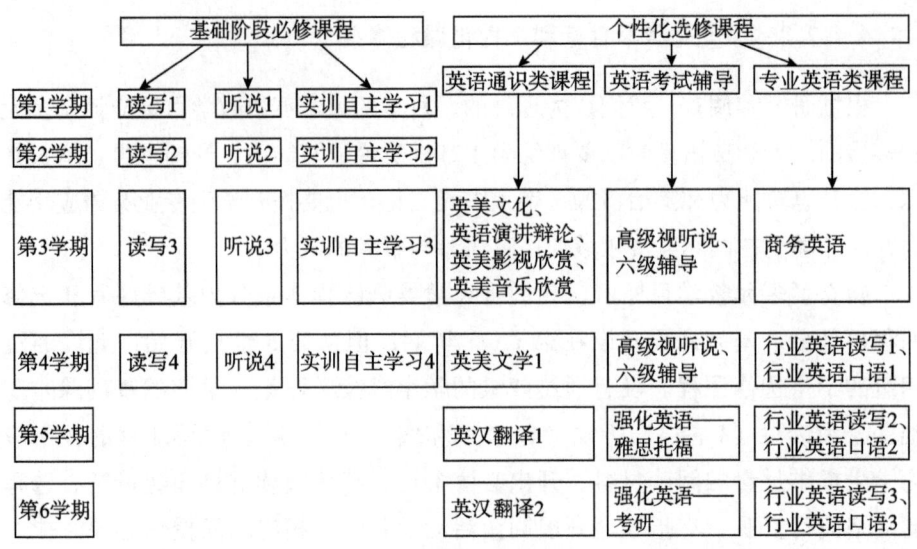

图 4 - 5　课程体系

2014—2015 年，大学英语部通过重点教改立项的研究，对口语类课程进行了进一步的建设和改革。根据对毕业生的调查，我们获知英语听说能力在学生的求职、面试和工作中一直占据重要地位，学生不仅仅需要能听懂面试问题，还需要使用专业英语进行拜访客户、接听电话、参加讨论、进行商务沟通，等等。这不仅仅需要开设基础的口语课程，还需要开设专业英语课程和应对求职面试的具体口语课程。口语课程体系的设计原则如下：①基础阶段听说课：对于大多数学生来说，第 1～4 学期设置大学英语听说课，每周两个学时，共计 2×16 学时。听说课主要目的是促进学生用听说课上所学的内容进行口头交际，锻炼应用能力。要注意学生听力技能和交际技能的培养。②个性化选修课程：从第 3 学期开始，允许通过四级的学生选修个性化口语课程。个性化口语课程共分为三类，第一类课程为公共演讲艺术课程，第 3 学期为英语演讲，第 4 学期为英语辩论，主要培养学生在公共场合发表自己观点的能力。第二个模块为英语文化素养类，第 3 学期开设英美影视欣赏，第 4 学期开设高级英语视听说，高级英语视听说课程主要从跨文化交际的角度设置课程内容，使学生能够在生活中与英美国家人进行自由地沟通交际。第三个模块为专业口语类课程，共开设 4 个学期。其中第 3 学期为简单的商务口语；第 4 学期为专业英语口语，使学生能使用英语谈论简单的专业话题；第 5 学期开设面试英语，培养学生使用英语应对各类招聘面试;第 6 学期开设英语口译,使学生能够应对工作场合各种专业沟通与口头交际。③学生每个学期都可以从三个模块的课程中选修一门,计 2 学分。④专业英语口语类课程突出结合我校特色专业和重点学科,选择或者编写合适教材,课堂教学中突出英语听说能力的培养,以增加学生职场竞争力。不同专业的学生可以选修本专业的口语课程,此类课程可由外语学院与学生的专业教师一起来编写教材、完成授课。如图 4 - 6 所示:

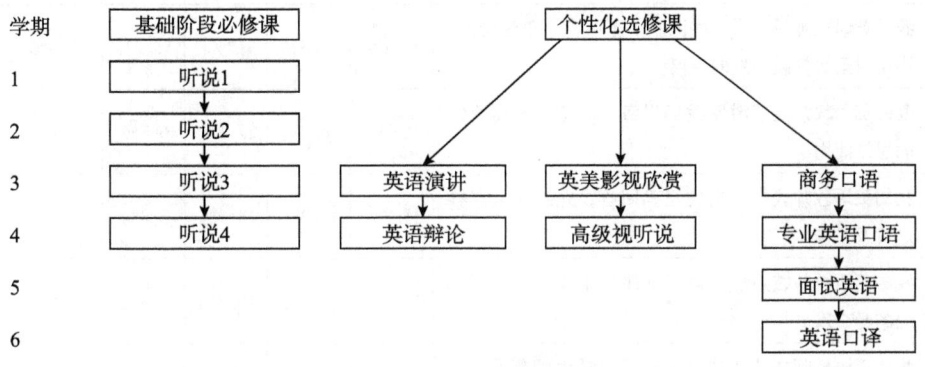

图 4 - 6　口语课程体系

4.4.3　构建合作探究课堂教学模式,师生共同发展

在生态学视域下,师生是这个生态系统中最关键的两个生态因子,师生间的协调合作,互相尊重对维持这个系统的平衡和稳定起着重要的作用。根据建立良性生态的理念,大学英语教学部建立了通畅的师生沟通交流渠道,以面对面座谈、网络问卷、邮箱反馈等形式,即时了解学生的需求。2012 年大学英语教学部针对全体非英语专业学生开展了师生关系的问卷调查和师生交流会,了解了学生对于课程设置、教学模式、师生互动方式等方面的要求。然后教研部根据学生需求调整学生分班和师资配置。大学英语课程分为读写、听说和实训,每门课程设置一个课程组,协调教学内容,教师两两一组负责一个普通班级,实验班建立三人教学小组。教师之间合作加强,教师与学生见面频率增加,加大了师生间的交流互动。

首先,大学英语教研部针对课堂教学进行了 400 人的问卷调查,相关问题的分析结果如表 4 - 12 所示。

表4-12 课堂教学观点调查

题目	总是	经常	不确定	很少	从不
您是否喜欢传统的英语语法翻译教学方式	2.8%	17.9%	40.6%	33%	5.7%
我的英语教师没有主宰课堂,给学生提供机会发挥了他们的主动性、积极性、创造性	11.3%	41.6%	24.5%	21.7%	0.9%
我的英语教师在课堂教学中对学生有爱心和耐心,创造更多的机会与同学交流	15.1%	51.9%	23.6%	9.4%	0
我的英语教师设计了一些课堂小组活动:角色扮演、小组讨论等拉近师生的距离	31.1%	36.8%	17%	13.2%	1.9%
我的英语教师能够激发我们思考,锻炼和提高我们的思维能力	9.4%	56.7%	27.2%	6.7%	0
我的英语教师表扬学生的正确回答,并对错误回答进行及时修正	35.8%	47.2%	14.2%	2.8%	0
我的英语教师鼓励学生多,批评学生少,促进了我们的身心发展	28.3%	48.1%	20.8%	2.8%	0
我的英语教师在课间休息的时候找学生聊聊天,询问听课情况	4.8%	33.7%	29.8%	27.9%	3.8%

表4-12显示,79.3%的学生不喜欢传统的语法翻译法教学;52.9%的学生认为教师没有主宰课堂,给了学生发挥主动性和积极性的机会;67%的学生认为教师能够在课上积极创造机会与同学交流;67.9%的学生认为教师设计的课堂活动能拉近师生的距离;64.1%的学生认为教师课上能够促进学生思考,提高其思考能力;83%的学生认为教师能够表扬学生的正确回答,修正错误;76.4%的学生认为英语教师鼓励学生多,批评学生少,促进了他们身心健康发展;38.5%的学生认为教师能在课间与学生交流,了解听课情况。这些调查结果表明,教师在课堂教学方面与学生之间较为和谐,但是在师生互动方面仍有较大的提升空间,应该采用更加灵活的教学方法和手段,发挥学生学习的主动性和积极性,促使其积极思考,提高英语应用能力。

在英语学习兴趣的影响因素中,排在首位的是教师和学生的沟通交流不够(53.3%),之后依次是英语教学条件(40.9%),课堂组织能力不好(33.3%),教师的知识面不够(15.2%)和教师的口头表达能力不好(12.4%)。学生最需要教师的依次是知识传授(65.7%),人性关怀(56.2%),活动指导(52.4%),错误纠正(40.9%)。

　　在上述调研结果的基础上，教研部针对课堂教学模式反复进行主题研讨，并形成了统一意见。我们认为大学英语课堂教学中的每一个学生都是一个生态系统中的生命体，他们能够自主控制自己的认知、情感、意念、行动。学生是课堂教学的主体，是主动学习者，而不是被动学习者，他们有着独特的生活经验、生命体验、精神、情感世界等，理应得到尊重。因此，我们努力创建生态课堂，肯定学生的主体地位，创造探究、合作的学风，创造民主课堂，发挥学生的活力，使其成为课堂的主人，积极主动学习英语知识。

　　在此理念指导下，大学英语课堂教学以推动合作探究型课堂为主旋律。合作探究型课堂是以和谐的师生关系为基础，建立教师引导，学生为主体的合作课堂，针对教学内容，以学生探究解决问题的方法为主，教师启发引导为辅的教学形式。在这种课堂教学模式下，需要教师提前布置听读材料和思考题，供学生预习，然后在课上组织多种形式的活动，引导学生相互合作，解决问题，使用英语表达观点。

　　课堂教学分为四个环节：教师设置问题—学生自主探究问题—班级共享—教师启发引导。在这种教学模式中，教师以不同题材的真实语料，贴近生活的话题，引发学生思考，提高他们对语言的敏感和兴趣，注重启发学生在英语语言环境中的参与意识和实践能力。教师创设情景，采用 presentation, pair work, role play, group work, drama, debate, shadow reading 等多种灵活的方式调动学生应用英语思考问题、解决问题、表达看法的积极性。

　　这种教学模式改变了满堂灌的传统做法，学生从教师的启发中、同伴合作与分享中获得进步，教师也从学生的分享中获得灵感，收获颇丰。课堂教学之外，教师通过对学生反馈的收集，进一步调整教学任务，优化课堂活动设计。课堂内活跃的教师和学生在相互学习和相互促进中汲取着养分，不断地成长而改变着各自的位置。师生们迸发的热情、碰撞出的智慧火花、情感的交流无不打破课堂的沉闷，孕育着生态课堂的灵性。

4.4.4　建立多维度过程评价模式

　　根据教育生态的观点，教的规律要符合学的规律，教师要促使学习者调动起自身的一切，去不断地创造自我、改善和发展自我，创造轻松愉悦的学习氛围。教学评价作为教学的一部分，不仅仅是评出教学优劣，它还是促进学生健康成长的工具。它应该起到调动学习者学习积极性的作用，使学生能够看到自身的进步和不足，不断提高能力。

以往的大学英语教学评价方法只注重考试的结果，过度强调评价的甄别、选拔功能，而忽视了评价的导向、激励和诊断发展的功能。评价方式单一，以终结性评价为主，一张试卷裁定学生合格与否，难以避免评价结果的片面性，评价主体单一，教师成为"独裁者"。生态学视域下的英语教学评价体系应采用多维度评价模式，即做到"评价主体多极化、评价内容多元化、评价方法多样化"。评价主体不应只停留在教师层面，应建立多极主体评价模式，从而避免评价的片面性和单一性。这其中除了教师对学生的评价外，还应包括学生的自主评价：一是以学习者自身的学习目标和过去的成绩来自我评价学习的进步情况。二是生生间的评价。在平时课堂互动中，学生彼此也可以为对方评价，避免教师评价的片面性（孔繁月，2007；许阳，2014）。从评价内容上讲，不仅仅要包括学生的听说读写技能，还应包括对思维能力、学习态度等多方面的评价。从评价方法上讲，课堂即时性评价、学习过程的形成性评价，学习成果的终结性评价等多种方法可以结合使用。在平时的英语课堂中，教师可以设置演讲、问答、报告任务等，对学生的语言、思维能力、团队合作等多方面给予客观的即时的判断。对于学习过程中的活动表现可采取档案袋、利用网络多媒体手段监控评价学生的课后学习情况等手段进行追踪记录，进行形成性评价。学期结束时可将口试、笔试、机试等有机结合起来，将自评、互评、他评结合起来，或采用卷面考试的形式检验学习效果。

多维度评价方式能够将量化评价与定性评价结合起来，从内容、方式和主体性等方面实现生态化的多元化评价，使学习主体了解自己的学习情况，并在评价中分享经验，互相学习，达到共同促进、共同提高、调动学生主动性和创造性的目的。

4.4.4.1 听说能力评价

在本次教学改革中，教师不断探索和研讨，落实多维度评价的理念。其中听说能力的评价经历了几次改革后，目前评价表的构成为：平时成绩占50%，期末考试占50%。其中平时成绩包括：A. 学生参与度（10%）；B. 预习任务（5%）：对完成基本词汇和句型任务预习合格者进行记录；C. 课堂主动回答问题（5%）；D. 课堂参与表现（10%）：主要记录完成课堂活动情况，如课堂积极组织参与小组活动，承担小组活动角色等；E. 听说技能（20%）：主要按照语言表达、内容、组织、效果等方面记录学生的成绩。

由于口语课隔周上一次，教学时数较少，很多任务需要学生课下去完成，学生的学习主动性和自觉性都需要调动。另外，班级容量在40人或以上的，仅靠教师评价难以保证评价的全面性和公平性，而建立学习小组，小组成员互评，有利于吸收别人优点，培养敢于提出质疑的品质，培养批判性和创造性思维能力。在此基础上，小组学生互评和学生自评成为听说能力评价的一部分。

在实践探索和研讨的基础上，教师们达成一致的看法是，听说能力的过程性评价需要坚持下来，平时应给学生加大预习任务量，结合学生的自评情况，在课堂上进行抽查，然后根据抽查情况再评分。课堂听说任务的完成情况，可以邀请各组组长和教师一起对口语表现进行评分。此外，口语表达任务可以是现场完成，也可采用录像的形式，教师上课点评，从而引导学生认识何为优秀的口头表达，形成合理的评价标准，并指导他们的口语练习。

如果将学生自评、小组评分和教师评分结合到一起，口语课过程性评价的评分表可以如表4-13的形式体现出来：

表4-13　大学英语听说形成性评价表

自我评价 （5%）	小组评价 （15%）	课堂评价 （50%）	朗读展示 （10%）	即兴展示 （20%）	形成性评价 总评100%

在期末的终结性评价中，我们也将衡量标准进行了调整，除了语言知识和技能的要求之外，对学生表达的内容、自然程度、交际达成程度、思维的清晰性、逻辑性进行了观察，以促使学生在这些方面的提高。例如，在语言技能方面的评分占20%，观察学生是否发音标准、清晰；语调正确、自然；能否正确使用丰富词汇和多种句型。在流利度方面评分占10%，观察学生语句是否连贯，有无语流中断现象。表达内容占20%，观察学生表达与所给情景是否相符，是否清晰、贴切，内容组织的逻辑性如何，能否合理发挥创新性。互动交际能力占10%，评价学生在交际中能否自然对话，能否把握话轮交替。

综上所述，听说能力评价体现了评价的多主体性，促动了学生参与英语应用活动的积极性，评价过程中标准清晰，能够从语言能力、思维能力、交际能力等多方面考量学生的进步。同时，课堂即时性评价、课外自主学习的形成性评价、期末的终结性评价相结合，避免了对学生评价的片面性，做到了引导学生自觉、主动地投入到口语练习活动中来，开口说英语，确保提高学生的口语表达能力。

4.4.4.2　读写能力评价

改革前的大学英语读写能力评价由平时成绩占 30% 和期末考试成绩占 70% 构成。平时成绩由出勤和课堂表现构成。改革后的读写能力评价方式为：平时成绩占 40%，期末考试占 60%。其中平时成绩包括：A. 课堂表现占 30%，包括朗读课文、读书报告、小组汇报；B. 网络作业占 10%；C. 课后作业占 25%，课后作业由两次月考和 3 次作文、翻译练习构成；D. 教师课堂观察占 5%，主要由教师观察学生的活动参与情况，小组活动的参与情况等；E. 出勤占 30%。

课堂表现中的读书报告和小组汇报，通常与所学单元的主题相关。读写课程中教师根据主题教学（theme-based）的理念，选取有趣的教学材料，开展学生可以理解的有意义的活动。通过学习主题相关内容，帮助学生发展语言能力，培养有效学习策略，出发点是鼓励学生在教材课文之外，能够多读书，加大语言输入。以 Unit 3 Section A 为例，教材的主课文是 Section A　A Good Heart to Lean on 和 Section B　The Right Son at the Right Time。本单元的主题是关于父母和孩子之间的爱的，主要教学目的是使学生掌握本课重点词汇和句法，同时学会理解父母，并学会用英语表达对父母的感激之情。主要的教学安排包括：①提前布置学生看 Joy Luck Club 里的章节，让学生复述课文内容，并讨论说出他们能够感受到的父母与孩子之间的爱及对孩子的担心。②学生自己上网找相关的材料，推荐给同学们阅读并陈述其推荐的理由（老师提前收集学生提供的材料，上课时发给大家）。③教师在学生提供的难点的基础上引领学生分析课文；要求学生掌握课文分析方法，掌握重点语句。④教师引导学生讲述自己的观点，并做出点评。⑤召集读书报告会。根据教学安排，教师会在课堂上，检查学生的阅读和语言点掌握情况，鼓励学生进行个人发言和报告，通过复述、解释、报告、发现等活动，对学生的语言技能、思想表达等方面进行观察和评价。在组织读书报告会时，教师会将学生分组，各小组根据教师提供的标准，进行互评。评分标准一般包括内容适切性，语言流畅性、创新性，报告是否吸引听众等方面。通过报告会，学生互相学习，拓展知识，开阔思路和视野。

网络作业的评价主要通过新视野的成绩簿自动进行过程记录，记录学生对课本练习的完成情况和正确率。课外作业包括两次月考和三次作文及翻译练习。月考主要是对教材教学内容的诊断性测试，通过测验，督促学生查缺补漏。作文和翻译练习，由教师在批改网上布置作业，学生课下完成。在机器评分的基础上，教师选取 5% 的作文和翻译进行讲评。在期末选取优秀习作，制作成作文集，在全年级进行分发传阅，起到增强学生学习动机、促动相互学习、取长补短的作用。

4.4.5　激发学生内驱力，构建主动应用英语的氛围

生态教育坚持以人为本，充分调动人的主观能动性，充分开发人的潜能，全方位考虑人的可持续发展。我们的大学英语教学充分了解学生英语学习目的和需求，调动其积极性，激发其内驱力。

我们在对 650 名学生的调查中发现（问卷见附录 4-3）：①英语应用氛围有待加强。学生认为我校口语练习氛围不好的三个主要原因是没机会使用（69.23%），课下没有活动可参加（70.77%），没什么有用的资源可利用（56.92%）。②对于有利于提高口语能力的资源，83.06% 的学生认为英美电影有利于提高口语，其次是英语新闻（53.85%），网上的慕课（50.77%）和 Discovery 类的科学探秘节目（44.62%）。③学生喜欢参加的课外活动比例最高的英美电影配音（69.23%），然后是角色扮演（58.46）和英语角（35.38%）。学生对演讲比赛等学科竞赛感兴趣的人数较少，社区活动也比较少，分别为 21.54% 和 18.46%。④学生的英语口语能力发展目标主要是能跟外国人进行简单的生活交际（80%），达到外企单位要求（50.77%），通过四六级考试（46.15%），能进行本专业学术交流（18.46%），通过课程考试（10.77%），没什么目标的人群比例为 7.69%。⑤提升口语能力的方式，到社会上找机会使用占 40%，课下积极使用英语与同学交流（32.31%），在课上积极发言（30.77%），参加学科竞赛（20%），积极参加英语角（15.38%）。

调查显示，我校学生的英语口语学习目标较为明确，学生英语学习动机多为考试、出国、就业等工具型动机，其喜欢的活动视活动的轻松、娱乐程度而不同。但是对于专业英语口语的认识还不到位，需要教师加以引导。此外，学

生的课外活动参与程度还不够，需要进一步举办符合学生兴趣的英语口语活动，吸引他们应用英语，增加课外练习的机会。

在此调查的基础上，除了课内满足学生需求，设置了英美文化、文学、生活英语及专业英语内容外，课外为调动学生积极性，主要做了两项工作：首选是以学生为主体的学科竞赛活动的组织。根据教育生态学的观点，学生是主动学习的主体，是教育生态中最重要的因子之一，只有让他们参与进来，调动他们来积极体验，具备了一定的成就感，那么活动才具有意义。学科竞赛是促使学生使用语言、在"做中学"的有力手段。到目前为止，我们在全校范围内举办过"全国大学生英语竞赛"，"外研社杯"全国英语演讲、写作、阅读大赛，"北京市大学生英语演讲比赛"。为促动学生参加，我们在学校宣传动员，并选取学生成立筹备小组，来参与竞赛的组织环节。学生通过参加组织和参与学科竞赛，既提高了能力，也反思了学习过程中的问题。下文以"北京市大学生英语演讲比赛"为例来说明。

"北京市大学生英语演讲比赛"由北京市教育委员会主办，对外经济贸易大学承办。比赛以听说领先，全面提高，重在参与，力争上游为宗旨，以引导北京市大学生勤奋学习，学以致用，不断提高外语听说技能，积极参与国际交流，吸收各国优秀文化，增强创新意识和实践能力为目的。从 2009 年开始至今已经举办了八届。"北京市大学生英语演讲比赛"分预赛、复赛、决赛三级，包括定题演讲、评委提问、即兴演讲、评委提问等四部分。从 2009 年至今，"北京市大学生英语演讲比赛"的主题涵盖各个领域：2009 年"面对金融危机的当代大学生"，2010 年"Beijing College Students and Entrepreneurship in the Globalized Age"（全球化时代北京大学生的创业精神）；2011 年"Nuclear Power：Blessing or Disaster to Humankind"？（核能：人类的福音还是灾难?）；2012 年"Cultural Diversity and Globalization"（文化多样化与全球化）；2013 年"My Chinese Dream"（我的中国梦）；2014 年"Harmony between Man and Nature"；2015 年"Reading and Life"（阅读与人生）。2016 年"Lollege and Life"演讲主题与当前社会、政治、经济发展大环境相结合，从创业、金融、核能、人与自然的关系到阅读人生、文化及中国梦，和当前社会发展息息相关，这些都涉及对学生人文素养的培养。这就引导教师对学生人文素养及批判性思维能力的培养。参赛者需要对当前社会及环境具有敏感度及关注度，阅读面要广，需涵盖各个领域，从文学、文化到政治经济。只有对这些涉及人文素养的内容都非常熟悉，演讲才能够言之有物，言之有理。

这类学科竞赛不仅为大学生提供了展示英语能力的平台，也促使大学生从重视知识的积累到注重能力的培养，注重人文素养和批判性思维能力的提高。学生的赛后心得也充分证明了这一点：有选手说"能够上决赛的选手，水平大多都挺高的。由于我是最后一个比赛的选手，所以我在后面看到了每个选手的表现以及他们与老师的精彩互动。老师提出的问题都很有趣，我在思考的过程中也有一种不一样的感觉。还有一些学长和学姐表现非常精彩，在演讲的过程中大方自如。我认为这正是我需要学习的，他们的自信和从容正是演讲所需要的，我在以后也会抓住每个可以上台演讲的机会，锻炼出上台演讲的能力"。还有选手反思到"本次的主题是有关于读书的启发，因此在这个过程中我快速接触到了很多优秀的作品，虽然未深入研读，但是在一定程度上扩充了我未接触过的文学领域，让我对希腊文学有了一个全新的认识"。也有选手说到，"准备演讲比赛，在图书馆找资料，在教室里面背书。全程最大的感受就是实在有太多的东西需要去学，有太多的书需要去看，学海无涯，书到用时方恨少"；"要平时注意积累，多读文章，多看报纸新闻，最好是英文的文章，接触最纯正的英语"；"I hope I can practice my critical thinking skills and the ability"。

第二项工作主要是教师和学生共同参与的非学科竞赛类活动。这些活动以学生为主进行组织，教师提供专业的支持和现场指导与评价。这些活动包括配音大赛、英语歌曲大赛、演讲比赛、模拟联合国、英语角、英语文娱表演、各类英语讲座、英语学术报告、周末电影沙龙等。通过活动，老师走近学生，倾听学生的见解和观点，捕捉学生的灵感，发现学生的问题并积极地做出回应。而学生会根据移情作用、理解和回应来感知老师对他们的关爱，并进一步做出更积极、更热烈的回应，学习的兴趣被潜移默化地调动，学习热情被逐步地点燃。

大学英语部倡导学生每天早晨收听一次英语广播，每天中午听一次英文歌曲，每天晚上浏览一次英语网页，每周参加一次英语角，每月听一次外语讲座，每季度读一本英文书刊，每年参加一次英语竞赛。在组织第二课堂的活动中，教师形成指导和协作团队，各项活动有专任教师负责，掀起了全校的英语学习热潮。无论是竞赛类活动，还是非竞赛类活动，都起到了第二课堂的作用，不仅构建了学生主动应用英语的氛围，还很好地激发了学生学习英语的内驱力，使他们带着目标和热情投入到英语学习中来。

4.5 小 结

本章我们回顾了自 2004 年以来北京物资学院大学英语教研部根据教育部的课程要求和本校师生情况所做的三次重要教学改革。起初，我们根据课程要求中的三个不同层次要求，着重进行了分级教学改革，并在计算机辅助教学方面做了初次尝试。改革实践中，教师反思和学生反馈都表明，分级教学存在一些明显的问题，例如，低级别的课堂气氛沉闷，学生自尊心和学习积极性受挫等现象。在第二次教学改革中，我们根据社会需求和学生自身发展需求，加大了听说能力的培养，加大计算机辅助教学的改革力度，进行了以分课型为外部特征的改革，将大学英语分成读写课、听说课和实训课。同时，调整了分级教学的级别，由三级改为两级。在这次教学改革中，教师的教学研究力度加大，申请了不少校内的教学改革立项，对分课型教学的优缺点进行了反思。此外，我们对学生进行了较大规模的座谈和问卷调查，多数学生对分课型教学表示赞成，但同时对于师资配备、教学内容、教学方法都提出了一些意见和建议。其中较为突出的是师生之间有待加强交流，三种课型都应改进教学方法和评价方法。

在第三次教学改革之际，我们以教育生态学理论为指导，将大学英语教学看作一个生态系统，要促进系统的良性循环，需将各生态因子达到平衡、和谐，相互协作，共同发展。由于师生是两个最重要的因子，教学内容、教学条件的保障都围绕这对因子而展开。首先，我们对毕业生做了调查，在此基础上，确立了多元教学目标和个性化的课程体系。同时通过多次小型的调研和座谈，探讨教学方法和评价方法的改革。在教学方法方面，构建了合作探究课堂教学模式，提倡教学相长，师生共同发展。在评价方面，建立了多维度评价方法，倡导多主体参与，多种评价方式并存，鼓励学生互相学习，提高语言能力和思维能力。同时以学生为主体组织第二课堂活动，提升英语学习氛围。

目前改革已经实施了 6 年，取得了不错的成效。从教师方面来说，大学英语教师的教学投入增加，读写、听说和实训教学团队、实验班教学团队都建立起来，教研活动以说课、讲座等形式形成了惯例和规模。大学英语教师在学生评教中的平均分高于全校平均分的教师人数占 87%。自 2012 年来，大学英语教研部教师获得校内校外教学奖励 6 人次，包括校级本科教学先进个人和外教社杯及外研社组织的教学比赛获奖。实验班 5 名教师，2 名获得学校本科教学先进个人，1 名获得外教社杯大学英语授课比赛优胜奖。大学英语教师教学研究水平不断提高，2012 年以来共有 36 项校级大学英语教改立项，在实验班教学内容建设、评测方式改革、口语教学模式、实训平台建设、自主学习开展方式等方面形成一系列相互依托的成果。2012—2015 年项目组大学英语教师发表教学研究论文 79 篇，出版教材 2 部，基于教改的学术著作 3 部，出版的教材 4 部。从学生方面来说，学生英语应用能力得到了较大程度的提高：越来越多的学生参加全国性的大学英语竞赛并获奖，2012—2015 年我校参加全国大学生英语竞赛的人数达到 1690 人，共有 10 名学生获得全国大学生英语竞赛一等奖，24 名学生获得二等奖，51 名学生获得三等奖；有 4 名学生获得北京市大学生英语演讲比赛三等奖，1 名学生获得"外研社杯"英语演讲比赛北京赛区三等奖，1 名学生获得"外研社杯"英语写作大赛北京赛区二等奖，3 名学生获得"外研社杯"英语写作大赛北京赛区三等奖，1 名学生获得"外研社杯"英语阅读大赛北京赛区三等奖。学生第四学期成绩与入学成绩相比，增幅在 48% 左右。随着网络实训平台不断优化，学生英语学习自觉性、自主性增强，能利用外语系语言教学实验中心的网络资源进行个性化学习，课外作业完成的质量也有所提高。2012 年以来，三个数字语言实验室于 8：00—21：00 不间断开放。学生持卡自主上机进行听力、口语、阅读、写作等技能训练，也可利用庞大的资源库及互联网进行资料查询。2012—2015 年，每年都有 3000 多名学生利用实验中心进行自主学习，时数超过 50 万小时，年均 11 万小时。

　　改革永远在路上，接下来我们还会不断对教学进行反思，并根据语言教学理论的发展，教育技术的进步，社会需求和学习者需求的变化，不断调整教学内容和方法，使大学英语教学能够取得良好的成效。

第5章　大学英语读写课堂教学有效性研究

本章主要围绕大学英语读写课堂教学有效性进行讨论。首先，从书面理解与表达能力与课堂教学有效性的定义着手，探讨读写课堂教学有效性的评价标准，然后根据评价标准，剖析两节读写课的课堂教学有效性。最后结合大学英语读写课的教学案例，对提高今后的教学有效性提出一些设想。

5.1　课堂教学有效性相关研究

对于教学有效性目前学界还没有统一的解释，有效性是与无效性相对应的，是教学时间、教学资源、教学内容、教学方法、教学手段、教学主体等要素优化组合，科学利用的体现（朱秀英等人，2013）。有研究者从两个角度对教学有效性进行了定义。一是依据教学投入与教学产出的关系来判断教学是否有效。如程红（1996）认为，教学有效性是指教学要有效果、有效率、有效益；是指"能以尽可能少的时间、精力和物力投入，取得尽可能多的教学效果"。另一类则是从学生是否有所收获来判断教学有效性，有效教学的最终标准是实现了学生成长。如姚利民（2004）将"教"和"学"统一起来，对有效教学进行了较为详尽的阐述。他认为，有效教学是教师通过利用教学过程的规律性，成功引起、维持和促进了学生的学习，相对有效地达到了预期教学效果的教学。简言之，教学是否有效益并不是指教师教完多少内容，而是指学生学到什么或学得好不好。有效教学应该是有助于学生成长的教学。

任庆梅（2013）认为，我国大学英语有效课堂环境构建及评价研究已有良好开端，如引介国外有效课堂环境研究现状、特点及趋势（范春林、董奇，2005），阐述有效课堂构建原则（束定芳，2011），初步开展课堂环境调研（孙云梅，2010）等。这些研究成果从理论基础与研究方法等层面为深入探究有效课堂环境构建的内涵与评价实施提供了重要参照。国外较有影响的主要有 Harmer 的有效课堂教学三元素和 Richards 的外语课堂教学观。Harmer（2000）认为有效语言课堂应包括三大元素（ESA）：engage，study，activate。engage 即激发学生的语言学习兴趣；study 即组织语言学习活动；activate 即促使学生开展语言交际。这种教学模式注重学生的学习和参与。Richards（2008）认为有效语言教学需具备四大因素：学校因素、教师因素、教学因素和学习者因素。Richards 从宏观上对语言课堂进行了评价和把握。

国内的研究者大致从两个角度对语言教学课堂的有效性进行了界定。一个是从教师教学的角度，例如，束定芳（2006）认为英语课堂教学应充分体现"以学生为中心"的理念，注重培养学生自主学习能力。他提出外语课堂教学的五大功能：①激发学生的学习兴趣；②提供合适的学习资源；③帮助学生解决学习困难；④培训学生学习策略；⑤给学生展示学习成果的机会。杨惠中（2011）认为，有效教学要求教师具有良好的英语能力，具有一定的课堂设计能力，能够激发学生的学习兴趣，提供合适的学习资源，正确处理输入与输出的关系，培养学生学习策略和用语言交流的能力。另一个则是从学习者视角，建立课堂教学有效性的评价标准。例如，任庆梅（2013）借鉴 Moos（1979）提出的人与环境相互作用理论及维度划分，提出了大学英语有效课堂构建与评价的理论框架。她认为，大学英语有效课堂环境构建指学生从教学技能与教学活动、人际关系、教学情境三个方面对大学英语课堂的环境进行社会心理感知，进而形成基于学生感知的大学英语有效课堂环境构建维度，即学习行为、人际支持、情境支持，分别指学生为获得发展参与课堂学习活动的过程和方式、学生与课堂环境主体的交互程度以及课堂环境组织的有序程度。

5.2　大学英语课堂教学有效性评价标准

如何评价大学英语课堂教学是否有效？从上文可见，大家对有效性的定义不同，课堂教学有效性的评价标准也便不同。有人建议分别从课堂设计、教师和学生等各个不同的角度来关注课堂教学的有效性，评价英语课堂是否有效应以教学目标为出发点，结合学生的学习、教师的教学以及学习环境三个方面进行评价。教学论专家余文森教授（2006）认为，课堂教学的有效性是指通过课堂教学活动，学生在学业上有收获、有提高、有进步。其具体表现是：学生在认知上，从不懂到懂，从少知到多知，从不会到会；在情感上，从不喜欢到喜欢，从不热爱到热爱，从不感兴趣到感兴趣。束定芳（2010）认为课堂教学有效性评价既要看教学产生的结果，又要重视教学过程。评价大学英语有效课堂环境构建也应从过程与结果双重层面进行考量，既要评价学习过程体现出的课堂环境构建是否有效，又要看课堂环境构建之后产生的学习效果。任庆梅（2013）从学生视角来判断英语课堂教学是否有效。她研究中的有效性评价标准包括约定标准达成度和满意度两个方面。其中约定标准指根据大学英语有效课堂环境构建的概念内涵确定的课堂环境构建维度，即学生对教学行为、人际关系、教学情境的感知，以评价课堂学习过程的有效性。满意度指取得的教育教学效果令学生满意的程度，指课堂环境构建完成后，学生对课堂教学效果的感知，以评价课堂学习结果的有效性。

本书中的大学英语读写课堂教学有效性评价与上述研究存在不同之处。首先，我们是对教师教学过程的有效性进行评价，其次是以第三方的视角，而非直接的课堂教学对象（学生）视角。在评价的过程中，我们借鉴了以往研究中对教学目标设定、教学环节的设计、教学活动的开展等方面的重视。在此基础上，结合第 2 章对英语理解能力的界定，在教学有效性评价标准中增加了对学生理解能力培养的观察，并将此作为教学效果的主要观测点。本书对读写课堂有效性的具体评价内容包括如下六个方面：

（1）教学目标是否明确。有研究表明，教师对教学目标的了解程度与学生的成就、满意度都密切相关。因此，要实现教学有效性，首先应设定明确有效的教学目标，使学生具有努力的方向，使一切教学活动具有指向性。

（2）教学设计是否合理。围绕教学目标合理安排大学英语读写课程的内容设计、活动安排、时间分配等，体现教师自身的教学能力和教学风格。有效的教学设计也应考虑学习者因素，如学习者的年龄、性别、学习动机和态度、学习兴趣、学习风格等，因地制宜、有的放矢的安排教学活动。另外，还应考虑具体的教学环境，如班级规模、座位分布、教学设备等。通常大班教学更适合研究式学习，比如听讲座、学术报告等；小班教学更适合合作式学习，如技能展示、表演、讨论等；教室配备可自由移动的座椅便于小组活动开展；多媒体教学设备有利于实施多模态教学等。

（3）教学材料是否得当。教师应该根据实际教学需要，对教材进行再开发和再利用，选取和筛选教学材料，使其与教学目标相匹配，与教学设计相适应。

（4）教学技能使用是否恰当。外语教师的教学技能包括在授课过程中导入和讲授目标知识的能力、运用课堂话语的能力、课堂设疑和提问的能力、组织课堂互动的能力、运用教育技术的能力、总结归纳教学内容的能力以及调整教学设计的能力。

（5）教学氛围是否有利于学习。良好的课堂氛围有助于提升教师的教学热情和学生的学习动机。有效的课堂教学氛围应当体现在师生之间、学生和学生之间彼此尊重、相互合作、相互帮助、共同激励，学生的主观能动性、参与意识、合作意识和共享意识得以体现。

（6）教学效果是否体现了学生的能力提升。学生通过教师的课堂教学，结合自己的课前自主预习，得到阅读、写作方面的训练和能力培养，能够对信息进行识别与提取、领会与概括、分析与推断、评价与赏析。

在此基础上，我们设计了一份读写课堂教学有效性观察量表，包括了 21 个观测点，如表 5 - 1 所示。

表 5 - 1　读写课堂有效性观察量表

项目	观测点
教学目标	1）是否在课上陈述清晰
	2）是否引导学生温故知新
教学设计	3）是否适合学生年龄特点
	4）是否使用多种媒体
	5）教学方法是否灵活
	6）时间安排是否合理
教学材料	7）是否对教材进行了筛选，重点是否突出
	8）是否对教材有所拓展、补充
	9）是否适应教学设计
教学技能	10）讲授话语是否清晰
	11）提问的问题类型与频率是否符合能力培养目标
	12）组织的课堂活动类型是否符合能力培养目标
	13）是否运用教学技术
	14）是否进行了总结

续表

项目	观测点
课堂氛围	15）教师讲授的时间是否过长
	16）学生活动时间是否充足
	17）学生回答问题是否踊跃
教学效果	18）学生能否回答识别与提取类问题
	19）学生能否回答领会与概括类问题
	20）学生能否回答分析与推断类问题
	21）学生能否回答评价与赏析类问题

5.3 大学英语读写课堂教学案例评析

本校大学英语实施的是分级分课型教学，以下两个教学案例是选取了同学院的 A 班和 B 班各一个。授课内容都是《新视野大学英语读写教程第三版》第八单元 The art of parenting 的 Section A。主题是 Reflections of a Chinese Mother in the West，授课时间为 50 分钟。

5.3.1 读写课堂案例分析一

本案例是面向 A 班的读写课教学，学生人数 46 人，笔者结合听课内容把本次课分为四个主要环节，如表 5 - 2 所示：

表 5 - 2 读写课案例 1 教学环节

教学环节	教学主要内容
教学环节 1	开始上课的 5 ~ 10 分钟是留给学生的 mini - speeches 时间
教学环节 2	对上节课的主题导入和已讲段落（Para. 1 - 2）进行简单回顾（5 分钟）
教学环节 3	课文讲解（30 分钟）
教学环节 4	对段落结构进行整理，让学生总结中西方在教育模式和教育理念等方面的差异（5 分钟）

笔者根据观察量表对本次读写课进行了评价：

教学环节 1：课上安排 2 ~ 3 名学生进行演讲。本次课两个演讲的主题分别为 Internet 和 To go on or give up。学生演讲结束，老师对学生的 oral work 进行点评。"I'd like to talk about the good points about the speeches. They both talked confidently and had quite ample eye – contact with us. It is good. "之后，安排好下次课前需要进行演讲的学生。

　　本环节评价：本环节教学设计符合学生年龄特点，授课对象为非英语专业大学二年级 A 班学生，有一定自主学习的能力，英语基础较好。本环节的 mini – speech 中学生可以自己选择演讲主题，有利于培养学生的自主学习能力和学习兴趣；老师对学生演讲及时做出评价，评价以肯定为主。笔者在学生的演讲过程中发现她们的演讲稿有一些语法错误，可以在课下给予一定的指导。

　　教学环节 2：对上节课的主题导入和已讲段落（Para. 1 – 2）进行简单回顾。（5 分钟）

> - This text is an argumentative essay. Western parents are baffled about Chinese parents' success of raising kids. (Para.1)
> - What do Westerners think of Chinese parents' way of raising kids? (Para. 2)
> - provocative, unimaginable and even illegal
> - Chinese mothers, "Hey fatty, lose some weight."
> - Western parents: humane; tiptoe around the issue; never mention the f-word
> - Chinese parents raise successful kids, but they use some methods which are <u>unacceptable (or different)</u> to Westerners.

　　本环节评价：引导学生温故知新，对主题导入和已经学习的段落进行了回顾和总结。建议通过提问学生的方式，了解他们是否进行了课下复习和自主学习。

　　教学环节 3：课文讲解（30 分钟）。本环节是对文章的第 3 ~ 6 段进行讲解。每个段落讲解前，老师要求学生一起朗读本段落。然后通过提问，讲解重点单词和短语的用法，句子汉译英来完成了段落讲解。在讲解过程中提醒学生需要注意的问题和语法。

　　以下是选择了几个例子来展示本环节的整体安排：T – teacher；S – students；Q – question in the transcription.

Para.3

- First, I've noticed Western parents cradle their children's self-esteem to insulate them from criticism. They worry about how their children will feel if they fail, and constantly try to solve their children's worries, regardless of how badly they perform. The presumption is that the child is tender, not strong, and as a result Western parents behave very differently than Chinese parents.

T：Firstly, I'd like you to pay attention to the first sentence, and pay attention to the word "cradle". What is cradle as a noun? (Q)

S：摇篮。

T：When it is used as a verb, it means to shake gently. So when we say "He cradles the baby in his arm", it means 他把孩子抱在怀里轻轻地摇。Now look at the sentence in this paragraph, what does "cradle one's self-esteem" mean? (Q)

Does it have the same meaning? (Q) How would you translate it? (Q)

T：Remember to translate in different manners according to the rule of Chinese. So here it's better to translate it into 小心地呵护孩子的自尊心。Ok, next, who can tell me the meaning of "insulate from"? (Q) It is similar to keep or protect somebody from unpleasant influence or experience. Let's look at the usage of the phrase.

纵观世界，巨富之人的生活都是被重重保护起来的，不受周围贫苦民众苦难生活的影响。

All around the world, extremely wealthy people live a rather protected lifestyle and are insulated from the suffering lives of the poor all around them.

他继续使本国远离外来思想的侵入。

He continues to insulate his country from contagion of the foreign ideas.

短语翻译的过程是先给学生例句的汉语，老师就关键词进行提示。

例句1：

T："巨富"就是非常富，极富。

S：Extremely.

T："苦难生活"可以直接用 suffering；"贫苦民众"就是 the poor。So here is the translation. But now, I want you to correct a mistake in the sentence. Can we use "live a life style" or "live a life"?（Q）

S：Live a life.

T：Correct. Pay attention to the collocation. Ok, read through the sentence, and 15 seconds to memorize it.

（然后老师会隐去翻译，让学生复述。）

S：All around the world, extremely wealthy people live a rather protected life and are insulated from the suffering lives of the poor all around them.

例句 2：

T："外来的"?（Q）

S：Outside.

T："外来的"指的不是本国的……

S：Foreign.

T：Correct. What about "侵入"?（Q）

S：Invasion.

T：We can use invasion, today, I want you to learn a new word – contagion.

（老师把单词写在黑板上。）

T：Ok, read through the sentence, and 5 seconds to memorize it.

（然后老师会隐去翻译，让学生复述。）

S：He continues to insulate his country from contagion of the foreign ideas.

…

T：Any problem in this paragraph?（Q）

…

本环节评价：本环节的第 3～6 段的讲解基本上是相似的过程：每个关键词或短语老师都会给两个例句，加强学生对短语的理解和运用。例句都是比较贴近生活的，学生很容易理解和掌握。课文讲解并不是每个句子和结构都涉及，而是选择重要语法结构和短语。每个环节安排很紧凑，衔接合理。课堂活动包括课文朗读，汉译英练习，但学生间互动型活动欠缺，推动学生进行分析、评价的活动少。

教学环节 4：对已讲段落进行梳理，让学生概括总结本部分大意。（5分钟）

> **The first ideological difference**
>
> • (Para. 3)
> • Western parents want to protect their children's self-esteem and protect children against the feeling of failure because children are tender and not strong;
> • (Paras. 4-5)
> • The child comes home with a B
> • Western parents: praise the child; express disapproval; worry about their child
> • Chinese parents: a screaming, hair-tearing explosion; get practice tests; use every tool to get her child's grade up to an A
> • (Para. 6)
> • Why do Chinese parents demand perfect grades?
> • Because they take it for granted that their child can get them, and grades are a more important measure of success than "self-esteem".

本环节评价：对学生活动以及课堂授课内容及时进行了评价和总结。

读写课案例 1 整体分析

本教学案例中教师对课文内容的讲解细致到位，详略得当；每个短语让学生完成两个汉译英翻译，能对知识点即时进行运用；对学生进行启发式教学，强调句子结构和选词的重要性；朗读课文和句子复述让全班同学都能注意力集中。教师在课堂教学中能充分利用课堂展示、小组合作等方式对学生的课堂表现进行评估。

笔者对照观察量表对本次读写进行分项评价：

（1）教学目标明确，探讨了中西方教育理念的差异，对课文进行了细致分析讲解，并对词汇短语的应用进行了练习。

（2）教学设计考虑到学习者因素，通过多媒体教学设备实施教学。

（3）教学材料方面，根据实际教学需要，对教材进行筛选，重点突出。

（4）教学技能方面，老师在授课过程中展示了导入和讲授目标知识的能力、运用课堂话语的能力、课堂设疑和提问的能力、组织课堂互动的能力、运用教育技术的能力、总结归纳教学内容的能力以及调整教学设计的能力。提问既有展示性问题（文章信息定位），又有参考性问题（探讨主题，概括文章结构）；50 分钟的课堂提问次数为 40 次。课堂提问包括识别与提取信息、领会与概括、分析与推断类问题。老师讲授时间约占 60%，除提示翻译用词汇使用的汉语，其他时间基本上是英语授课。

（5）教学氛围方面，整个班级的课堂参与度比较高，课堂氛围轻松活跃。学生通过教师的课堂教学，可以用所学知识表达自己的观点、理解概括课文主要内容、了解中西方教育理念的差异，但缺乏学生和学生之间的互动和分享。

（6）教学效果方面是本次课堂教学的不足之处。在英语理解能力的四个方面，教师对识别与提取、领会与概括类问题提问较多，而对分析语推断类和评价与赏析类问题的设计较少。如果在以后的教学中不能加大对这两种能力的培养，不利于学生综合能力的发展。

5.3.2　读写课堂案例分析二

该课堂面向班级是 B 班，学生人数 50 人。下表为主要教学内容，笔者结合内容把本次课分为四个主要环节，如表 5 - 3 所示：

表 5 - 3　读写课案例 2 教学环节

教学环节	教学主要内容
教学环节 1	介绍本单元教学目标和重点，进行主题导入（5 分钟）
教学环节 2	播放一段视频，进行主题讨论（10 分钟）
教学环节 3	课文结构讲解（10 分钟）
教学环节 4	作文技巧讲解和训练（25 分钟）

笔者根据观察量表对本次读写课进行了评价：

教学环节 1：老师通过提出问题引导学生对题目的理解，介绍本单元教学目标和重点。T - teacher；S - students；Q - question in the transcription.

UNIT 8 The art of parenting

Section A Reflections of a Chinese mother in the West

Objectives ▶

- Students can talk about their own education experience.
- Students can further understand the text.
- Students can apply the phrases and patterns.
- Students can master the essay writing skill.

T: When you look at the title, which word or words catches your special attention? (Q)

S: Reflections.

T: Ok. "reflections" and "mother" are two key words in the title. Can you predict from the title what the writer wants to talk about in the passage? (Q)

T: We can judge from the words "Chinese" and "west" that the passage may present us the differences between the East and the West. From the title of this unit, it is about the way of parenting. So, we will see the comparison between the eastern way of parenting and western way of parenting. Now, let's look at the teaching objectives of unit.

本环节评价：本环节明确了本单元学习目标，希望在授课过程中学生能够结合文章结构分析，了解写作方法，最终可以掌握与本单元主题相关的词汇短语，说出自己的教育经历，写出符合要求的作文。但是给予学生思考的时间太短，可以通过 pair work 让学生简单讨论他们对于题目的理解。

教学环节 2：播放一段视频，进行主题讨论。视频时间 3 分钟，视频结束后老师提出了两个问题让学生进行思考。

Watch a video clip and answer the two questions.

Q1: How do you feel about the video? Are you shocked, or emotionally disturbed? Do you have similar experience?

Q2: What are the different attitudes to the girls performance in the video?

本环节评价：本环节的视频帮助学生关注东西方在教育尤其是孩子成绩上的不同态度。由于给学生讨论的时间有限，加上很多学生不愿意张口说话，讨论效果一般。后来针对学生反应，老师结合视频中的关键对话，补充说明视频所反映的问题，"Actually, the video reminds me of my own poor experience, the painful and hard times. For the second question, perhaps you will need some dialogues in the video for reference – Speaking to her in that way is not going to help. A – is still pretty good." 建议把一些关键词或者学生可能会用来表达观点的词

作为提示，在播放视频之前给学生，这样就会一定程度上让学生觉得有内容可说。

教学环节 3：教师针对课文结构进行讲解。（10 分钟）

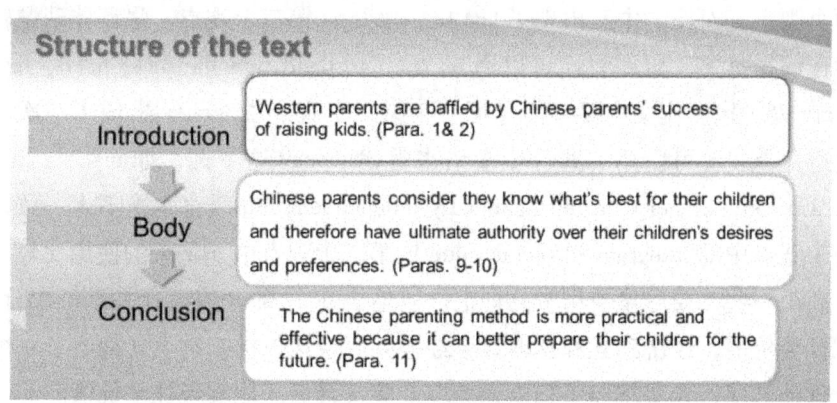

本环节评价：本环节给学生 5 分钟快速浏览课文，主要看每段的第一句和最后一句，要求学生可以分出文章的三个部分。然后老师就文章结构给予提示。对于文章结构的分析是为了环节 4 学生作文的讲评作铺垫，总体安排比较合理。本环节不足是并没有找学生来概括段落大意。

教学环节 4：学生作文讲评。老师结合之前学生的两篇作文进行讲评，针对作文出现的普遍问题提出建议。

taking a job/going to graduate school

- Different college students have different views upon graduation. Some college students think taking a job in a company, whereas others argue that going to a graduate school.

- As far as I am concerned, I agree with the opinion that takes a job in a company upon graduation. For one thing, I want to integrate into society early. With increasing age, I will begin to social work sooner or later. I wish I can enter society quickly to realize social value. For another thing, I want to earn money by myself. I was already adult, but I still use parents' money. So I want to rely on my own strength to earn money to rewards parents. Last but not least, I suppose social experience is more important than book learning. We can learn more practical thing at work which book can't give us.

- Take all these factors into consideration. I may safely come to the conclusion that a job in a company upon graduation is a good choice.

第一篇作文的讲评如下：整体结构合理，第一段开门见山提出观点。但是"Some college students think taking a job in a company, whereas others argue that going to a graduate school." 这句话的结构存在问题（学生自己找出了问题），也就是两个分句都缺少谓语部分。改善建议是"Some college students think taking a job in a company is a good choice, whereas others argue that going to a gradu-ate school is more beneficial." 强调任何句子的结构首先是要完整。第二段的主要问题包括：①for one thing, for another thing, 此类的短语在使用时表明要陈述两个观点，而作文中又出现了 last but not least 第三个观点。强调体现逻辑关系的连词很重要，比如我们可以用 on the one hand, on the other hand, on the contrary 表对比。作文中要有信号词。②第二个观点中 money 出现了三次，所以要避免重复，可以用一些已学短语来替代 money 这个词，如 make a living, to be a bread - earner or to be financially independent。③语言水平不太一致，如第一个观点中的 integrate 和 social value 比第二个观点中 money 的使用比较，前者要高级一些，要尽量使用较高词汇。④整个 body 部分的逻辑关系不太合适，实现社会价值，经济独立和获取社会经验到底应该怎样？学生立刻给了一个比较合理的顺序，先实现经济独立，获取经验，最后才能实现社会价值。

State-owned business vs Joint venture

- If there are two different choices after graduation, I suppose to choose to work in the joint venture.

- Firstly and fore-mostly, when talking about joint ventures, its prestigious positions and substantial payments definitely come to my mind firstly, which is the foundation of happy life. In the second place, there will be a massive number of opportunities to get a higher position as long as determined and dedicated. Beside this, there is no doubt that with substantial authorities, the responsibilities I carry on will increase rapidly and so does the pressure. Last but not least, compared to the state-owned business, the circumstance of joint venture is freer and more comfortable, with tightly relating to and deeply infiltrating with my daily life, the atmosphere of work and relationship with colleagues extremely influence our improvement and advancement to a large extent.

- As far as I'm concerned, I would choose to work in the joint venture instead of going into a state-owned business.

第二篇作文的讲评如下：作文的用词很不错，结构合理，但问题也不少。主要评价的是作文的 body 部分。①its prestigious positions and substantial pay-ments definitely come to my mind firstly, which is the foundation of happy life 一句中非限定性定语从句使用不当。②在 as long as determined and dedicated 中 as long as 用法错误，缺少主语。中文中我们会说"只要……，我们就会……"，这是一种省略主语的情况。③观点表达不一致，思维过于跳跃。前两点都在说进入合资企业的优势，第三点突然提到压力过大，显然观点前后不太一致。④the circumstance of joint venture is freer and more comfortable 是中式翻译的句子，因此要尽量用英语来思考，如果不行也要自己读自己的作文，多读几遍会发现一些结构和语言上的错误。

本环节评价：本环节教学设计符合学生年龄特点，大学二年级的学生可以通过独立思考和讨论发现并改正作文中存在的问题。本环节老师的讲评很清晰，但是给予学生思考和回答的时间不够，导致课堂互动不够。

读写课案 2 整体分析：这堂读写课整体安排比较合理，教学内容丰富，教学重点突出。除了课本内容的学习，能够引入学生自己的作文材料作为支撑，这样学生可以比较直观地了解和掌握写作要求。

笔者对照观察量表对本次读写课进行分项评价：

（1）教学目标明确，通过视频的引入，帮助学生理解和探讨了中西方教育理念的差异；对课文结构进行了分析梳理，合理的导入对比作文写作练习。

（2）教学设计考虑到学习者因素，通过多媒体教学设备实施教学。

（3）教学材料方面，根据实际教学需要，对教材内容进行筛选，重点突出。

（4）教学技能方面，老师在授课过程中展示了导入和讲授目标知识的能力、运用课堂话语的能力、课堂设疑和提问的能力、组织课堂互动的能力、运用教育技术的能力、总结归纳教学内容的能力以及调整教学设计的能力。提问既有展示性问题（文章信息定位），又有参考性问题（探讨主题，概括文章结构）。50 分钟的课堂提问次数为 30 次。课堂提问包括识别与提取信息、领会与概括、分析与推断类问题。

（5）教学氛围方面有些不足。因为这个班级为分级教学的 B 班，学生的整体水平不高，个体差异明显。大多数同学可以紧跟老师的课堂内容安排，但有个别学生参与度较差。尤其是作文结构练习和评价时，个别同学会走神，不认真听课，这样导致老师会在提出问题后自问自答，避免冷场，也就使教师讲课时间占整个课堂时间的很大部分。由于学生参与度不高，导致教师满堂灌的现象存在，长此以往，有可能恶性循环。

（6）教学效果方面来看，学生能力培养仍以识别与提取信息为主，领会与概括、分析与推断能力、评价与赏析能力的培养有所涉及，但是由于教学活动的开展未能推动学生参与，因此有效性也便打了折扣。

通过对两个教学案例的评价，笔者发现分级教学模式下学生英语水平的差异会对教学有效性产生一定的影响，所以提高教学有效性的前提是了解学生的水平和需求，有针对性地开展教学活动。

5.4 提高读写课堂教学有效性的对策

《2004 课程要求（试行）》指出大学阶段的英语教学要求分为三个层次，即一般要求、较高要求和更高要求。结合三个层次的不同要求以及学校目前进行的分级教学，我们提出不同级别的教学应该结合学生实际水平和情况，围绕阅读理解能力、书面表达能力和翻译能力的提高，制定不同教学目标，设计不同形式的活动，更大程度上调动学生的英语学习积极性，通过师生合作、生生合作学习以及学生自主学习提高读写课堂教学有效性。

5.4.1 一堂读写课的设计

结合对以上的两个教学案例的评价与分析，下文以《新视野大学英语读写教程第三版》第八单元 Section A：Reflections of a Chinese mother in the West 为例，说明如何提高读写课堂教学的有效性，如表 5 - 4 所示。

表 5 - 4 教学建议

项目	建 议
教学目标	设定阅读和写作两个教学目标：1. Students can report and comment on the differences between China and the West in raising their kids. 2. Students can write out an essay of 120 ~ 180 words using comparison and contrast. 这样会比较清晰地体现如何检测学生对本单元所学内容的理解和掌握
教学设计	活动 1：提前要求学生阅读 *Battle Hymn of the Tiger Mother*——《虎妈战歌》，A 班和 B 班可以有不同要求，课上可以小组汇报的方式展示读书收获，锻炼领会与概括、分析、评价等能力； 活动 2：提前给学生布置预习任务，分析了解课文重要结构，进行摘要填空，锻炼概括、分析能力。课上给 5 ~ 10 分钟检查预习效果； 活动 3：课上临时组织学生对视频的讨论，随堂积累相关词汇，并培养分析能力和评价能力； 活动 4：课上可以给 10 分钟让学生完成对比段落，当场同伴打分评价，着重培养分析与评价能力。老师可随机挑选学生作文讲评；课下让学生利用批改网（句酷网）进行完整作文写作，题目可以从大学英语四、六级考试真题中挑选。复习课讲评作文
教学材料	不要局限在课本教材上，可以补充相关阅读，也可以在互联网上搜索相关主题的材料作为课后学生自主学习的材料。本部分可以由教师完成，也可以学生组成小组，合作完成，培养学生提取信息的能力，并促使他们在做中学

续表

项目	建　议
教学技能	教师使用多媒体技术的能力都在不断提高，课上就可以利用各种音频和视频材料作为补充，让学生直观地了解主题，产生参与活动的兴趣。课堂提问要结合学生的反应随时进行调整，同时也要根据本班学生水平调整问题的类型。问题应涵盖提取具体信息的问题，概括材料内容、分析文章结构和脉络、评价内容及形式合理性的问题，培养学生使用语言表达思想的能力。同时对学生的回答要进行评价和总结
课堂氛围	教师要转换角色，不要满堂灌，要试着做引领者、指导者。参与小组活动，及时给予必要的建议和帮助，调整活动内容的难易度。课堂上要尽量多的给学生使用语言的机会，这样他们才能乐于参与其中。随时了解学生的问题，多与学生沟通和交流，这样才能改善课堂氛围
教学效果	通过填空、简短回答等形式检测学生能否回答识别与提取类问题； 通过摘要、段落分析等形式检测学生能否回答领会与概括类问题； 通过小组展示、讨论等形式检测学生能否回答分析与推断类问题； 通过读书面报告和作文等形式检测学生能否回答评价与赏析类问题； 教学效果与教学目标、教学活动是一致的，全面培养学生的理解能力和表达能力，以语言表达来检验理解，同时也促使学生在使用语言中发展表达能力

5.4.2　读写课堂的组织

整个读写课程的教学应分为课前准备、课堂讲授和课后活动（李红玲，2008）。课前准备就是在学习课文之前，教师可以根据课文的题材和体裁布置预习任务，比如查阅有关本课的背景材料或相关知识、作者简介，找出文章的中心思想，了解作者的观点，简单分析文章结构等。预习任务可以安排小组合作学习，小组成员明确分工，及时交流沟通，在课堂讨论阶段由小组代表向全班演示。课堂讲授也可以采用多种教学方法，如探究性教学法就包含创设发现式、引导讨论式、问答互动式、调查研究式、自主创新式、预设情景式、编导表演式、实际应用式，等等。常见的还有任务教学法、情景教学法、多媒体教学法、网络平台互动法、课外实践法等。美国教育家苏娜丹戴克说过："告诉我，我会忘记；做给我看，也许我会记住；让我来做，我就会理解。"到课堂中期的时候，学生逐步养成积极思考、主动学习的习惯，成为整个教学活动的中心。有效的师生互动为实现大学英语教学有效性奠定了基础。在课堂教学的后期阶段，教师引导学生进行总结，加深学生对问题的思考，巩固他们对已学知识的理解和掌握。课后活动可以安排学生利用所学词汇、短语、结构以及写作技巧等完成摘要、随感，或者主题作文等。

阅读课要注意活动设计要以帮助学生的理解和训练阅读技能为目标。有效的教学活动设计要求快速引出话题，时间控制在 5 分钟左右；材料新颖有趣，能激发学生阅读动机；提供必要的背景知识。阅读理解可分为字面阅读（read the lines）、推理阅读（read between the lines）、形象阅读（read beyond the lines）三个层次（谢文义，1995），因此在整个教学设计中要注意安排读前活动——引出话题，激起学生的阅读兴趣；阅读活动——训练学生的阅读技巧；读后活动——鼓励学生运用阅读中获得的内容和词汇。

在备课过程中，设计好各个教学互动环节，预测学生在互动中提出的问题以及如何解答这些问题等。教师必须具备"精讲多练"的能力。"精讲"就是在有限的课堂教学时间里，抓出教材内容的精华和要点，讲解重点和关键，满足学生需求。"多练"就是能合理安排时间和机会，让学生能够练习语言、活用语言。在活动形式上要新颖和多样；在活动内容上要具备开放性和探究性；在活动功能上要实现语言的交际性。学生在互动中顺利完成学习任务，同时实现课堂效益的最大化。因此，教师的课堂教学要能合理恰当地使用多媒体，合理组织课堂活动，课堂语言要清晰，具有交际性。

5.4.2.1　课堂提问

课堂互动常见的形式是"课堂提问"。教师应该注意提出的问题要有针对性、科学性、参考性，问题要围绕着课堂重点精心设计。Cole and Chan（1994）通过潜心研究，提出了"课堂提问"环节中关于问题设计的八条原则：①提问的问题应当由易到难，由浅层问题到深层问题，体现出层次性；②问题应多样化，体现出所涉及内容的不同方面；③问题应与所学的内容相关；④提问学生大多数都能正确回答的问题，增强学生的自信心；⑤问题的语言应简单、清楚，运用学生所熟悉的词汇；⑥提问与学生知识水平、思维能力相符的问题；⑦提问重点突出的简短问题；⑧根据学生的水平提问不同的问题。教师要将这些原则融合起来，结合学生学习的实际情况，通过"课堂提问"锻炼学生的表达和思维能力。Long and Sato（1983）将课堂提问模式分为两种：展示性问题（display question）和参考性问题（referential question）。展示性问题指提问者已知道答案的问题，属于信息性问题；而参考性问题则指提问者并不知道答案的问题，属于创造性问题。其研究发现，教师的课堂提问主要以展示性问题为主，而且在课堂上学生与教师的互动也是以展示性问题为主。这些问题的分类与我们在第 2 章提出的语言理解能力和表达能力类型有着类似的作用，也就是说，教师的提问要引导学生思考，在发展语言能力的同时，发展思维能力。提问不能偏向于某一类，不能停留在识别和提取信息的层次上，要引导学生去分析问题、解决问题，判断事物的合理性，从而培养批判性思维能力和创新思维能力。

提问的同时还要注意留给学生适当的时间去思考。研究表明，当等待时间只有 1 秒钟时，学生将没有思考的余地，回答的质量则难以保证，而将等待时间提至 3 ~ 5 秒时，学生的回答相对延长，无形中增加了学生的参与；回答的准确率也提高，学生的自信心也增强（Orstein，1995）。但并不是时间越长越好，最好不要超过 10 秒，因为随着时间的延长，课堂气氛会变得异样，会偏离课堂教学的问题范围。另外，教师要注意给学生以平等的回答问题、参与讨论的机会。正如 Pica、Young 和 Doughty（1987）所说："如果想让课堂效果更好，课堂不应该仅仅是教师独自表演、独自提问的舞台，课堂的所有参与者都可以提问，这种问与答应该是交互式的。"

在问答过程中，教师要对学生的回答作及时、恰当的评价，因为不同的反馈会对学生的语言习得产生不同的影响。阎晓玲（2010）指出，积极反馈通常被看作是肯定的表扬，如 "good"，"very good"，"wonderful" 等，这能使学习者知道他们正确地完成了任务，从而增强他们的学习动力。消极的反馈包括三个方面：①忽视学生的问答，学生回答正确不表扬；②批评；③急于对学生出现的语言错误进行纠正，中断学生的回答，最终会导致学生丧失自信心和学习兴趣，在课堂上处于被动而不敢回答教师的提问的状态。因此，在提问时，不论学生的回答好与坏，教师都应给予肯定的回馈，以鼓励为主。

5.4.2.2 课堂话语

课堂话语是指教师语言自身的质量（如语言风格，运用恰当的词语、语速、话语时间及与学习者输出的关系等）。在许多英语课堂上，教师话语仅仅局限于问答。而在实际教学过程中，教师除了靠有声语言传递教学信息外，还可以借助体态、手势、表情、眼神等无声语言进行辅助。教师在课堂上的一举一动都会直接影响教学效果，大方得体的肢体语言对一堂课的成功起着重要的作用。

在我国传统的以教师为中心的英语教学模式中，教师一般占据了课堂的主导地位，教师讲解往往占用了课堂的大部分时间，师生之间以及学生之间的交流都很少。在这种情况下，学生参与课堂活动和发表见解的机会很少，使得学生语言交际能力得不到有效培养和提高。因此，教师需要转变观念，适当地把话语权交给学生，在课堂上组织各种活动给学生更多展示机会。

5.4.2.3 课堂活动形式

课堂活动是教师与学生、学生与学生以及学生与所学教材之间的交互活动，是为达到教学目的而进行的教学活动。因此有效地开展课堂活动必须把握好活动设计的几个原则（陈曼，2006）：①理论性原则。一方面，教师必须不断提高自身的理论思考和思辨能力，有效地拓展学生学习英语的空间和深度，从而全面提高学生的素质；另一方面，教师必须有敏锐的洞察力，能将生活时事与课堂内容有机结合。②系统性原则。教师应将活动内容作为一个整体来考虑，如在讲解课文时，教师首先可根据课文标题引导学生推测文章内容；然后提出理解性问题使学生通过浏览全文、小组讨论获取答案，论证其推测；最后，教师组织基于课文理解上的发散性讨论或辩论，以此加深学生对语言的理解。③创新性原则。教师应当充分利用现代多媒体技术信息资源丰富、表现力强的特点，为学生提供真实语言背景；其次，教师也可采用不同形式的活动内容如角色扮演、小组讨论、哑剧、片段改写等来丰富课堂活动。④针对性原则。教师在设计活动时需要针对不同类型学生的特点，尽量满足他们的不同需求。作为语言学习的主体，学生在年龄、语言潜能、动机、态度、性格、智力、认知风格和学习策略等方面各有特点，因此必须充分考虑到学习主体的个性特征（陈曼，2006）。

5.4.2.4 课堂管理

在课堂管理方面，教师可以采用四象限法管理每堂课的时间。"四象限法"是指把教学任务分为四类：一是紧急又重要类，如选择教材和补充教材。二是虽然重要但不紧急类，如语法学习的精确性等。三是不重要但紧急类，如接待课堂听课等。四是不重要也不紧急类，如谈论人们关注的社会热点问题等。教师可以根据这四类任务的需要适当地安排课堂教学时间。

综上所述，为提高英语课堂教学效率，教师要根据教育的方向、目标、学生的现实状况，选择活动内容，引起学生学习的兴趣；营造一种新颖多样、民主自由的学习氛围，让学生充分发挥主观能动性，积极参与课堂活动。

5.4.3　读写课堂教学策略

了解各种教学理论基础是实现读写教学有效性的基础。阅读和写作是不可分离的。这种读写结合的理念开始于 20 世纪 80 年代。Bartholomae & Petrosky（1986）认为：在阅读中认识文章的写作目的与在写作中构建文章的写作目的是相贯通的；阅读理解文章的逻辑结构与创立写作步骤的方式是相似的；在阅读中发现信息与在写作中建立信息的模式也是互通的。因此，阅读不是被动的信息解读过程，而写作也不是纯粹的意义构建过程，二者是不可分离的。在读写教学过程中要有针对性地对学生的阅读策略、写作策略等进行培训和练习。但是各种策略的训练都是一个较长的过程，所以最好是分开进行，同时进行可能会导致学生消化不了。因此，可以以学期为单位，每个学期进行一种策略的训练。

5.4.3.1　阅读策略与教学方法

阅读策略指的是为了达到某些阅读目标，所采取的一系列有计划的阅读方法和技巧。Block（1986）提出，阅读策略指的是读者关注文本的哪些信息，通过哪种手段理解所读内容，当他们遇到不懂的内容时采取什么措施。

基本阅读策略可以分为以下几类：预测与推论是根据已有的信息对故事的结局、情节的发展、人物的命运、文章观点等多方面进行预测和验证；连结是指书中的连结、和另一本书的连结、已知事物和新资讯的连结、和生活的连结；视觉化即将文字图像化、情境化，创造心象；自我监测指的是监测自己的阅读理解；启动先备知识是在阅读之前首先回忆与文章有关的知识，例如文章的写作背景、时代背景、作者的生平、思想及写作意图等，使头脑中储存的已有知识被激活，处于备用状态；整合是将那些看似散乱无序的信息提升为系统化的知识。

针对不同阅读策略，阅读教学方法也要灵活多样。比如 Ogle 在 1986 年提出一种认知策略模式。作为教学过程中使用的一种引导性策略，通过图标的引导在阅读前激活学生大脑中已有的背景知识，激发学生的好奇心和求知欲，以此来提高学生的阅读兴趣。教师的角色则从知识的传授者转变为学生主动建构图示的帮助者和促进者。KWL 阅读策略的第一个步骤 K 代表 what I know，开始阅读时教师要求学生对将要阅读的材料进行预测提出问题，W 代表 what I want to know。第三阶段以学生为主，启发学生不断找出新的答案，完成 L 阶段，就是 what I have learned。

ACTIVE 阅读教学策略是 Anderson 在 2004 年提出的：Active prior knowledge（激活已有知识）；Cultivate vocabulary（词汇学习）；Teach for comprehension（阅读理解）；Increase reading rate（提升阅读速度）；Verify reading strategies（实践阅读策略）；Evaluate progress（评价效果）。从这个教学策略中不难看出，阅读教学除了关注策略培训以外，还要激发学生的阅读兴趣，让学生养成自主阅读的习惯。陈则航（2016）介绍了几种教学方法：SQ3R 阅读法和阅读圈。前者包括五个方面的内容，S（survey，概览），Q（question，提问），R1（read，阅读），R2（recite，背诵），R3（review，复习）。这一方法符合读者的阅读心理和习惯，有助于提高阅读效率。阅读圈（reading circles）是学生自主阅读、讨论和分享的阅读活动。笔者认为这种方法比较符合英语基础较高的学生，他们自主性较强，对阅读文本的理解可能更深入，而基础较差的学生可能会有较多不认识的单词，阅读兴趣和速度都会受到一定的影响。

5.4.3.2　写作策略与教学方法

写作教学的目的毫无疑问就是要培养学生的写作能力。写作教学法从 20 世纪 60 年代开始发展至今，先后出现了结果教学法、过程教学法、体裁教学法、内容教学法和任务教学法。各种教学法虽有不同，但也有相通之处，即所有写作教学法都包括写前、写作和评阅三个必要阶段。以下是其他学者提出，并经我们检验可行的策略和方法。

大学英语写作教学最简单策略是经典英语模仿，即模仿经典句型、经典段落结构和经典篇章间架（刘可红，2011）。模仿经典英语语句有助于句型的输入与积淀；模仿经典段落形成段落的有效衔接与有机组织，模仿经典篇章形成文章的清晰间架与整体结构。模仿写作可以结合词块教学（马俊，2016），使学生短期内提高写作水平。Becker（1975）最早提出了"词块"概念。他认为，人们对语言的记忆和存储、输出和使用不是以单个词为单位的，人类交际的最小单位是那些固定或半固定模式化的板块结构。人们在使用语言时，并不是每次都是临时根据语法规则和需要的词语构建新的语句，而是使用一些预先编制好的词块。"词块"分类方式呈现多样化。Nattinger 和 Decarrico 从结构上将词块分为四类：①多元词语块，如 for example，on the contrary 等；②习俗语语块，一般指形式固定的词组，主要以俚语、社交习惯用语为主，如 nice to meet you；③短语架构语块，通常指有语法结构，形式半固定的短语，部分词汇可以增加或替换，如 by means 可以添加词汇，生成 by all/ no means；④句子架构语块，指在句子框架结构内，根据表达需求填上相应的词、短语或从句，如 it is important that...，that 后可以填充不同的内容。教师可以在教学过程中，利用各种文章的体裁的联系来帮助学生总结词块、学习词块，从而在学生遇到某一种文体的时候，可以轻松地从自己的脑海中提取出词汇来套用，这是一种比较简便的利用词块的方式，也能够在短时间内提高学生写作水平。

同时，写作教学还要强调语篇分析的作用。语篇分析有助于学生练习写作。常见的英语语篇模型大约有八种：①原因—结果型（cause - effect）；②问题—解决型（problem - solution）；③一般—具体型（general - specific）；④主张—反主张型（claim - counterclaim）；⑤时间顺序模式（time sequence）；⑥动作顺序模式（sequential actions）；⑦比较模式（comparison）；⑧对立模式（contrast）。语篇模型在读写教程的课文中都有体现，教师在教学生了解了不同的英语语篇模式之后可辅以作文写作练习，让学生运用新学的语篇模式写作，这对学生英语写作水平的提高能起到很大的推动作用。

关于写作步骤的训练，笔者以从 20 世纪 70 年代开始出现的过程教学法（process writing approach）的研究为例来进行说明。过程教学法的教学重点由传统的篇章结构、语法、词汇转向了对于写作内容和写作过程的关注，充分发挥了学生作为写作主体的能动性，锻炼了他们的思维能力，同时又鼓励了学生进行合作学习。过程写作法把写作的整个过程划分为三个阶段，即写前阶段、写作阶段和修改阶段。在写前阶段，教师给出作文题目，要求学生针对题目进行认真思考，大量阅读和搜集跟写作主题相关的内容及材料，并通过分组讨论的形式，相互交流各自的观点和思想。在讨论的过程中，要求学生把要点记录下来，然后列出提纲，打腹稿，这样，有利于引发学生的写作热情与动力，开拓他们的思维。写作阶段是写作过程的中心阶段，学生将腹稿落笔成文，写出初稿，教师此阶段要指出注重中心思想和内容的表达，暂时抛开语法、用词等技术性问题，流畅地输出信息，并强调写初稿是一个反复进行的思维创造过程，也需要通过不断修改，直至完成初稿。学生完成初稿后，教师和其他同学以读者的身份认真阅读他的初稿，及时给予反馈，就文章的内容和结构提出具体的意见和建议，帮助学生发现和解决问题；同时，对于初稿的长处教师要给予肯定，这样可以增强学生写作的自信心。修改阶段是写作的最后一个阶段，学生根据教师和同伴的反馈信息修改自己的初稿，确定文章的主题是否明确，内容的表达是否清晰。不仅要把握文章的宏观结构，还要进行微观的调整，逐字逐句的斟酌和修改。学生综合各方面的意见，加上自己进一步的认真思考，不断修改，最终定稿，形成自己的作品。

Roca de Larios，Manchón，Murphy 和 Marín（2008）把 L2 写作过程更加细化为 7 类：①阅读提示；②理解任务；③构思；④规划实施；⑤评价；⑥修改；⑦元评价。L2 写作者要经历的构思、实施和修改，其中实施对所有写作者来说都是最重要的阶段。由此可见，读写课上要适当穿插写的活动，写的具体内容可以是记笔记、听写，也可以布置学生对画面、情景等进行描写，或者读过文章后写出文字报告，还可以引导学生有创造性地写故事、对话甚至剧本等。个人写、小组合作完成均可，练习的时间也可以根据课堂安排 5～20 分钟不等。

近年来，国内外英语写作教学与研究逐渐呈现出数字化、网络化的特征，句酷批改网（www. pigia. org）是当前国内多所高校推广使用的智能作文在线评价系统，其原理是对比学生作文和标准语料库之间的差异，并采用一定的算法将之映射成分数和点评（曲巍巍，2016）。一方面，句酷批改网能在短时间内对学生在线提交的英语作文提供无限次自动批改和评价反馈，这种形成性评估方式，减轻了教师批改作文的工作量，有利于学生在过程性写作中自主练习，不断提高写作能力；另一方面，该系统能为教师提供学生的写作数据统计图表，包括词句的错误、平均句长、词汇的复杂度、语用搭配错误、班级学生作文共性和个性语言特点等多方面的变量，帮助教师更加直观地了解学生的英文写作水平，便于教师及时总结，进行相关的应用性研究，更好地服务于教学。实践教学表明，新型的英语写作教学模式能激发学生的英文写作兴趣，在一定程度上提高学生的英语写作能力。

总之，写作策略的训练要一步步进行，从词块、句子、段落、模块到完整文章逐一进行，让学生慢慢地了解如何完成符合要求的不同体裁的写作。

5.4.4　教学材料的选择

授课教材广义上包括基本教材和其他辅助教学资料两个部分，基本教材是最重要的内容。应根据学生的实际情况，对教材内容进行适当的删减、替代、补充或改编。其他辅助教学资料可以依托互联网强大的搜索功能，找到适合学生的英语新闻、报刊、各种网络平台。与教材相比，网络英语新闻内容丰富、新颖，题材广泛，涉及方方面面，能为阅读提供全方位多维度的材料；时效性强，大部分都是新近发生或正在发生的事件，能让学生在第一时间接触各国资讯；网络英语新闻语言具有真实性和可理解性，能激起学生的阅读热情；生动性是网络英语新闻的一个具有优势的特点，它图文声像并茂，能吸引学生的注意力，唤起阅读兴趣，为学生提供多角度的语言学习环境。

对教师来说，课前教学材料的选择一定要从学生的实际水平出发，把教学意图贯穿到每一个材料的选择上。新闻篇章后问题的设置一定要符合学生的认知特点。要把握好思想性和内容情节两道关，确保内容齐全，兼顾不同题材，不同教学层次和不同语言特点，使学生及时把握语言发展动态和不同语言环境下不同的语言特点。阅读技巧可以包括从简单的利用句内暗示猜测词义到从整个语篇探讨作者写作意图等。课堂上，师生应该充分利用每一篇精选的网络英语新闻材料。教师要大幅度缩短讲解时间，把大部分时间留给学生用来训练。针对网络资源的特殊性以及不同媒体不尽相同的出发点，课堂上教师适当设置一些争论点，将一些有争论的话题，让学生去讨论，查阅资料，自主解疑，增强互动性，提升学生分辨和解决问题的能力，提升其批判性思维，增强学生独立思考和自主学习的能力。教师要积极引导学生利用课余时间开展阅读拓展训练，布置相关话题的网络英语新闻，让学生自己去搜索并筛选英语新闻，并就阅读材料写出新闻的不同观点以及读后感（吕璀璀，2008；李冰，2015）。

同时可以鼓励学生自己在互联网上查阅英语阅读材料，挑选符合自己阅读兴趣并对自己英语学习有帮助的材料进行阅读。这类网站主要有专门的英语学习网站、VOA、BBC、CNN、新华网英语频道、央视网英语频道等。学生要多读一些英文原版期刊报纸杂志，这样就可以随时接触到最新、最真实、最地道的英语，保证阅读量的同时也为自己创造一个真实语境。除了文字材料以外，还可以利用网上不同国家的英语广播，学习和了解不同国家，包括英语国家和非英语国家的英语特点。老师要依据自己明确的教学目标和对学生现有的语言水平和理解深度的充分掌握，选出有代表性的网站推荐给学生。向学生介绍英语国家的政治、经济、文化、历史、地理、风土人情等多种形式的文化背景知识，或者播放一些西方国家的纪录片，以此让学生来了解西方的文化、历史、地理、科学技术等，让学生了解英语国家特定的语言环境及文化观点等知识，帮助学生认识西方社会。

彭敏（2015）推荐把 TED 演讲作为读写材料。TED 演讲是从 2006 年 6 月开始广泛传播的。TED 演讲是演讲者经过精心准备的展示，所以语言是经过反复斟酌的，甚至语气、停顿和重读都经过了演讲者的精心设计，所以生动的演讲语言，可以是英语学习者模仿的语言材料。学生可以以演讲词为蓝本，学习英语的词汇、句型并模仿演讲稿中的行文结构。TED 演讲一般都是最新的研究成果和观点、演讲者个人的创新思想和人生感悟，内容涉及经济、医学、心理学、文学和艺术等各个领域。现在大学英语读写课一般围绕教材内容展开，教材的每个单元都有固定的话题。教材中的文章从被选择到最终成为教材经历很长时间，所以文章一般缺少及时性，滞后于行业的发展。而 TED 演讲正好弥补了这样的缺陷，提供相关话题的最新研究成果。

5.5 小 结

有效教学是一种理念，更是一种价值追求，一种教学实践模式，在今后的英语教学中，提高英语教学有效性尤为必要。我们需要引导学生的学习方向，教给学生学习的方法和策略，提高学生的英语水平和应用能力，培养出既有语言知识又有语言能力的复合型人才，使大学英语教学为学生的终身发展奠定良好的基础。

本章我们首先回顾了教学有效性的含义和国内外相关研究。在此基础上，制定了读写课堂观察的量表，并对两堂读写课进行了观察。本书中的观察量表包含 21 个观测点，对课堂教学中的教学目标、教学设计、教学技能、教学材料、课堂氛围、教学效果评价等方面进行观察，以判断读写课堂教学的有效性。该评价标准与其他标准相比，是关注整个课堂教学过程，同时在效果评价中着重观察对学生英语理解能力和表达能力的培养。这个指标也和教学活动的组织、教学目标的设定紧密相关。在案例分析中我们发现，现有的读写课堂教学有效性有待提高，教师需要在教学目标方面细化，体现对英语理解和表达能力各细目的全面涵盖，并根据对学生的分析和了解，设计提高学生参与度的课堂活动，提升课堂学习氛围。

最后，本章提出了提高读写课堂有效性的建议，根据构建的观察量表，以一堂课为例，进行了各个环节的设计。同时针对课堂组织，教学材料选择，教学策略等方面提出了相关建议。

本章从理论到实践，对大学英语读写课堂教学进行了较为深入的思考和剖析，有利于以后改进教学中的不足，提升课堂教学的效果。本研究的不足之处在于尚未开展从学生视角出发的实证研究，也正是后续的教学改革研究中的一个侧重点。

第6章 大学英语听说课堂的教学有效性研究

我国教育部颁布的《2004 课程要求（试行）》是大学英语教学的纲领性文件，明确了听说能力培养的地位。在此课程要求出台后，北京物资学院大学英语教研部对大学英语教学进行了改革，开设了独立的"大学英语听说"课程。至今为止，"大学英语听说"开设时间已经长达 9 年了，从大纲编写、课程设置、教学模式、教学评价等多方面进行了教学改革尝试，最终的目的就是，提高学生的听说能力，提高听说教学的有效性。

本章首先回顾了听说教学有效性的相关研究，提出了听说教学有效性的评价标准，并对北京物资学院大学英语听说课教学课堂进行了案例分析，最后提出提高听说教学有效性的建议。

6.1 教学有效性的相关研究

教学有效性是各个学科领域广泛探讨的问题，能否进行有效课堂教学是影响教学质量的决定因素。在大学英语教学领域中，教学有效性也成为热点问题之一，并被多数高等院校列为大学英语教学改革的重点领域。追根溯源，教学有效性又被称为有效教学（effective instruction），源于 20 世纪上半叶西方的教学科学化运动。早在 20 世纪 60 年代，西方教育界主要针对教师的特征开展了教学有效性的研究，此种研究还是基于以教师为主导的教学模式，甚至是忽视了课堂实际的情况（孙亚玲，2008）。教师的特征并不能直接决定课堂教学的效果，但确是课堂有效性的影响因素之一。从 20 世纪上半叶至今，国外对有效教学的研究范围不断地扩大，目前已由最开始的对有效教学内涵的探讨扩展到对有效教学行为、策略、影响因素、教学模式、教学环境以及对教学有效性评估等多个维度的深入研究。美国教育心理学家加涅（1999）早在他的著作

《学习的条件》中从四个方面对有效教学做过探讨,即教学目标、教学过程、教学方法以及教学结果的测量与评价。美国学者加里·D. 鲍里奇(2014)曾指出,有效的课堂教学应具备以下五个特征:①清晰的教学思路;②多样化的教学方法;③任务导向明确;④学生投入;⑤成功率高。

国内对有效教学的研究起步较晚,其兴起主要依托于课程改革的大背景,是在对如何提高教学质量的前提下开始了对"教学效率和效果"的研究(孙亚玲,2008)。张璐(2000)认为,有效教学指教师遵循教学活动的客观规律,以尽可能少的时间、精力和物力投入,取得尽可能多的教学效果。从教学理论的角度来讲,教学的有效性包括如下三重含义。①有效果:指对教学活动结果与预期教学目标的吻合程度的评价。②有效率:教学活动是一种精神性生产活动。教学效率可表述为:教学效率 = 教学产出(效果)/教学投入;或教学效率 = 有效教学时间/实际教学时间。③有效益:指教学活动收益、教学活动价值的实现,即指教学目标与特定的社会和个人的教育需求是否吻合程度的评价。另一类观点则是从学生的学习为出发点,即从学习理论的角度来界定,认为有效教学的最终标准是实现了学生成长。姚利民(2004)将"教"和"学"统一起来,对有效教学进行了较为详尽的阐述,他认为:"有效教学是教师通过教学过程的规律性,成功引起、维持和促进了学生的学习,相对有效地达到了预期教学效果的教学。"还有学者认为,在有效教学中的"有效",主要是指通过教师在一种先进教学理念指导下经过一段时间的教学之后,使学生获得具体的进步或发展(李涛,2000)。有效教学的"教学",是指教师引起、维持和促进学生学习的所有行为和策略。因此,有效教学是教师和学生之间共同活动的产物,它是指通过教师在教学活动中涉及的教学目标、教学方法、教学内容,来激发学生学习的主观意愿和动机,并完成学习目标的活动。从以上关于有效教学的论述中可以发现,虽然对定义教学有效性的角度各有不同,但能形成有效教学的参与主体包括教师和学生,即有效教学是以教师教学活动为主体,通过其对学生学习产生的影响来衡量教学是否有效的。所以,张璐(2000)把衡量有效教学的标准归结为以下几点:①师生共同参与创造性活动,以促进学习;②语言发展;③学习背景化把教学与学生的真实生活联系起来,以此创造学习的意义;④挑战性的活动;⑤教学对话,即通过对话进行教学。

除了对教学有效性的界定研究,国内外学者也先后展开了教学有效性的评价标准研究与制定。因为课堂教学是一个过程复杂、技能要求高的活动，教师不仅要知道教什么，还要知道应该怎么教，并且对学生认知的规律也要掌握。因此，有没有专业性比较强的课堂教学有效性标准直接会影响到教与学的质量。

在美国，上至各个州和各个学区，下至各个大专院校都有自己课堂教学有效性标准。其中最具有权威性而被广泛参考的是罗兰萨伯的课堂教学有效性评价标准。该标准主要包括五条：①师生共同参与创造性活动；②在课堂学习中发展学习者的语言及读写能力；③创造意义，把教学与学生的生活联系起来；④学生复杂的思维技能；⑤通过会话进行教学。并且在每个标准中，对教师的具体要求和行为都做了细化，同时标准之间不是割裂的，而是相互影响的。此标准比较注重教学过程的参与者，即教师与学生的互动与交流，同时明确了语言、思维和会话能力是教学有效性体现的中心内容。这个标准对英语听说教学具有很大的适用性和借鉴性（Dalton，1998）。另一个比较具有影响力的课堂教学有效性评价标准是夏洛特丹尼尔森（1996）的"专业实践构成框架"。该标准主要是针对教师的行为确定了四大领域的标准：①计划与准备；②教学环境；③教学；④专业职责。由此可见，美国的标准更注重对教师主导课堂的有效性的衡量，对研究教师对课堂教学有效性的影响具有一定的参考价值。

在国内，教学有效性研究起步就比较晚，而对课堂教学有效性标准的研究更为滞后。近几年，比较全面系统地对有效性标准的研究是 2008 年孙亚玲出版的《课堂教学有效性标准研究》。该书通过借鉴比较国内外多个发达国家关于有效性标准研究，提出了"课堂教学有效性标准框架"理论。该框架标准划分了教学目标、教学活动、教学能力、教学反馈和教学组织与管理五项一级指标。每个一级指标又有四个层次的水平划分，且包括若干二级指标，对教学有效性的理论研究具有很大指导意义。但在实际的课堂教学有效性评测和观察过程中，该标准过细、过多，实际操作起来有些复杂。

在讨论课堂有效性定义和标准的同时，还要考虑到学科教学的特点。从语言教学的角度来讲，英语听说教学的效果也是以科学的语言教学理论为基础的。从英语学习的认知理论来讲，语言的输入、输出理论，中介语理论，建构主义理论和信息处理理论等对教学内容和学习之间的关系都做了很好的分析和论述。从社会文化角度分析，语言学习又受互动理论、任务式学习、对话理论、文化适应理论以及活动理论等诸多研究的影响。因此，对于听说课教学有效性的研究还要结合语言教学特点和重点有的放矢地展开。

　　针对听说教学而言，语言教学理论基础是输入、输出理论。第二语言习得理论认为语言习得过程是一个输入与输出并存的双向过程，二者结合才能提高学习者二语的流利程度和准确性。"输入假设"（The Input Hypothesis）是美国语言学家 Kreashen（1985）于 20 世纪 80 年代初提出的。该假设认为："在上下文的帮助下，习得（而非学习）语言是通过理解稍高于我们现有水平的输入进行的。"习得语言的基本途径是对输入语言的理解，大量的"可理解性输入"（comprehensible input）是语言学习的必要条件。理想的语言输入必须具备四个条件：输入是可理解的、输入是有趣的和相关的、输入不应以语法为重点、要有足够的输入量。加拿大语言学家 M. Swain 在沉浸式法语教学的基础上提出"可理解性输出"（comprehensible output）（王艳，2013）。该理论认为，语言输入虽是必要的条件，但不是充分条件。除了必要的可理解性输入外，学习者必须尽可能地使用语言，这样才能提高语言能力，达到流利的类似本族语的水平。也就是说，第二语言准确又流利不仅需要可理解性的输入，更需要可理解性输出。概括起来，输出具有四个作用：引起学习者对语言问题的注意；对目标语的语义进行假设检验；具有元语言功能；使目标语的表达自动化。听或读所涉及的是语言的输入过程，这时候只需理解说话人的意思，而说或写涉及的则是输出的过程，此时说话人需要借助于句法知识让自己的表达使别人明白。这意味着与输入相比较，学习者需在输出上花费更多的努力。因此，输出在语言习得中往往起着更重要的作用。从输入输出的理论角度来分析，听说课并不仅仅是传统的听力课和口语课的简单相加，而要注重教学方法的有趣性和有效性，避免学生因课程单调而感到乏味，因此应采取一些有效的手段与方法来提高听说课的效率与效果。

　　建构主义理论虽被教育界和各种学科广为借鉴，但它对语言认知规律的揭示则对语言学习具有直接的指导作用（欧阳慧，2013）。建构理论创始人皮亚杰认为，语言知识不是通过教师的传授就能学到的，而是学习者在一定的环境下，利用必要的学习资料，借助他人的帮助，通过意义的建构而获得的。建构主义同时还强调学习者在学习过程中的主体作用。即学习者应由外部刺激的被动接受者和知识的灌输对象转变为信息加工的主体和知识意义的主动建构者；而教师应从知识的传授者、灌输者转变为学习者主动建构意义的帮助者和促进者。因此建构主义对听说教学的直接指导就是：首先，要建构语言听说的环境，而不是一味机械地听与重复。其次，还要建构意义，也就是听说的内容要与学习者有关系，听说的目的不仅是语言的获得，还要能完成某个任务或者解决一定的问题。最后，建构教师与学生的关系。学生是要通过主动的参与获得语言发展的机会，而不再是被动按指令完成任务。也就是说，听说能力的形成应该是在"做"中获得的。由此可见，建构主义理论对听说教学的课堂内容、师生关系、教学模式都有着直接的影响。

听说课程是语言教学中互动性比较强的，因此互动理论对听说教学的影响也是不容忽视的。互动教学，就是把教育活动看作是师生间的交往、沟通，把教学过程看作一个动态发展着的教与学统一的交互影响和交互活动过程。在这个过程中，通过优化"教学互动"的方式，即通过调节师生关系及其相互作用，形成和谐的师生互动、生生互动、学习个体与教学中介的互动，强化人与环境的交互影响，以产生教学共振，达到提高教学效果的一种教学结构模式（肖菲，2006）。在语言上，互动是指交际双方要为交际的顺利进行做出调整，包括意义沟通和语言形式的调整，这样才能形成可理解的输入，从而获得语言的习得。互动理论直接促进了讨论式的教学方法的形成。它主要通过对话、交谈和讨论的交互式学习，形成两个人或两个人以上的学习小组，互相分享、批判彼此的想法，不但有利于清晰地交流思想，还能够促进新的见解的形成。这种互动方式非常适合听说的实际操练需要，特别是通过设定互动话题的讨论，达到应用语言交流思想的目的。然而，互动式教学在听说课中会出现两种极端现象：一个极端是因为学习者语言能力有限，不能对话题展开有效的对话和讨论。另外，老师的话语输入也不能形成自然的语言交流而蜕变成重复和示范。另一个极端是，学习者的语言达到了一定水平，而互动的话题不具有情景意义或是学习者不能感知意义，这样学习者也不能展开有效的语言互动。在听说课程中，还要考虑语言学习与意义构建的结合，要设定一种交际型任务。因此，任务型教学便是听说课程可以应用的一种教学模式。

任务是一种强调意义的学习活动，学生的注意力主要集中在语言的意义上，而不是语言的形式上。任务语言教学法是指以完成交际任务为教学目标的外语教学方法。它通过师生共同完成语言教学任务，使外语学习者完成任务的同时习得语言，促进外语学习的进步。任务教学法在学习者的母语和目的语之间架起了一座桥梁，为任务学习者提供了互动机会，能开掘学习者运用语言的能力，激发他们创造性运用语言的活力。从而能够更好地体现以学生为主、自主学习和个性化学习的教学理念（程晓棠，2004）。任务驱动式教学法是基于前苏联心理语言学家 Vygotsky（Willis，1996）的语言和学习理论提出的。Vygotsky 强调语言学习的社会性以及教师和学习者对促进个体学习的重要作用，文化知识的获得首先是人们相互作用的结果，然后才转变为自己的知识。正确的外语教学包含三个过程，一是让学生了解外语的有关理论知识，二是语言性练习，三是言语性操练。这三个过程既相互独立，又相互渗透。语言的有关理论知识主要是靠教师在课堂上的讲解，在这方面，传统的外语课堂教学做得相当出色。语言性练习是机械地模仿已学的标准化语言材料。这种练习可以使学生养成正确的语言习惯，但光有语言习惯不足以顺利地实现用语言进行交际的目的，还必须进行言语性操练。言语性操练是根据实际需要进行活用语言能力的训练，它在语言性练习的基础上培养学生创造性运用语言的能力。语言学习如果光是停留在理解上是不充分、不全面的。理解性输入和产出性输出是外语学习过程中两个相互依赖、相互渗透的因素。听说教学以任务为动力和基础，会为学生的语言输出提供内在动力、外界环境以及合理真实的互动关系。任务驱动式听说教学会最大限度地激发学生的内在学习动机，通过设置真实有意义的语言任务，使学生在交流中把注意力放在语言意义上，以运用语言和完成任务为目标，调整自己的学习行为，产生自主学习意识，并通过合作学习和独立思考的方式，完成语言互动交际。

6.2 听说教学有效性的界定及观测量表构建

6.1 部分介绍关于教学有效性的内涵、教学有效性的标准和关于听说教学的语言理论的分析和研究，其主要目的是为本书中的听说课程教学有效性研究奠定基础。目前还没有明确的、广泛适用的、某一学科或课程的教学有效性标准，如果套用泛泛意义上的教学有效性标准，忽略学科教学的特点和规律，那么衡量有效性的结果可能会欠缺说服力。所以，要把标准充分建立在学科和课程教学的特点之上形成明确的课程有效性标准展开研究和观察，才能获得更有价值的结果。综合上述的课堂教学有效性研究和语言教学理论，把关于有效教学的标准推而广之放到英语听说教学课程中，并结合语言教学的需要，本研究中听说课程教学有效性可从以下几个方面来界定：

（1）有意义的听说教学内容。此处意义主要是借鉴建构主义对认知规律的指导，也就是要从教学内容上对学生提供有认知、有感受的资料而不是毫无意义或毫无感知的生僻语音资料。教学内容应该包括在明确教学目标的指导下的教学内容和教学设计，同时教学设计还要突出体现从语言技能角度所需要的听说技能与语言内容的结合。特别是教学内容要让学生产生认知的共鸣，让学生所听和所述的东西确实与他们的生活有关联，而不仅仅只是通过模仿重述进行机械的语言训练。

（2）有氛围的听说教学环境。从教学理论分析，教学环境应该包括物质环境和人文环境或心理环境。物质环境特别是指教学条件、教学设施以及课堂教学座位的设计安排，等等。人文环境主要是指教师与学生之间的关系，以及学生与学生之间的关系对学生学习形成的影响。结合建构主义对学习环境意义构建的要求和英语听说教学的特点，在听说课堂中教学环境应更注重通过语言任务学习使师生之间形成一种自然互动的关系。教师应该从软件、硬件以及人际关系等多方面为学生创造一个"想学""愿学""乐学"的心理环境。

（3）有策略的听说课堂组织。这里的组织既包括课堂设计程序的组织，听说输入与输出关系的处理，也包括教师的言语组织。英语听说教学本身就涵盖了衡量有效教学中语言发展和教学对话两个重要的指标。因此语言课堂中教师用语本身即是判断教学有效性的重要因素。同时，教师在课堂上语言的讲授、操练和语言实践的时间分配和安排也是体现教学策略的观测点。此外，还有教师运用提问和讨论技术，根据情况调整教学方法等方面的教学能力也是衡量教学组织策略的重要指标。

（4）有产出的听说教学效果。普遍应用的英语课堂教学效果是从听、说、读、写、译的基本技能层面来衡量的。因此，英语听说课的教学效果就应该充分体现从听到说这一输入与输出完美结合的教学过程。听说课的教学效果主要看语言产出的效果，特别是口头语言的产出效果，例如，通过相应的口语活动观察学生是否能通过使用恰当的功能性语言达到交际的目的，并能完成复述、概述、评述、表述（支持或反对某些观点）等不同层次的听说任务。

（5）有过程的听说教学评价。听说教学不同于其他学科教学，而且也不是单纯的听力教学或口语教学。除了要设计听说结合的阶段性和终结性的评价方式，在课程教授过程中对学生的平时表现、参与讨论、提出问题等多个角度都应该及时评价。因此，记录学生学习整个过程的多元化的形成性评价是听说教学的有效评价方式。

综上所述，本章将从课堂教学、教学环境、教学策略、教学产出和教学评价五方面来评测听说教学的有效性。

根据上述对有效听说教学的界定，我们设计了听说教学效果观测量表。量表包括课堂教学、环境构建、教学策略、教学产出和教学评价五个一级观测指标。每个一级指标下面还设计了 4~6 个不同的二级观测指标。具体观测量表如表 6-1 所示。

表 6-1　听说课堂教学有效性观察量表

项目	观测点	描述	等级				
			好	较好	一般	较差	差
课堂教学	教学目标	目标具体明确，重难点突出，层次分明					
	教学内容	教学内容与听说教学贴合性强，内容形式符合教学目标需要，内容有真实意义，情景性强					
	教学活动	活动设计与教学目标吻合，突出听说教学的特点，活动能构建交际意义					
	语言技能	教学是否突出听说技能的综合训练与培养					
环境构建	师生互动	师生之间友好互动，教师引导启发得体					
	生生互动	使用英语语言交流信息，交流的积极性明显					
	学生兴趣	学生对学习内容或活动有较浓兴趣，积极投入学习					
	学习气氛	课堂整体学习气氛良好，精神专注，气氛和谐					
	教学素材	教材和选材信息量大，时效性强，能引发学生的关注与兴趣					
	教学手段	能充分利用多媒体，音频、视频材料安排合理，教学目标和内容关联性强					
	座位安排	座位安排适合教学活动需要					
教学策略	教学方法	有明确的教学方法应用到教学各环节，且方法符合听说教学特点，有助于提升学生的学习兴趣					
	提问策略	问题清晰，表述规范，对学生引导启发有效					
	应变策略	根据具体情况降低和提升内容和活动的难度，能较好处理与计划不符的反应，如沉默，不参与，讲中文等现象					
	语言能力训练意识	从教学的各个环节突出听说能力的训练和培养，促进沉浸式的语言环境的形成					

项目	观测点	描述	等级			
教学产出	复述和转述能力	复述和转述原材料的比例较高，主旨思想明确，层次清晰，条理清楚				
	评述能力	能在准确陈述原材料的基础上，表达个人观点，特别是赞成或反对的论点和论据				
	表述（演讲）能力	能对制定主题或相关问题发表一定长度演讲，观点明确，逻辑清晰，论据充分				
	表述（自由会话）能力	能在没有准备的情况下跟他人进行交谈，语言符合规范，表达自如流利				
	表述（自由讨论）能力	能在未准备的情况下参与某个话题的讨论，能听懂别人的观点，并使用恰当的功能性语言加入讨论，并能恰当自如地表达观点				
教学评价	课堂评价	教师在课堂的听说交际环节有恰当的总结或点评，及时指出共性问题供所有学生借鉴				
	学生评价	学生能对同伴的表现进行客观的评价，意见明确				
	教师评价	教师针对学生个人或小组的表现有针对性的评价指导，指出不足，强调优点，对学生的改进有帮助				
	小组评价	学生小组之间进行相互评价，通过讨论协商看到其他小组的优缺点，并客观地指出改进意见				
	听说测试	个人、成对或小组形式的听说结合的测试，有听力的输入和口语的输出过程，体现听说结合的考察特点				

6.3 听说课堂教学有效性的案例分析

6.3.1 听说教学案例一

本案例是面向二年级非英语专业学生的一节听说课，授课内容是《新视野大学英语听说教程第四册》第八单元 Is biotechnology our friend or enemy？授课时间为 50 分钟。该班级是 B 班，学生人数 45 人。

课题组教师持听说课堂观测量表进课堂听课，根据量表对教学有效性进行评价。具体观测如下：

教学目标表述为三点：

a. Getting to know biotechnology

b. Talking about developments in biotech

c. Getting prepared for a debate

教学步骤包括三步：

（1）Listening practice（时间为 10 分钟）：让学生听 *Should the cloning of humans be forbidden by law*？填空。如图所示：

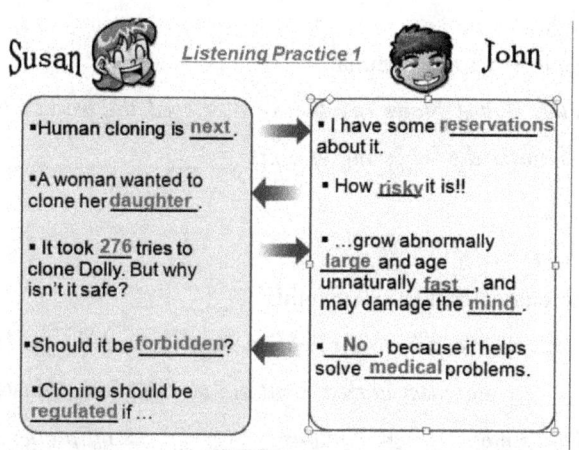

（2）Listening practice：让学生听 scientists create a synthetic organism 的材料（时间为 20 分钟），教师给出生词提示：

synthetic：artificial ；man – made 人工的；合成的

organism：生物；有机物

single – celled：单细胞的

bacteria：细菌

single – celled organisms：单细胞

chemicals：化学制剂

Synthia：辛西娅（人名）

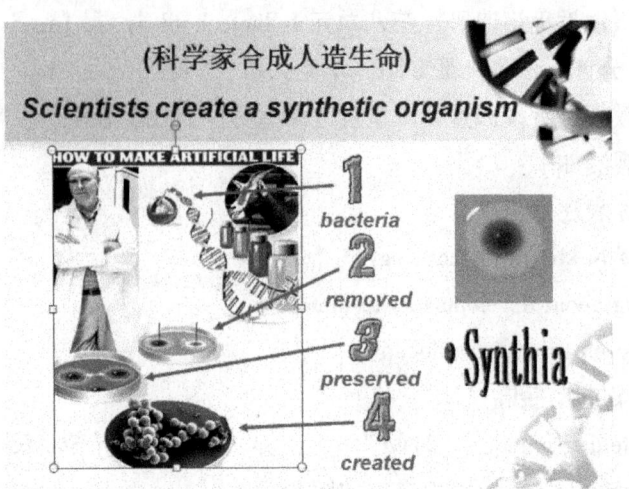

教师提问 Q 1：

How did people react to "Synthia"?

Scientists in the United States say they've developed the world's first _____ . Supporters say this marks the beginning of a new _____ _____ . Critics say scientists are _____ .

教师提问 Q 2：

What are the characteristics of "Synthia"?

Scientists working for a private corporation have created the world's first synthetic life form – a _____ organism named Synthia. Its DNA was built block – by – block in a machine. What's more, when Synthia _____ , its offspring also have the new _____ DNA.

教师提问 Q 3：

What benefits can "Synthia" bring to us?

Scientists say that this is the beginning of a new industrial revolution. All manners of synthetic bugs could be made, they say, to produce new _____ , _____ and create a new generation of biologically based electronic _____ .

（3）让学生就 science is a knife 进行辩论（时间为 20 分钟）。

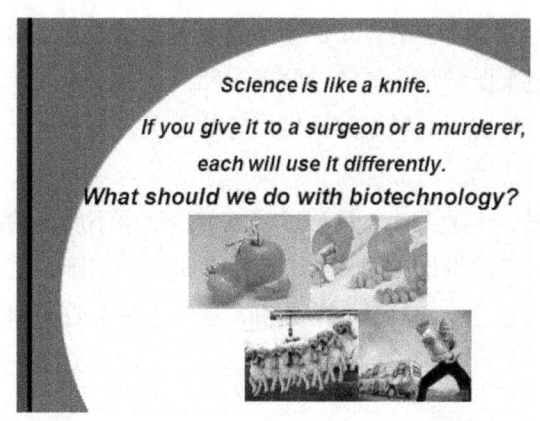

Science is like a knife.
If you give it to a surgeon or a murderer,
each will use it differently.
What should we do with biotechnology?

　　根据观测量表，我们判断这堂课的优点是：教学目标清晰，包括了解生物科技，谈论生物科技的发展和展开关于生物科技的辩论。教学内容与听说教学贴合性较强，内容符合教学目标需要，有真实意义。活动设计中听和说技能的训练都有涉及。教学步骤清晰，包括两个听力练习和一个辩论的口语活动。两个听力练习的设计也注意到了难度的递增，从在教材中选取的难度一般的听力材料，到拓展到 BBC 的广播材料，从听力输入的角度看，听力材料的内容由简到难，语速由慢到快，梯度比较明显。

　　根据观测量表来分析，这节课有很多欠缺的地方。首先，从语言能力训练看，这节课比较注重听力的输入，无论是单词填空还是根据所听到的内容回答问题，都是听力训练的常见方法，侧重了学生复述和概述原材料信息的能力。而最后的辩论设计，是想通过前面两个听力材料的输入，让学生有一个口语输出的过程。但因缺乏相应的活动设计，辩论没能有效开展。从另一个角度来看，这节课的选材是生物科技的主题，且听力材料中还有不少对学生来讲从词汇储备和认知能力都有困难的生词，因此，想通过一节课就让学生能使用所学的信息进行表达显然有些不够现实。教师可以设计循序渐进的口头表述任务，如提供一些典型词句，给学生示范如何评述原材料中的观点，然后组织小组讨论，在充分讨论的基础上再组织辩论。学生在充分积累了语言素材并在思想火花碰撞的基础上，才能完成较高层次的口头表述任务。这节课没有达到预期效果的主要原因显然在于对学生水平分析不够。此外，教学环境的营造不佳：从教学素材的选择来看，听说课的主题是关于生物科技的教授和讨论，该主题的语言输入难度较大，更适于以阅读的方式输入。另外，生物科技的话题与学生的生活和学生关心的事物有一定的距离感，很难在认知和情感上让学生产生共鸣，因此这个学习只是出于语言知识的单层意义，而缺乏与学生生活经验相结合的意义构建。整个课堂学习气氛趋向于被动，学生缺乏兴趣。课堂上的互动也比较单调，只是停留于老师提问学生回答的层次，没有学生之间的活动和其他多种形式的听说活动。

这个案例体现了教学设计与教学过程脱节而效率不明显的问题。从教师的教学目标和教学过程的设计层面来看，这节课是结构清晰、重点突出的。但因缺乏对听说课特点的分析和对学生的分析，教学素材的选择和教学环境的构建都不理想。

6.3.2 听说教学案例二

本案例是面向一年级非英语专业学生的一节听说课，授课内容是《新视野大学英语听说教程第二册》第一单元 Rollover Beethoween，授课时间为 50 分钟。该班级是 A 班，学生人数 42 人。

课题组教师持听说课堂观测量表进课堂听课，根据量表对教学有效性进行评价，具体观测如下。

教学步骤包括五步：第一步热身（时间为 5 分钟）Warm – up Activity——Match the music with the occasion.

第二步给出本课教学目标 *teaching outline（objectives）*（时间为 5 分钟），如图所示：

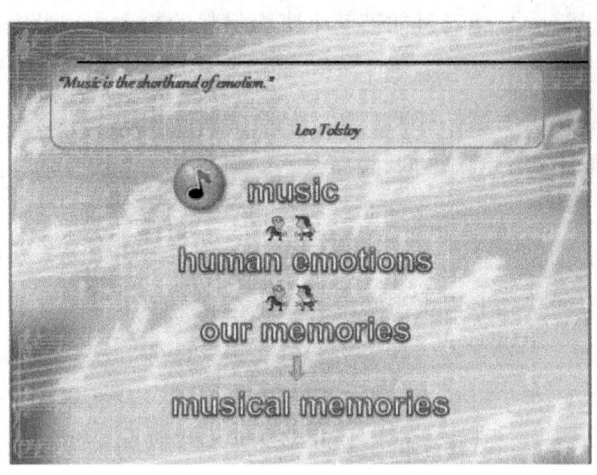

第三步听力练习 *musical memories*，练习 1 为 *Gist Listening*（时间为 5 分钟）。*What are the speakers'（Tony & Nancy）musical memories?*

听力练习 2（时间为 10 分钟）：

Do you have any musical memories?

Think of a song which is very special to you；

Write down the name of the song；

Tell your partner what musical memories you have with that song.

Sentence structures for reference：

Every time I hear this music/song, I think of…

This piece of music/ song reminds much of…

I feel so … every time I hear this song, because…

第四步口语练习（*Interview task*）（时间为 20 分钟）。

Use the interview questions on the cue card to find out the musical memories of others.

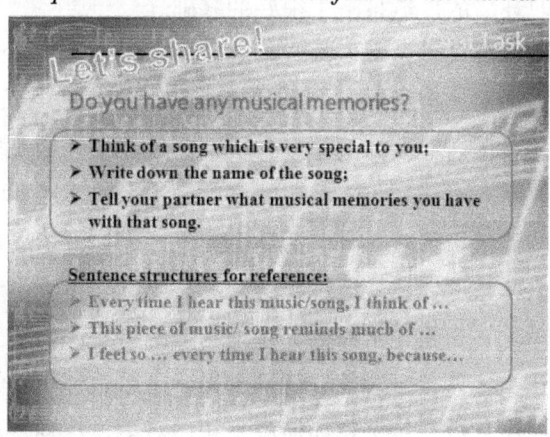

第五步为总结 *class review*（时间为 5 分钟）。

☐ *Understand the meaning of musical memories*

☐ *Vocabulary of feelings and emotions*

☐ *Understand the conversation about musical memories*

☐ *Be able to use effective language structure to share your musical memories with others*

案例二跟案例一形成了鲜明的对比，根据有效听说教学的课堂观测量表来分析，这节课在教学过程、教学环境、教学策略和教学产出方面都有明显的体现与提升，因此教学有效性也有了很好的展示。为了更好地分析这个案例，笔者将对照上述课堂观测量表进行详尽的讨论。首先从教学过程中的教学目标来看，很显然，这节课的教学目标具体明确，重难点突出，层次分明。更可取的是，教师对本单元关于 *music* 的主题对教学目标做了具体的界定和细化，包括 *music，human emotions，our memories* 和 *music memories* 四个要点。通过这几个关键词的排列，本课针对 *music* 与人类情感与生活记忆的关系就一目了然了。更值得称赞的是，这个明确教学目标的环节，教师并没有像很多常规的做法那样，上课直接点题明确几个步骤。虽然这样做可以有清晰的脉络可循，但不免会让课堂显得很刻板老套，特别不适合听说教学的气氛。在这个案例中，教师很巧妙地从一个听力和图片搭配的热身练习入手，让学生亲自感受音乐与人们感受和创造环境的联系。而且第一条音乐就选择了所有人耳熟能详的《会议进行曲》，不仅凸显了教学目标，而且一下触发了学生的生活认知与学习内容的关联性，学生的学习兴趣一下子被调动起来，启发了学生对音乐知识的学习和讨论，也为学习环境的创造打下了很好的基础。

从教学内容的选择来讲，本课的音乐主题是现代大学生津津乐道的生活元素。从学生的认知水平和生活经验来讲，学生都深有感触，因此教学内容有很强的现实意义。从教学活动设计的角度分析，这节课中教师安排了连线、小组讨论、对话排序、两人对话和小组采访的多种活动形式，活动的难度和复杂程度随着教学内容的深入而不断上升。活动形式很好地体现了语言输入和输出的关系，以及教学内容与语言技能训练相结合的需要。如在听说练习的环节，教师设计了两个活动，一个是先听对话，识别对话中男女说话者分别谈论了哪首特别的音乐，为什么这首音乐对他有特别意义，之后教师引导学生听第二遍对话，让学生重新排序，进一步了解如何展开相关对话，特别是对相关场景的描述。到此为止，听说教学完成了以听力为主的输入教学，学生对所接收的信息从内容主旨到细节表达都有了具体了解，锻炼了学生的识别与提取信息的能力，以及领会与概括信息的能力。接下来，在第二个练习中，教师把对话中的关于音乐记忆的话题拓展到学生自己身上，这样从意义的构建上对学生形成了很大的吸引力，学生对音乐记忆的对话不仅仅停留在机械的语言训练层次，在这种情况下，他们不但具备人生经验而且有意愿跟同伴去交流自己对音乐的记忆。语言成为他们交流思想的工具，而不是目的。同时教师还提供了 *Think of a song which is very special to you*；*Write down the name of the song*；*Tell your partner what musical memories you have with that song* 三个要点为学生对话的内容提供支持，还有 *Every time I hear this music/song，I think of...*；*This piece of music/song reminds much of...*；*I feel so... every time I hear this song，because...* 三个句式为学生的语言表达提供框架。由此可见，教师的在内容意义和语言句式上都为学生做了很好的引导，学生在对话过程中不会言之无物，也不会在语言表达上句乏词穷。学生能够超越所听材料，结合自身体验，创造性地使用语言进行表述。因此，这节课的教学过程中语言技能应用训练的意识也是很明显的，通过教学内容突出对语言听说能力的训练，二者结合较好。因此，此案例中整个教学过程是条理清晰，完整有效的。

从教学环境的要素分析，这个案例中包括师生之间的启发讨论、提问回答的互动，还有成对对话，和三人小组讨论的生生互动。教学素材的选择与学生的语言能力水平以及生活阅历经验都很匹配，因此学生的学习兴趣和整个课堂气氛也就调动起来了。所以整个教学环境也利于有效教学的开展。从教学策略的要素来看，教师有明确的教学方法应用到教学各环节，且方法符合听说教学特点，有助于提升学生的学习兴趣。课堂组织主要是以学生为中心，突出了交互活动在语言学习中的作用，有明显的语言技能训练意识。教师在启发学生的过程中讲述了亲身经历，这种即兴应变能力很好地拉近了学生与教师的距离，也拉近了学生与学习的距离。整个课堂中的教学策略是实用有效的。

从教学产出的要素来看，本案例中的语言输入和输出关系安排也是比较合理的。语言产出主要是以对话和访谈的形式出现的。特别是在访谈的活动中，学生能在前期示范对话和成对对话训练的基础上拓展成自由的访谈，在访谈过程中能听懂别人的观点，并使用恰当的功能性语言加入讨论，进行评述，并能恰当自如地表述个人观点。唯一的遗憾是，因为时间的限制，访谈不够深入充分，访谈的内容深度受到限制。但从有效教学的第五个观察点，教学评价的角度看，本案例中只是从 *class review* 也就是总结的方式出现的，因此教师的评价、小组评价、学生之间的评价都没有涉及和体现。其实，这也是听说课程中教学评价比较难以开展的一个现实情况。多数评价还是以教师的评价为主。因此，如何通过评价提高听说教学有效性还是一个值得深入探讨的课题。

6.3.3 听说教学案例三

本案例是面向二年级非英语专业学生的一节听说课，授课内容是《新视野大学英语听说教程第四册》第七单元 Solar energy，授课时间为 50 分钟。该班级是 A 班，学生人数 40 人。

课题组教师持听说课堂观测量表进课堂听课，根据量表对教学有效性进行评价，具体观测如下。

教学步骤包括四步：

第一步热身（时间为 5 分钟）Warm – up Activity——*Energy sources in daily life*：教师给出教学目标，并提供关键词，如下图所示。

Objectives

· **Listening:**
  to learn to catch the main idea and detailed info

· **Speaking:**
  to talk about benefits and drawbacks of solar energy

· **Critical thinking & imagination:**
  to cultivate students' abilities via discussion and assignment

Non – Renewable（不可再生）：*coal，oil，natural gas，nuclear energy*

Renewable（可再生）：*solar energy，wind energy，hydropower energy，geothermal energy*

第二步看录像 *Video Course*（时间为 15 分钟）。第一遍，询问 *main idea*：*What happens？Where does it happen？* 第二遍让学生寻找特定信息 *specific information*：*How could we make money by using solar energy at home？* 第三遍，寻找细节信息 *Detailed and exact information*，如下图所示：

II. Video Course

A major advocate for <u>solar energy</u> can be found in California. Sacramento, the state capital, is one of the nation's leaders in <u>solar power</u>. Many new homes in Sacramento <u>are equipped with</u> solar cells. And <u>solar panels</u> shade parking lots and city buildings. But <u>most importantly</u>, Sacramento has shown that by buying a lot of solar power at one time, it's possible to <u>significantly</u> reduce the price per unit -- so people can actually <u>save money</u> using solar power ... or make money.

第三步讨论 *discussion*（时间为 20 分钟）。教师给出关键词、句型和观点表达的内容提示，如下图所示：

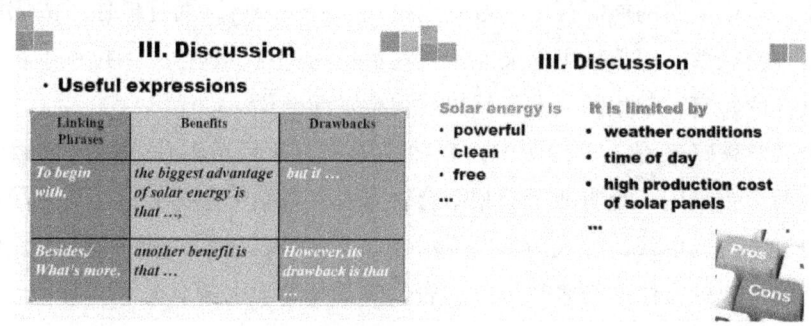

第四步布置作业 *Assignment*（时间为 5 分钟）

If you could create one thing that uses solar energy，what would it be?

Write down your idea

WHAT & WHY

Pratice it orally before class

Make a 30 – second oral presentation next class

案例三与前面两个案例比起来有相似之处，也有自己的特点。我们基于听说课有效性观测量表进行分析。首先，从教学过程来看，本案例除了其明确具体的教学目标、条理分明的教学步骤外，其有效性突出的表现就是教学内容与听说技能的紧密结合。在很多听说课程中过多着重于听力的输入部分，而口语的输出部分有时仅流于形式。或因教学设计不够合理，对说的引导不够，学生无话可说，或因口语活动不好操作而作罢。总之，很多听说课都有输入和输出不够平衡的问题。而在这个案例中可以看到，听力的活动时间和口语的活动时间基本是1:1的分配。而且，在口语辩论的活动环节，教师还设计了用于辩论的功能性表达句式，还从内容上对支持和反对的观点给予了提示，这样为学生的口语活动提供了内容和手段两方面支持，因此学生可以做到通过稍加准备进行1分钟的观点陈述，这样的口语训练就是有效的。这种训练是一种复述和自由表述相结合的形式，水平有限的学生可以仿照着说，水平较好的学生可以更多自由发挥，教师通过自己的教学设计使学生的参与范围得到扩大，同时在某种程度上起到了激发学生参与意愿的效果，因此口语练习的效果得到了保证。

从教学环境建构的角度来看，本课的 *solar energy*，属于科普性话题。如果教师对素材加工处理不到位，很容易陷入与生活隔离，单纯讲科普原理的困境。在教材素材上，案例三与案例一有类似的难度。但在案例三中，教师通过让学生搜索生活中的能源开始，最终定位到 *solar energy*，而且抓住了太阳能与生活的紧密联系，即清洁可靠又能为百姓负担的特点，这样一下拉近了科普与学生认知的距离，学生的兴趣自然也就被激发起来了。

从教学策略来看，本案例中，教师在听和说的环节都使用明确的教学方法。在听力中采用了泛听和精听相结合的方法，在精听中还选择了与主题相关的词语和预构成语块的方式为学生提示要点。在口语环节，进一步把重点信息用预构成语块的方法，把表达形式和表达内容都给学生做了提示。而且，在从听到说的过渡中，教师还加入了表达词汇的拓展，用具体例子告诉学生如何避免重复的表达，为学生的语言输出做了很好的铺垫，这些都提升了本节课的听说有效性。

从教学产出的效果来看，本案例显然比前两个案例在口语表达方面的产出量要大，而且参与的学生数量要多。在口语的环节还有明显的仿说和自由表达以及演讲能力的训练。因此，本案例在教学产出量和教学产出方式上都有明显的提升。

从教学评价的观测点来看，本案例较前两个也有一定的突破。从教师的作业安排可以看到，教师设计了一个需要想象力的任务，也就是设计一件用太阳能的衣服。这个无疑也增加了学生的兴趣。另外，教师还对作业提出了具体的要求，这样也就为评价提供了依据。作业要求口头与笔头相结合，以笔头来协助的口头表达，虽然不是最终的目标，但对于基础有限的学生来讲确是一个必经的阶段，而对于基础好的学生来讲，可以通过笔头准备提高口语表达的准确性，也是一种很好的训练。同时，教师还要求学生一定在课下先练习表达，这对于下节课的有效输出也是很好的保证。另外，作业中指出除了老师对笔头和口头的表达评价之外，学生们也要集体投票选出最佳设计。这个过程不仅包括了教师评价，还有学生评价。通过这样的评价，学生对自己的表达才能得到反馈，才能根据问题进一步改进。因此，从这个安排来看，本案例的教学评价也对教学效果的提升起到了很好的反拨作用。

从以上三个案例来看，听说课堂的教学有效性是逐个递增的，以案例三的有效性最为明显。案例一基本只满足了教学过程的几个观察点的要求，因此课堂主要是以教师为中心的，学生的参与和互动不够充分，有效性不够明显。案例二在教学过程、教学环境和教学策略三方面都有明显的体现，因此，课堂效果也有了明显改善，教学有效性也有提高。案例三则体现了教学过程，教学环境、教学策略、教学产出和教学评价五方面的评测要求，因此这节课有效性也是最高的。

6.4　提升听说教学有效性的对策

根据以上对听说教学有效性的界定和听说教学案例的分析，切实提高听说教学有效性成为大学英语教学改革中必然要面对的挑战。从有效教学的视角来分析，大学英语听说教学应该采取以下策略来提升教学有效性。

6.4.1　理念为先，落实操作

在大学英语听说课堂教学中，要改变低效的现状，必须要有科学的教学理念，特别是要提倡以学生为中心的合作性、探究性、对话性的教学理念，贯彻有效性、互动性、参与度高的教学原则，改变听说的现状，促进听说教学的进步和发展。教师不能仅仅关注教学过程，还应注重教学环境的建构、教学策略的使用，注重建立友好、融洽的师生关系。教师不仅要关心学生的学习，而且要善于激励学生学习，确立学生的主体地位，实现从以教师为中心、单纯传授语言知识和技能的教学思想和实践，向以学生为中心、既传授语言知识与技能，更注重培养学生个性化学习方法的形成和听说自主学习能力的教学思想和实践的转变。在评价有效教学时，特别要考虑教学产出的平衡，不能只考虑教师教了什么，更要观察学生学了什么，会说什么，能说多少，能说多深的问题。

6.4.2　优化教学内容

"教学内容，系指教学过程中同师生发生交互作用、服务于教学目标达成的动态生成的素材及信息"。长期以来，人们总是将教材和教学内容等同起来，认为课程标准要求什么教师就教什么，这种认识是片面的。教材仅仅是形成教学内容的一个"载体"，作为发挥实际作用的教学内容，其特性不同于教材内容。教学内容来自师生对课程内容、教材内容与教学实际的综合加工（张玉莲，1993）。师生一方面合理地利用教材教学，对教材内容进行选择、取舍、加工；另一方面，师生可以科学地加工教材，合理地组织教学过程。它不仅包括教材内容，还包括了引导作用、动机作用、方法论指示、价值判断、规范概念等，包括师生在教学过程中的实际活动的全部。因此，教材内容只不过是教学内容的重要成分。具体到听说课程中，教学内容就应该包括教材内容、课程拓展，以及课堂组织与活动设计等多方面内容。

作为语言输入来源的听说材料在外语学习中具有举足轻重的地位。外语听说材料与听说过程中的其他因素，如难易程度、学习策略及听说效果等，有着紧密的联系。因此，选取合适的语言材料对于听说教学和学习能否取得预期的效果至关重要，特别要注意选取与生活联系密切且真实的教学素材。因此，在组织听说课堂教学时，教师须对各种教学材料进行多维度地整合，不拘泥于一种教材的限制，而是广采众家之长，结合学生感兴趣的热点话题，利用互联网以及其他英语多模态资源，对其进行筛选、甄别，并进行适当的编辑、整理，形成题材和体裁多样化，既符合学生英语水平及接受能力，又能提高其英语听说技能，并能激发创新精神和独立思考能力的教学材料。总之，教师须遵循教育规律、教学原则，科学地安排与搭配教学内容，合理地组织各部分的练习，力求听说教学材料的适用性和题型设计的合理性。我们可从以下几方面展开教学内容优化的实践：

（1）选择合适的听说材料：适合学生水平的听说材料是听说课教学的基础。根据 Kreashen（1985）的 $i+1$ 假设，教师应该寻找略高于学生现有英语水平的材料进行听说训练。材料过难或过易都不利于激发学生的兴趣。一些与生活密切相关的对话、热点新闻、西方风俗习惯和文化背景的介绍，学生熟知的中外典故等材料，在学生已有的背景知识上增添新的内容，使他们感到不陌生，喜闻乐见，可以激发他们讨论或模仿的兴趣。

（2）注重语音基础训练：学生听不懂语言材料往往是因为发音不正确或带有方言，无法将听到的语音和正确的单词联系起来。表达的时候，发出的音不是想表达的那个词语。不规范的语音输入导致不当的输出。因此，正音的训练很有必要，准确的读音还利于培养他们学好英语的自信心。教师可以对教材中出现的单词进行语音强化训练及听辨音技巧的训练，帮助学生了解语音知识，掌握正确的发音方法，尤其要让学生在实践中运用。

（3）跟读练习和复述练习：学生一边听材料，一边重复听到的内容。学生反映有些材料听懂容易，但想顺利地表达出来则有一定难度。可以到每节课的总结部分，让学生把当堂重要的内容跟读一遍，这项练习可以促进所学知识的内化，加深印象。也可训练学生边听边说，培养抗干扰的能力。

只有在听懂的基础上才能对听力材料进行准确复述，复述的环节锻炼了听说两方面的能力。学生需要边听边归纳内容要点，对输入的信息有个总体的把握。听完一段后，要求学生复述信息要点。可以从关键词开始，逐步展开，增加到一两句话，一两段材料，最终到一篇文章。目的是训练学生的记忆力以及语篇理解力，同时把听到的内容强化，并内化为学生自己的语言规律，以改变听过就忘的现象。

（4）主题思想识别练习：要求学生在听到一段信息量较大的文章后，能够准确地把握住文章的主题思想，并用自己的话概括出来。该练习训练学生宏观上分清主次，把握文章要旨的能力。

（5）增强课堂互动：教师设计合适的话题让学生参与小组讨论或进行角色扮演，要求每个成员都要对话题有贡献。小组讨论能够避免学生仅局限于个人的思维，通过与他人的讨论可以打开思路，集思广益。角色扮演可激发学生参与的热情，活跃课堂气氛，以改善有些学生因担心说错而不愿开口的状况。

（6）加强文化背景的教学：语言是文化的载体，学习语言也是了解文化的过程。听说课不仅要让学生学到基本的语音、词汇、语法等语言知识，还要让他们了解这些文字符号所传递的文化信息。在教学中可通过观看原版影视短片，听歌曲等学生喜闻乐见的方式，引导学生注意英美文化和中国文化的异同，培养学生对文化的敏感性和领悟能力。

以新视野视听说教材第一第二册为例，可从教材内容（知识、技能），课程拓展（文化背景、批判性思维），以及课堂组织与活动设计等方面来优化教学内容，如表 6-2 所示：

表6-2 听说教学内容优化

Title	Topic	Language input		Language output		Culture extension	Critical thinking discussion
		knowledge	skill	knowledge	skill		
Units 1 Roll over, Beethoven!	Music	Words and expressions related to music and music type	How to express likes and dislikes	Identify different types of music	Talking about personal preference about music	Typical western music and representative musicians or singers	The functions of music in people's life. What can you hear from the music or the songs?
Units 2 What's on at the cinema?	Films and movies	Expressions related to films and the genre of film	Understanding movie reviews	Identifying different types of music	How to describe film in details and give comments	Movies reflecting cultural differences between China and western countries?	Watching movies at home or at the cinema? What is the relation between movies and our real life?
Units 3 Every Jack has his Jill!	Choosing jobs	Expressions related to different occupations and job interviews	Identifying different occupations and learning about various interviews	Talking about personal ideal job occupation	How to take an interview properly.	Interview etiquette. Procedure of job application	The prior element affecting job choices. Going to work or going to further study after graduation?
Units 4 Beware of ads!	Advertisements	Expressions related to different types of ads	How to understand the contents of an ad	Be able to describe an ad	Be able to express feelings or talk about the effects of an ad	Talking about the elements of affecting the effectiveness of an ad.	Should people be lead by advertisements?
Units 5 Does your best friend have four legs?	Pets	Recognize the detailed action of the different pets	Be able to understand the preference of choosing pets	Be able to describe the actions and habits of different pets	Stating persuasive reasons to raise a pet	Persuading parents to allow you to raise a pet	How to deal with the relation between human and pets?

6.4.3　教学方案设计

在确定教学内容之后，就要进入教学的具体开展过程。虽然有了教学内容为基础，但教学过程的具体实施也还要落实到每一个细节步骤，因此教学方案设计就是直接关系到教学内容教授和教学目标实现的关键。教学方案设计内容包括学习内容特征分析、学习者特征分析、任务分析、教学目标、设计思路或意图、教学过程、课堂小结（含板书设计）、自主性教学评价（教学反思）、教学资源链接等方面的内容。在听说教学实践中，为了给学生创造更多的听说操练或实践的机会，教学设计就更具重要性。有些教师认为英语听说课是非常轻松的课程，只要抛给学生一个话题让他们聊天就行了。可当你面对的学生思如泉涌，却因找不到合适的词汇表达思想的时候，他们就只能选择沉默，这就是为什么在大学英语的课堂上，很多学生不开口，不参与的原因。因此，如何通过教学设计，从分析学生、确定教学目标、设计教学思路、安排教学过程、创制教学任务、明确评价方式等方面做好充分的准备，教学的有效性才能得以保证。下面就针对这几个方面分析一下如何做好教学方案设计。

6.4.3.1　注重学生分析

众所周知，教学过程的主要参与者是教师和学生。教学过程中形成的师生关系绝不是教与学，讲与听那么简单。特别是在科技高度发展的今天，如果还停留在传统的教师讲、学生听的模式上，大学英语听说教学可以说是无效的。也有的老师，虽然在教学模式上尝试了新方法，但却因在不同班级使用后的教学效果大相径庭而苦恼。这是因为教师在教学过程中忽略了对教学对象的分析，因此同一个内容面对不同学生讲授的效果有差异也就不难理解了。学生分析也往往是被很多教师忽略的环节。大学英语听说课中，学生的差异性比其他学科的更为明显，因此重视听说中对学生的分析是提高听说教学有效性的重要前提。

从认知论的师生关系分析，大学英语听说课要解决的就是谁是教学中的主体问题。听说课较其他英语课程来讲是实践性比较强的，因此笔者认为听说课中应采取"学生主体"的原则，即认知活动的主体是学生，教师起主导作用，也就是国内比较流行的"学生为主体，教师为主导"的原则。从人际关系的角度来讲，听说课程中学生与老师，学生与学生之间的关系应该是交互性和情感性的。教师与学生应该在相互沟通、相互接触的过程通过语言，特别是听说活动产生情感的交流，这样教学才是有意义的。另外，从教育心理学的角度分析，教学中要注重学生群体性和个体间的差异，也就是要分析不同学生的特点，适当及时地调整教学策略，且不能把学生的差异作为教学中厚此薄彼的理由，也就是要因人施教才能有效。

6.4.3.2　教学目标分析

教学目标又称学习目标，它是指对学习者通过教学后应表现出来的可见行为的具体和明确的表述。教学目标的制定和分析是教学中重要的环节，它决定着教学的总体方向。教学目标不仅能调控整个教与学的过程，也为整个教学设定了基础的框架，使所有的参与教学的学生和教师都有一个清晰和统一的认识。特别是对学生来讲，教学目标可以为学生指出明确的方向，让学生形成主观的意识并能积极主动地开展学习。对于教师来讲，学习目标设置限制了教学的随意性，保证教学内容符合教学大纲的需要。特别是对英语听说课来讲，明确的教学目标可以决定后续教学步骤和教学活动的安排设计，它是保证整个教学效果的基础。传统的布卢姆教学理论把教学目标分为认知、动作技能和情感三个领域（孙亚玲，2008）。加涅的学习结果理论又把教学目标分为言语信息、智力技能、认知策略、动作技能和态度五个方面。根据语言教学和教育学的理论，笔者认为大学英语听说课程的教学目标应该围绕语言知识、语言技能、语言应用、文化意识、学习策略和情感策略来设定。前三者是显性的语言输入与输出的语言活动，而后三者则是通过具体的语言活动开展潜移默化的隐性的培养。这样才能保证语言教学的全面性，促进语言的应用效果，从而实现听说教学的有效性。

6.4.3.3　教学活动设计

教学活动通常指的是以教学班为单位的课堂教学活动，它是教学工作的基本形式。教学活动是一个完整的教学系统，它是由一个个相互联系、前后衔接的环节构成的。大学英语听说课中的教学活动设计是教学的关键，因为听说课是以学生为中心的教学模式，学生听说技能主要是在听说的语言活动中得到训练和培养的。教学活动的设计不仅要体现教学目标的逐步达成，也会决定学生的学习模式。经典的教育理论把学生学习方式分为自主式、探究式和合作式。

现代的教育研究又细化为基于合作的学习、基于问题的学习、基于实践的学习、基于探究的学习、基于个性的学习、基于对话的学习、基于网络的学习等方式。但基于英语作为第二语言习得的特点以及多种因素的影响，通过实践，笔者认为在听说课堂上基于任务的教学或学习方式，或任务型教学模式是效果比较明显的听说学习方式。具体到听说课堂中的教学活动，活动设计应该以任务为主，并根据语言教学特点，在任务前设计语言输入活动，如听力和阅读的输入活动，然后通过具体任务设置让学生完成语言操练和语言输出的过程，最后通过任务完成实现语言的应用和实际意义的构建。这样才能达到真正意义的学习。在任务的组织方式上，听说课可以通过个人、成对、小组、小组之间、班级整体的等多种组合形式适应不同的活动需要。另外，活动设计时对活动成果、活动时间、活动规则以及活动对应的教学行为都要有所涉及。这些构成要素并非各自独立，而是彼此联系、相互支撑的，对最终的教学效果也是具有重要影响力的。目前，在听说课堂教学中，以任务型的教学活动设计对学生听说兴趣的带动和听说教学内容安排最为贴切。

听说课程的任务设计主要遵从以下原则：①任务设计焦点在过程上，而不是在结果上。即任务应该为学生的语言应用提供空间，建构一定的真实意义。完成任务不是机械地重复语言，而是要通过语言构成真正的交流，因此完成任务的过程也就是语言训练的重点。②基本要素是强化交际和意义表达，进行有目的的活动。建构任务的真实意义是建构主义教育的核心，因此任务内容设计必须接近学生的认知和理解能力，并有明显的目标供学生完成。③在进行活动和完成任务中，学习者有目的地多开口讲话，彼此产生影响。通过恰当的任务设计，使学生的语言交流确实言之有物，并有交流的意义。④语言活动和任务既是学习现实生活的需要，也是课堂教学特定的教学目标。任务设计不能脱离教学目标，纯粹为设计而设计，不能形式大于内容。⑤教学活动和任务应该按难度大小循序渐进。听说任务设计要尽量调动所有学生，因此任务的设计要适合不同学习程度的学生，有层次的区分。⑥任务评价的灵活性和准确性相结合。听说活动的评价是英语教学中比较难操作的，因此任务设计过程中必须考虑到评价如何开展，如评价的指标、评价的主体等因素。

在英语听说课中，如何在帮助学生通过看、听的输入环节后实现有效的听说输出，一直是教学的难点之一。利用输出驱动的理论来设计任务，能帮助学生认识到输出的强大驱动力，并提高听说输出的准确性。Keith S. Folse（Ellis，2003）提出了在英语听说课堂上任务设计的五大基本要素：①考虑学习者要素，尤其是学习者的年龄、英语水平及学习目标。②课程大纲及学校要求要素。③讨论话题要素。④使用语言要素。⑤听说课程载体的任务要素。基于以上的任务设计要素，笔者在大学英语听说教学中开展了有针对性的实践。以《新视野大学英语四》中的 UNIT4 为例，该单元的主题为 *Is work just another four - letter word?* 因此任务设计的目标就应该紧紧围绕描述不同工作职业和对不同工作的评价展开。任务具体设计如表 6 - 3 所示：

表 6 - 3 课堂任务设计案例

Task1：Talk show——My ideal job

Work in groups and prepare a talk called "My ideal job". Think about the following points：

what you would like to do as a career?

why you would like to do it?

what you think you're good at?

what qualifications you need?

how easy or difficult it might be to get into this kind of career?

what you need to do to achieve your career?

Task2：Job seeking program

Work in groups and present a job seeking program.

Students can play different roles of host/hostess, interviewers from different companies, and job seekers.

Think about how to ask and answer questions properly and efficiently.

教师根据求职的主题分别涉及了个人谈理想职业和小组的电视求职节目秀。此两项任务适合学习程度不同的学生，Task1 适合程度一般的学生，可以通过介绍的方式使用到对工作描述和评价的语言。Task2 适合程度较好且合作学习活跃的学生，通过扮演主持人，求职方和面试官等不同角色，使用到自我介绍、提问和回答应聘问题，评价应聘者表现等多方面的语言，并通过不同身份使学生进入任务情景。Task1 能让学生对不同的工作进行恰当的描述，从而引起学生听众的思考，对该职业产生一定的判断，并对谈论此职业的学生产生新的认识。这样任务就为学生的交流构建了一定的实际意义。Task2 采用了社会上比较流行的电视求职的方式，更贴近生活，激发学生的兴趣。同时不同学生在任务中扮演了不同身份的人物，而这些人物有的是他们本身的状态，有的是他们熟悉的，有的是他们陌生的，这样就适合不同学习程度的学生，而且任务设计上也出现一定的"信息沟"。两项任务都是紧紧围绕教学目标展开，是教学大纲明确规定的内容，话题也适于讨论，易于讨论，乐于讨论。因此，该任务设计涵盖了任务设计主要要素，是个成功的任务案例。

"任务驱动"是实施探究式教学模式的一种教学方法，从学习者的角度说，"任务驱动"是一种学习方法，适用于学习操作类的知识和技能。从教师的角度讲，"任务驱动"是一种建立在建构主义教学理论基础上的教学方法，符合探究式教学模式，适用于培养学生的自学能力和相对独立地分析问题、解决问题的能力。在大学英语听说的教学中，在完成"任务"的过程中，培养学生综合运用语言的能力，同时，学生还会不断地获得成就感，可以更大地激发他们的求知欲望，逐步形成一个感知心智活动的良性循环，从而培养出独立探索、勇于开拓进取的创新意识。

然而在实践中也出现了一些值得思考的问题：①活动要以学生的生活经验和兴趣为出发点，内容和方式尽量真实。②任务的设计要有"信息差"。设计的问题需要学生去思考、去交流才能获得答案，而不是机械的语言操练。③任务型的活动要面向全体学生。任务的设计要以学生为中心，要考虑到学生之间的差异，不能把任务的完成当作是少数好学生的专利。④任务型活动要能促进学生的思维能力与培养学生的协作精神。⑤在任务型活动中，很多的时间交给了学生去独立思考，交给了学生去互相交流。老师在课堂上要做好监督者，采取适当的措施，防止一些学生因困难开小差。学生在回答问题时，在面向大家做汇报时，可能产生一些紧张情绪，教师要营造和谐、积极的课堂气氛，降低学生的焦虑感。⑥在任务型教学过程中，学生的参与热情很高，但个别学生自控能力较差，容易造成课堂混乱，影响其他学生的思考。小组合作学习是任务型教学中常见的形式，但也是出现问题最多的地方。要防止少数人在学，多数人在看热闹的现象发生。

6.4.4　评价方式设计

评价方式设计是听说教学中比较容易被忽视的环节。有些教师认为听说教学中自由发挥的空间比较大，所以评价方式也不容易统一，因此往往会淡化或忽视这个环节。然而从教学理论来讲，任何学科的教学没有通过评价对学生的学习进行反馈都是不利于学习效果的达成的。因此，听说教学中评价方式也是很重要的。本文在前面的策略部分已经说明听说教学应该以评价常态化、多样化和过程化的形成性评价方式更为合理。

在课程评价领域，形成性评价是指贯穿于课程各个阶段或整个过程的评价。它比较注重细节的分析，旨在寻找原因，及时发现问题，使课程更加趋于合理。在课程的实施过程中，利用形成性评价可以了解课程本身的缺陷、学生的学习困难以及教学中出现的各种问题，以此作为完善课程和提高教学质量的依据。形成性评价的主要目的是向师生提供学习状态和进程的反馈信息，从而调节教与学的活动。形成性评估包括学生自我评估，学生互评，教师对学生的评估等。通过课堂活动和课外活动的记录、网上自学记录、学习档案记录、访谈和座谈等形式对学生学习过程进行观察、评估和监督，促进学生有效地学习。这种形成性评估在实行以学生自主学习为特点的教学中尤为重要。

以往对听说教学的评估方式是单一的终结性评价，它的弊端在于尽管学生意识到听说的重要性，但不清楚自己的听说程度与考试大纲中要求学生达到的听说水平相差多少，更不利于指导学生有效地利用课余时间进行自主学习。听说教学的课时设置是隔周一次听说课，大学英语四六级考试改革后的新题型中，听说部分占35%的比例，明显高于过去旧题型中20%的比例，同时，听说能力的提升是综合能力的重要表现。按照大学英语教学的课时安排，增加听说课的课时几乎是无法实现的，所以在教师的督导监测下，在引入形成性评价体系的前提下，提高学生自主学习的能力显得尤为重要。因此，听说教学中引入形成性评价体系，重视学生在学习过程中的评估和评判，强调学生的自我评价和相互评价，让学生在自我评价中不断地反思，取得学习上的进步。

6.4.4.1 自我评价

心理学家研究证明，通常那些能给自己确定目标并进行自我评价的学生在学习活动中比那些不能做出这样安排的学生更富有成效。教师可以根据实际情况制定《自我评价表》，让学生评价自己是否有明确的学习目标及学习计划、评估计划实施程度及努力程度、学习效果，学习中遇到的问题或困难，等等。自我评价注重对学习策略的评价，尤其是对情感态度及行为能力的评价，从某种意义上来说，学生在不断地自我评价、不断地反思与总结中自我监控能力也在不断提高，从而进一步明确学习目标、培养良好学习习惯、增强自主学习能力。

6.4.4.2 小组评价

大学英语一般是大班授课，尤其是分层教学的班级，学生来自不同的自然班，所以大范围的相互评价不易操作。以小组为单位让学生相互评价简单易行且具有现实意义。小组评价的主要指标包括与他人合作、倾听他人的意见、小组参与的认真程度以及小组活动的贡献率等。这些指标能够具体地衡量每个人在小组中的表现，同时也能更好地促进小组的团队活动。

6.4.4.3　**课堂评价（教师评价）**

课堂评价可以采用教师的课堂记录单来完成，主要内容包括学生出勤情况、听课的认真程度、主动回答问题程度、小组讨论及其他课堂活动（如角色扮演）的参与程度等。学生可以通过课堂评价及时分析总结自己在课堂认知方面存在的问题并提出建议，其结果有利于培养学生的自省能力及解决问题的能力。

综上所述，听说课程评价可以包括以下方面：①采用多元化的评估手段和形式，包括学生自评（精听任务）、学生互评（小组主题单元汇报）、教师对学生的评估等；②进一步提高形成性评估的比重至 60%，形成性评估采用课堂表现、课外学习任务完成质量记录、个人听说学习档案记录、测试、考勤等多种形式，以便对学生听说学习过程进行观察、评价和监督，促进学生有效地学习；③终结性评估主要包括期末课程考试，以考核学生的听说能力为主，同时也要加强对学生思维能力的考察；④教师对教学过程和教学效果的评估，教师通过各种方式对课堂教学过程和教学效果进行反思和评价，既要注重个体内省，也要注重集体交流。

6.5　小　结

本章我们主要讨论了大学英语听说课堂教学的有效性问题。听说课程是我校大学英语改革过程中新开展的一种课型。大学英语教学不同于英语专业的教学，不可能开设单纯的听力和口语课程，但为突出学生听力和口语交流的语言应用能力，所以开设单独的听说课程具有一定的可行性和必要性。从理论基础上讲，针对英语听说开展的教学有效性研究比较匮乏。因此本章首先在有效性的相关理论分析上，对大学英语听说课程的有效性进行了界定，并提供了相应的观测量表。然后重点对照观测量表，根据课堂教学、教学环境、教学策略、教学产出和教学评价五个指标具体分析了三个案例。案例均选自本校教师所教授课程的实践材料。

针对案例的具体分析，为我校的听说教学提供了具体的借鉴。通过案例分析可以看到，听说课程的前期设计，中期实施以及后期评价都是影响教学有效性的必要环节，而且每个环节还是紧密相关的。同时，要真正落实听说课程的有效性，有本可依设定目标，分析学生情况加工教学内容，切合实际设计活动，多种形式跟踪评价是在教学具体实施中的复杂而又重要的细节。因此，要真正在课堂上实现以学生为主体的教学过程，教师还要在课前、课上和课后做很多工作，其实以学生为主体，教师为主导的教学模式并不是削弱了教师的作用，相反它是更强化了教师在整个教学过程中掌控全局的作用，也只有这样才能实现有效的教学。我校的听说教学就是认识到了教师在这种转变过程的中的重要性，因此在整个听说课程中通过听说课程组的集体备课，讨论每个单元的整体设计以及细节的任务活动设计，课程组的老师们都发挥了各自的智慧。在听说教学中还特别针对任务型教学驱动和形成性评价模式开展了专项的课题研究。由此可见，真正有实效的教学改革不仅要有一线的教学实践尝试，还必须上升到教学研究的层次，这样才能更好地促进教学有效性的提升。

第7章 大学生英语学习过程中的主要问题

本章是在第 3 章的基础上，报告本校就英语学习动机、学习策略、学习观念、学习焦虑和学习困难开展的一系列调查研究结果。调查研究的目的是了解大学生英语学习情况及过程中存在的主要问题，为下一步开展教学改革提供参考。

7.1 大学生英语学习动机调查

7.1.1 研究背景

如本书第 3 章所述，大学生的英语学习动机是非常重要的情感因素，对英语学习效果具有重要的影响。虽然国内外对动机的分类并不完全一致，但是结论却趋同。例如 Gardner（2001）提出的社会教育模式认为，融入型动机能够对学习成绩产生积极的影响，工具型动机对学习成绩会产生一定的影响。国内研究则表明内因型动机对学生的推动力较强（林汉生，2003）。

无论是工具型动机和融合型动机之分，还是内因型动机与外因型动机之分，都过于笼统地界定了实际学习过程中的学习动机，不利于教师更加具体地针对不同动机类型进行因势利导，改进教学，提升教学效果。在实际研究中，有研究者采用问卷调查和因子分析的方法，对英语学习者的动机进行调查和归类，如刘润清、戴曼纯（2003），黄红安、文卫平（2005）等。

本书旨在前人研究的基础上，调查本校学生的英语学习动机类型情况，并比较不同英语水平和性别的学生在英语学习动机上的异同，以便根据动机类型，进行相应的教学指导。

本次调查主要解决以下几个研究问题：

（1）我校大学生的主要英语学习动机类型是什么？

（2）我校英语成绩好的学生和英语成绩差的学生在英语学习动机上是否存在显著差异？

（3）我校大学生的英语学习动机是否在性别方面表现出显著差异？

7.1.2　研究过程

本次调查的研究工具之一是大学生英语学习动机调查问卷（见附录 7 - 1）。该问卷参考了刘润清、戴曼纯（2003）和黄红安、文卫平（2005）的中国学习者动机调查问卷。问卷包含 38 个题项，采用李克特量表的形式，按照从"非常同意（5）"到"坚决不同意（1）"编制。研究工具之二是大学英语四级测试题，由于大学英语四级考试是非英语专业全国范围内最有影响力的考试，因此，本次调查以大学英语四级考试的一套真题作为学生英语学习成绩测定的依据。

调查对象为本校一年级非英语专业学生，500 名学生参加了问卷调查，收回有效问卷 332 份。

问卷在大学一年级新生接受入学教育时进行。学生先进行 20 分钟的问卷填答，然后参加统一的英语考试。英语考试试卷由大学英语教研部教师进行匿名流水阅卷，采用百分制。问卷数据按照选 1 计 1 分，选 5 计 5 分统计。数据分析采用 SPSS17.0 进行因子分析和 T 检验。

7.1.3　结果与讨论

7.1.3.1　学习动机类型

为回答第一个研究问题，采用了因子分析的主成分分析法。首先本次调查的 KMO 值为 0.904，表明样本数量充足，非常适合进行因子分析。Bartlett 球形检验的近似卡方值为 6409.633（自由度为 703），达显著水平，说明调查群体的相关矩阵间有共同因素存在，可以进行因素分析。如表 7 - 1 所示：

表 7 - 1　KMO 和 Bartlett 的检验

取样足够度的 Kaiser – Meyer – Olkin 度量		0.904
Bartlett 的环形度检验	近似卡方	6409.633
	df	703
	Sig.	0.000

在完成 KMO 和 Bartlett 检验后，我们对 38 个变量进行了主成分因素分析，采用最小特征值为 1.0，从 38 个变量中抽出了 7 个共同因素，并对 7 个因素做了最大变异法的转轴分析。我们对主要的统计量进行汇总，并绘制表格，如表 7 - 2 和表 7 - 3 所示：

表 7 - 2　各因子的特征值、解释方差和累计方差

因子	特征值	方差	累计方差
1	6. 54	17. 212	17. 212
2	4. 554	11. 985	29. 196
3	2. 630	6. 920	39. 116
4	2. 597	6. 835	42. 952
5	2. 427	6. 387	49. 339
6	2. 260	5. 948	55. 287
7	2. 041	5. 372	60. 659

从表 7 - 2 和表 7 - 3 可见，7 个因子的特征值都在 2 以上，远大于 1. 0 的可接受值。这 7 个因子的累计解释的方差达到了 60. 659%，较好地解释了整个问卷的方差。各因子的项目负荷量介于 0. 47 和 0. 809 之间，大大高于 0. 30 的可接受值，问卷具有较好的结构效度。

表 7 - 3　问卷题项及负荷量

因子	问卷题目	负荷	共同性
	m21 学好英语可以使自己找工作时更具竞争力	0. 73	0. 59
	m22 学好英语是为了适应社会对人才的要求	0. 70	0. 64
	m1 英语是国际通用语言，在世界上影响巨大	0. 68	0. 60
	m12 学习英语可为实现远期目标做准备	0. 67	0. 56
	m7 英语实用性强，值得学习	0. 68	0. 59
因子 1 语言效价	m3 学习英语可为将来找到一份更好的工作	0. 67	0. 57
	m8 英语是学习欧美先进科学技术的必要条件	0. 66	0. 56
	m14 学好英语可以用来看英文电影、电视及报刊	0. 65	0. 52
	m13 英语在旅游时有用	0. 63	0. 54
	m2 学习英语是接受良好教育的一部分	0. 58	0. 68
	m4 英语是联系其他民族文化的纽带	0. 56	0. 60
	m9 英语中有许多值得吸取的精华	0. 52	0. 59

因子	问卷题目	负荷	共同性
因子2 文化融合	m17 我学习英语是对英语国家的文化、历史背景感兴趣	0.75	0.71
	m16 我学习英语是为了出国，在国外生活时有用	0.71	0.70
	m19 我学习英语是想与讲英语国家的人做朋友	0.69	0.62
	m18 我对讲英语的国家、民族感兴趣	0.67	0.65
	m15 我学习英语是为了可以唱英文歌曲，听英语广播	0.65	0.58
	m20 我喜欢研究英美国家的风土人情	0.64	0.60
	m11 我喜欢英语的结构和表达式	0.52	0.68
	m10 英语特有的韵律和美感使我感兴趣	0.49	0.65
因子3 满足学校和 社会需求	m24 学英语是为了通过四六级考试	0.81	0.68
	m38 学英语是因为学校规定必须拿到四级证书才能毕业	0.69	0.59
	m23 我学习英语是因为英语是一门必修课	0.68	0.57
	m35 我学习英语是为了通过托福或者雅思考试	0.47	0.62
因子4 自我提升	m37 我学习英语是为了让自己成功，获得成就感	0.73	0.64
	m36 我学好英语是因为我自尊心很强	0.63	0.61
	m25 英语水平是评价高素质人才的条件	0.53	0.59
	m26 英语是进一步学习的必需条件	0.49	0.53
因子5 文化认同	m5 英美两国文化在世界上占有举足轻重的地位	0.67	0.61
	m6 英美两国是最令人神往的国家	0.64	0.65
因子6 个人兴趣	m30 我喜欢英语阅读、写作	0.72	0.72
	m29 英语学习是一种令人激动和兴奋的活动	0.70	0.72
因子7 个性发展	m33 语言学习对我是一种脑力挑战	0.78	0.71
	m32 我希望能讲多种语言	0.73	0.70

因子1的题项21、22、7、3、8、14、13涉及英语的实用性，与找工作、旅游、满足社会对人才的需求紧密相关；题项1有关对英语地位的认同，也与工作的实用性有关；题项12和2涉及个人对英语地位及其实用性认可的基础上，所做的教育与远期目标的规划；题项4、9是从文化的角度认可了英语的效价，这一定程度上证实了黄红安、文卫平（2005）的研究结果。结合这些动机的特征，我们也将此因子命名为"语言效价"。

我们将因子2命名为"文化融合"动机。该因子包括题项17、16、19、18、15、20、11、10八项。这些题项的共同特征是学习者对语言本身、英语国家文化和英语国家的人都有了解的愿望，这与 Gardner 提出的融合性动机很接近。

因子 3 包括 24、38、23、35 四项，说明我校大学生将满足学校要求和社会要求作为英语学习的动机，为了达到必修课程的要求、参加有社会影响力的英语考试而付出努力。其中"通过四六级考试"高达 0.81，"因为学校规定必须拿到四级证书才能毕业"居第二位，负荷量为 0.69。我们把这个因子命名为"满足学校和社会要求"动机。这个结果与黄红安、文卫平（2005），华惠芳（1998）等研究提到的"证书动机"类似，但是又不仅仅限于证书动机。与以往研究不同的是，这个因子中的各项的负荷都较大，位居第三个因子，而在黄红安、文卫平（2005）的研究中，居于倒数第二个因子。

因子 4 包括 37、36、25、26 四项，主要是学习者出于满足自尊心，获得成就感的需要而产生的学习动机。而这些自我提升的需求又与社会对人才的需求紧密相关。我们把这个因子定义为"自我提升"动机。

因子 5、因子 6 和因子 7 各只有两个选项，因子 5 主要体现了大学生对英语国家及其文化的认可，定义为"文化认同"动机。因子 6 命名为"个人兴趣"动机，虽然本因子题项不多，但表明了部分大学生出于强烈的兴趣而学习英语的动机特点。因子 7 体现了学习者的个性特点，因此命名为"个性发展"动机。

7.1.3.2 英语成绩不同的学习者的学习动机差异

为回答第二个研究问题，我们根据被试的大学英语四级考试成绩分出高分组和低分组。本次调查 332 名受试者，根据成绩确定前 25% 为高分组，后25% 为低分组。然后将高分组和低分组进行独立样本 T 检验。T 检验表明，两组学生在 15 个题项上存在显著差异，如表 7-4 所示：

表 7-4 高分组和低分组存在显著差异的英语学习动机

题项	高分组均数	低分组均数	T 值	自由度	P 值
m1	4.53	4.26	2.589	330	0.010
m2	4.48	4.18	2.882	330	0.005
m3	4.44	4.13	2.820	330	0.005
m6	3.19	2.77	2.581	330	0.010
m7	4.30	4.02	2.405	330	0.017

续表

题项	高分组均数	低分组均数	T 值	自由度	P 值
m8	4.31	4.05	2.127	330	0.034
m9	4.26	3.97	2.467	330	0.014
m11	3.66	2.99	4.303	330	0.000
m13	4.52	4.28	2.315	330	0.021
m14	4.47	4.17	2.754	330	0.006
m16	3.53	3.22	2.005	330	0.046
m17	3.50	3.07	2.825	330	0.005
m20	3.60	3.13	3.202	330	0.001
m29	3.72	3.26	3.051	330	0.002
m30	3.62	3.15	2.924	330	0.004

根据 7.1.3.1 部分的动机类型研究结果，结合表 7 - 4 可见，高分组和低分组在四类动机上存在显著差异，即"语言效价"动机（题项 1、2、3、7、8、9、13、14）、"文化融合"动机（11、16、17、20）、"个人兴趣"动机（29、30）和"文化认同"动机。高分组较之低分组同学，能够更好地认识英语的地位，对于英语在教育、工作、学习技术等方面的价值认识比较充分，具有较强的学习动机。同时，高分组学生对英语国家文化、历史背景、风土人情等充满较为强烈的好奇心，并对语言本身感兴趣，将英语学习当作"令人兴奋和激动的活动"，"喜欢英语阅读和写作"。

从题项的平均分上看（16、17、20、29、30），低分组学生在文化融合动机和个人兴趣动机方面评分较低，说明教师需要在教学中改进方法，在激发兴趣方面多下功夫。

7.1.3.3 英语学习动机和性别的关系

本次调查中男生和女生的四级成绩具有显著差异，在三类英语学习动机（5 个题项）上具有显著差异，如表 7 - 5 所示：

表 7 - 5 男女生动机差异

题项	女生组均数	男生组均数	T 值	自由度	P 值
m10	3.64	3.11	- 3.784	330	0.000
m11	3.40	2.84	- 4.010	330	0.000

题项	女生组均数	男生组均数	T 值	自由度	P 值
m20	3.38	3.09	−2.236	330	0.026
m29	3.51	3.21	−2.236	330	0.034
m38	3.33	2.99	2.345	330	0.023

其中题项 10、11、20 是和"文化融合"动机相关，女生较之男生对语言学习和风土人情的了解更感兴趣，题项 29 属于"个人兴趣"动机，女生比男生更有英语学习兴趣，以兴趣驱动英语学习。题项 38 是有关"满足学校和社会需求"动机，女生较之男生更关注学校的规定和要求，从而具有较强的英语学习动机。

7.2　大学生英语学习观念调查

7.2.1　研究背景

英语学习观念是学习者对英语学习所持的看法，是一种相对稳定的知识体系。研究发现，学习观念会对学习行为产生深刻影响（Ellis，2008；武光军，2013）。随着学习者在认知方面的逐渐成熟，可能会对原有的观念进行调整或者发展新的观念，因为学习观念研究对英语教学有重要的意义。通过了解学习者现有的学习观念，掌握学习主体特征，不仅对教学方法调整有指导作用，也对学习方法的指导有着现实意义。本部分通过问卷调查，主要回答以下三个研究问题：

（1）我校非英语专业大学生普遍的英语学习观念是什么？

（2）我校英语成绩好的学生和英语成绩差的学生在英语学习观念上是否存在显著差异？

（3）我校大学生的英语学习观念是否在性别方面表现出显著差异？

7.2.2　研究过程

研究工具之一是大学生英语学习观念调查问卷（见附录 7-2）。该问卷中的学习观念部分参考了刘润清、戴曼纯（2003）中使用的语言学习观念调查问卷。问卷包含 20 个题项，采用李克特量表的形式，按照从"非常同意(5)"到"坚决不同意（1）"编制。研究工具之二是大学英语四级测试题，由于大学英语四级考试是非英语专业全国范围内最有影响力的考试，因此，本次调查以大学英语四级考试的一套真题作为学生英语学习成绩测定的依据。调查对象为本校一年级非英语专业学生，500 名学生参加了问卷调查，收回有效问卷 331 份。

数据收集与分析采用 SPSS 软件。问卷在大学一年级新生接受入学教育时进行。学生先进行 20 分钟的问卷填答，然后参加统一的英语考试，英语考试试卷由大学英语教研部教师进行匿名流水阅卷，采用百分制。对于问卷答题，选数字 1 的计 1 分，选数字 5 的计 5 分，数据分析采用 SPSS17.0 进行因子分析和 T 检验。

7.2.3 结果与讨论

7.2.3.1 学习观念类型

为回答第一个研究问题，采用了因子分析的主成分分析法。首先本次调查的 KMO 值为 0.916，表明样本数量充足，非常适合进行因子分析。从 Bartlett 球形检验的近似卡方值为 2971.051（自由度为 190），达显著水平，说明调查群体的相关矩阵间有共同因素存在，可以进行因素分析。如表 7 - 6 所示：

表 7 - 6 KMO 和 Bartlett 的检验

取样足够度的 Kaiser - Meyer - Olkin 度量		0.916
Bartlett 的球形度检验	近似卡方	2971.051
	df	190
	Sig.	0.000

在完成 KMO 和 Bartlett 检验后，我们对 20 个变量进行了主成分因素分析，采用最小特征值为 1.0，从 20 个变量中抽出了 4 个共同因素，并对 4 个因素做了最大变异法的转轴分析。我们对主要的统计量进行汇总，并绘制表格，如表 7 - 7 和表 7 - 8 所示：

表7-7　各因子的特征值、解释方差和累计方差

因子	特征值	方差	累计方差
1	8.353	41.764	25.968
2	1.947	9.737	39.558
3	1.259	6.297	52.731
4	1.013	5.064	62.861

表7-8　因子负荷

因子	问卷题目	负荷	共同性
因子1	C16 有明确的长期和短期目标对学好英语很重要	0.79	0.73
	C19 课后多投入时间学英语会帮助提高英语水平	0.79	0.70
	C15 很好地计划学习时间是学好英语的重要保障	0.78	0.76
	C18 不断评估自己的进步对学好英语很重要	0.77	0.72
	C14 经常反思自己的学习策略是否有效对外语学习非常重要	0.75	0.67
	C20 有意识地找出自己英语学习的薄弱环节并采取措施，对学好英语很重要	0.68	0.56
	C13 选择有效的学习策略对学好英语很重要	0.67	0.55
	C17 要学好外语，后天的努力比先天的能力更重要	0.60	0.48
因子2	C1 我的英语成绩一直很好	0.81	0.73
	C2 我对学好英语很有信心	0.76	0.67
	C12 我相信我能在四级考试中取得好成绩	0.69	0.59
	C11 我知道如何找到有效学习英语的方法	0.64	0.52
因子3	C8 多听英语广播，多看英语电影有助于提高英语水平	0.78	0.77
	C9 在英语课内、课外多讲英语有助于提高英语水平	0.73	0.78
	C7 学习外语最重要的是掌握大量词汇	0.68	0.65
	C10 经常阅读英文报纸、杂志和小说有助于学好英语	0.66	0.63
因子4	C5 要想写出好作文，最好先用中文组织好要写的内容	0.76	0.64
	C6 大量背诵范文、常用句型有助于提高写作	0.63	0.54
	C3 学英语与学其他科目不同	0.57	0.44
	C4 能用英语流畅表达思想是最重要的，犯点语法错误关系不大	0.53	0.43

　　因子1包含16、19、15、18、14、20、13、17八个题项，涉及英语学习的目标制定（16）、做好学习计划（15）、投入学习时间（19）、选择有效的学习策略（13、14、20）、评估进步（18）和后天努力（17）。这说明学习者具

备较强的自我管理观念（刘润清、戴曼纯，2000），因此可将此因子命名为"自我管理观念"。该因子中的七个题项与刘润清、戴曼纯（2000）的研究相同，与之相比，多出的一个题项是19"课后多投入时间学英语会帮助提高英语水平"，该因子负荷为0.79，说明我校学生认同课后自我努力的重要性，教师可以通过激发他们将观念转化为实际的行动，就有可能改善英语教学的效果。

因子2包含4个题项，说明我校学习者普遍对英语学习（1）和自我学习能力有信心（2），对英语考试成绩有信心（12），对学习英语的方法也信心满满（11）。该结果与刘润清、戴曼纯（2000）的研究一致，我们也将其命名为"自我效能"观念。但是针对本次测试中学习者英语成绩并不理想的现实，教师应该注意在以后的教学中保持学习者信心的同时，进行学习方法的启发和引导，使学生切实提高成绩，提高能力，而不是盲目自信。

因子3包含4个题项，有关听（8）、说（9）、读（10）、词汇学习（7）四个方面的学习方法，因此该因子命名为"英语学习方法"观念。四个题项的因子负荷都在0.65以上，说明学习者对重要的语言学习方法持积极的态度。

因子4命名为"英语学习性质"观念。其中的题项5表明了学习者对母语的依赖，题项6是对机械记忆的看重，题项3和4说明学习者认为英语学习具有自身特点，使用英语的目的是交际，看重语言交际能力的提高。这说明如何使学习者发展良好的英语交际能力，而不过度依赖母语，是教学中的一个关注焦点。

7.2.3.2 高分组和低分组在学习观念上的差异

为回答第二个研究问题，我们根据被试的大学英语四级考试成绩分出高分组和低分组。本次调查331名受试者，根据成绩确定前25%为高分组，后25%为低分组。然后将高分组和低分组进行独立样本T检验。T检验表明，两组学生在4个题项上存在显著差异，如表7-9所示：

表7-9 高分组和低分组存在显著差异的英语学习观念

题项	高分组均数	低分组均数	T值	自由度	P值
C1	3.24	2.88	2.002	173	0.047
C4	3.57	3.15	2.183	173	0.003
C15	4.28	3.99	2.239	173	0.026
C20	4.45	4.19	1.970	173	0.050

如表 7 - 9 所示，与低分组学生相比，高分组学生对个人的英语成绩更有信心（题项 1），看重英语交际能力的发展（题项 4），认为很好地计划学习时间是学好英语的重要保障（题项 15），并且能够"有意识地找出英语学习的薄弱环节并采取措施"（题项 20）。

7.2.3.3　英语学习观念与性别的关系

本次调查中男生和女生的四级成绩具有显著差异，但在学习观念上差异不大，只有一个题项存在显著差异，如表 7 - 10 所示：

表 7 - 10　男女生存在显著差异的英语学习观念

题项	女生组均数	男生组均数	T 值	自由度	P 值
C3	3.61	3.98	3.075	328	0.002

表 7 - 10 显示，在对英语学习性质的认识上，男生组更加认为英语学习与其他科目的学习不同。不少研究认为，女生似乎比男生在外语学习上更有优势，而学习观念是否也影响英语学习能力是值得研究的问题。

7.3　大学生英语学习焦虑调查

7.3.1　研究背景

在本书的 3.6.1.2 部分我们回顾了英语学习焦虑的类型，外语课堂学习焦虑的测量方法。研究者认为，英语教师在教学中应想方设法把负面的学习焦虑降到最低程度，从而增强学生学习动力。

为对学生进行针对性引导，我们在学生中进行问卷调查，了解英语学习焦虑的类型以及不同英语水平及性别的学生在英语学习焦虑感上是否存在显著差异。本次调查旨在回答下述三个研究问题：

（1）我校非英语专业大学生英语学习焦虑的类型有哪些？

（2）我校英语成绩好的学生和英语成绩差的学生在英语学习焦虑上是否存在显著差异？

（3）不同性别学生在英语学习焦虑方面是否表现出显著差异？

7.3.2 研究过程

本调查的研究工具为英语学习心理问卷，其中 33 个题项引用了 Horwitz 设计的外语课堂学习焦虑量表（Foreign Language Classroom Anxiety Scale，FLCAS），即包括交际畏惧（communication apprehension）、考试焦虑（test anxiety）和负评价恐惧（fear of negative evaluation）三个方面。此外，根据学习者在英语学习过程中听、说、读、写等具体学习活动中体现出来的不安和恐惧，设计了 29 个题项，整卷合计 62 个题项（见附录 7 - 3）。

研究对象为本校二年级非英语专业学生，500 名学生参加了问卷调查，收回有效问卷 335 份。问卷填答时间为 30 分钟。英语考试成绩按照一次大学英语四级考试真题成绩计算。对于问卷答题，选数字 1 的计 1 分，选数字 5 的计 5 分。数据分析采用 SPSS17.0 进行因子分析和 T 检验。

7.3.3 结果与讨论

7.3.3.1 学习焦虑类别

为回答第一个研究问题，采用了因子分析的主成分分析法。首先本次调查的 KMO 值为 0.924，表明样本数量充足，非常适合进行因子分析。从 Bartlett 球形检验的近似卡方值为 7093.470（自由度为 1378），达显著水平，说明调查群体的相关矩阵间有共同因素存在，可以进行因素分析。如表 7 - 11 所示：

表 7 - 11 KMO 和 Bartlett 的检验

取样足够度的 Kaiser - Meyer - Olkin 度量		0.924
Bartlett 的球形度检验	近似卡方	7093.470
	df	1378
	Sig.	0.000

在完成 KMO 和 Bartlett 检验后，我们对 62 个变量进行了主成分因素分析，采用最小特征值为 1.0，从中抽出了 15 个共同因子，但由于其中 5 个因子只包含 2 个变量，因此删除这些变量进行了第二次因子分析。我们对主要的统计量进行汇总，并绘制表格，如表 7 - 12 和表 7 - 13 所示：

表 7 - 12　各因子的特征值、解释方差和累计方差

因子	特征值	方差	累计方差
1	13.905	7.406	7.406
2	3.813	6.897	14.303
3	2.108	6.791	21.093
4	1.844	6.597	27.690
5	1.566	5.515	33.205
6	1.415	5.327	38.532
7	1.309	4.741	43.273
8	1.276	4.350	47.623
9	1.125	3.849	51.472
10	1.077	3.085	54.556
11	1.003	2.878	57.434

　　从表 7 - 12 可见，本次分析抽取了 11 个共同因子，每个因子的特征值都大于 1，总的方差解释量达 57.434%，较好地解释了整个问卷的方差。从表 7 - 13 可见，各因子中的项目负荷量介于 0.37 和 0.76 之间，高于 0.30 的可接受值，整个问卷具有较好的结构效度。

表 7 - 13　因子负荷

因子	问卷题目	负荷	共同性
因子 1 英语使用与课堂焦虑	an7 我总是觉得其他同学的英语比我好	0.64	0.55
	an1 在课堂上讲英语，我总是缺少自信	0.62	0.60
	an3 我知道英语课上会被点名提问时，我常会很紧张	0.59	0.61
	an14 和以英语为母语的人说英语时，我不会紧张（一）	0.57	0.45
	an18 在课堂上讲英语，我觉得很自信（一）	0.53	0.57
	an8 英语测验时，我通常比较轻松（一）	0.53	0.43
	an28 上英语课前，我常常感到轻松自信（一）	0.43	0.60
	an24 在其他同学面前讲英语，我觉得非常不自然	0.43	0.66
	an33 在英语课上，回答未经准备的问题时，我会觉得紧张	0.42	0.48
	an25 英语课进度很快，我担心会落后	0.40	0.62

续表

因子	问卷题目	负荷	共同性
因子2 口语交际焦虑	an43 在事先未准备好的英语面试中，我的大脑一片空白	0.65	0.56
	an45 在英语口语考试中，我会忘记原本知道的单词或句子	0.61	0.62
	an44 英语课上小组讨论时，如果讨论话题不熟悉，我会紧张、结巴	0.69	0.58
	an42 和英语比我好的人交流时，我会害怕犯低级错误而被嘲笑	0.64	0.52
	an36 在听英语中遇到奇怪的发音时，我常无法回想起听过的内容	0.47	0.57
	an50 阅读英文时，看懂了单词但还是不太理解作者意思时，我会紧张	0.41	0.63
因子3 书面产出焦虑	an59 英语写作中，我会担心写不出地道的英语	0.75	0.67
	an57 看到英语作文的得分不高，我会感到沮丧	0.63	0.56
	an60 英语写作中，如果写作题材不熟悉，我担心写得不符合要求	0.60	0.67
	an58 写作中，若看完作文题目后毫无头绪，我会心里发慌	0.58	0.63
	an53 我总是担心我的英语作文会比别人差	0.50	0.60
	an54 在有时间限制的情况下写英语作文时我的思路会变得混乱	0.48	0.56
	an35 如果听英语听力听不懂，会感到很沮丧	0.47	0.65
因子4 同伴压力焦虑	an62 我很害怕我的英语作文会被选作课堂讨论的范文	0.68	0.64
	an61 在用英语写作文时，当我知道老师要在课上点评，我会感到紧张和害怕	0.63	0.59
	an56 英语写作中，看到不熟悉的作文题目，我会心跳加速	0.57	0.57
	an52 每次做英语阅读的时候，看到其他同学比我快，这总给我压力	0.53	0.66
	an46 英语课上，老师要求朗读课文时，我会感到紧张	0.42	0.57
	an55 英语写作中，想用的单词或句子不会表达时，我会感到紧张	0.41	0.61
因子5 课程性质焦虑	an6 上英语课时，我发觉自己常会想些与上课内容无关的事	0.74	0.69
	an5 再多上一点英语课，会使我感到心烦	0.74	0.62
	an17 我经常想不去上英语课	0.68	0.70
	an31 学说英语时有这么多语法规则，我觉得接受不了	0.50	0.57
	an26 上英语课会让我觉得比上其他课更紧张不安	0.38	0.61
因子6 听力焦虑	an39 听力测验中，若题量较大，时间较长，我会烦躁	0.68	0.61
	an38 在听英语时，我会觉得内容很混乱，以致忘记之前所听到的内容	0.67	0.64
	an41 听力考试中，如事先没有浏览卷纸上的答案选项，我会感到紧张	0.57	0.61
	an40 听英文广播（如 BBC）时，听不明白我会紧张	0.50	0.52

续表

因子	问卷题目	负荷	共同性
因子 7 技能欠缺 焦虑	an21 我复习准备得越充分，考试时越糊涂	0.57	0.63
	an30 讲英语时我担心其他同学笑话我	0.55	0.64
	an34 一旦要听英语听力时，我常会觉得很害怕	0.52	0.54
	an32 阅读时遇到生词总想查字典，跳过去总觉得不妥	0.50	0.60
	an19 我担心英语老师会纠正我犯的每一个错误	0.43	0.56
因子 8 阅读考试 焦虑	an48 英语考试中，做快速阅读题时我担心时间不够而无法静心阅读	0.63	0.61
	an49 英语阅读考试中，材料中生词较多会使我思维混乱	0.49	0.60
因子 9 上课焦虑	an12 上英语课时，我会紧张得忘记原已掌握的内容	0.65	0.56
	an16 即使上英语课前我做了充分的准备，我仍会觉得不安	0.48	0.68
因子 10 学习准备 焦虑	an22 上课前认真预习对我来说负担不重（—）	0.73	0.63
	an11 我不明白为什么有些人上英语课会烦躁不安（—）	0.58	0.56
因子 11 学习基础 焦虑	an27 我的英语基础比较差，对这门课感到信心不足	0.53	0.66
	an47 考试前练习阅读题，如果有一半以上的题做不对，我会感到紧张	0.41	0.62

　　如表 7 - 13 所示，因子 1 包含 10 个题项，可以命名为"英语使用与课堂焦虑"，包括课上英语使用、与同伴讲英语、与母语持有者讲英语等方面英语使用的自信心不足、紧张和担忧。课堂上的焦虑主要是课上回答问题时的紧张情绪。因子 2 包括 6 个题项，命名为"口语交际焦虑"，主要表现为在课上讨论、英语面试、英语口试时，以及与英语好的人交际时的紧张和害怕。因子 3 包括 7 个题项，命名为"书面产出焦虑"，主要是在写作过程中由于对题目、题材不熟悉，担心英语表达不地道，担心作文成绩不好等造成的焦虑。因子 4 包括 6 个题项，主要是在英语写作和口语活动中担心老师和同伴的负面评价，担心自己表现比同伴差而产生的焦虑。因子 5 包括 5 个题项，主要是英语课程性质造成的焦虑。学习者认为英语课不同于其他课程，语法规则多，不愿意多上英语课，课上会注意力不集中。因子 6 包括 4 个题项，主要是听力学习及考试过程中由于听力内容、语速、考试题量大、时间紧张等因素带来的紧张和烦躁情绪。因子 7 包括 5 个题项，命名为"技能欠缺焦虑"。从这些题项可见，由于听、说、读、写技能的欠缺，课堂、考试和交际中都出现紧张和担忧情绪。因子 8 包括 2 个题项，命名为"阅读考试焦虑"。因子 9 也包含 2 个题项，

命名为"上课焦虑"。因子 10 包含 2 个题项，命名为"学习准备焦虑"。因子 11 包含 2 个题项，命名为"学习基础焦虑"，是指由于基础差而造成的课堂上和考试中的紧张和信心不足。

7.3.3.2　高分组和低分组在学习焦虑上的差异

为回答第二个研究问题，我们根据被试的大学英语四级考试成绩分出高分组和低分组。本次调查共 335 名被试参加英语测试，根据成绩确定前 25% 为高分组，后 25% 为低分组。然后将高分组和低分组进行独立样本 T 检验。T 检验表明，两组学生在 6 个题项上存在显著差异，如表 7 – 14 所示：

表 7 – 14　高分组和低分组在英语学习焦虑上的显著差异

题项	高分组均数	低分组均数	T 值	自由度	P 值
an1	2.85	3.42	– 2.828	129	0.005
an3	3.09	3.58	– 2.345	129	0.021
an5	2.26	2.76	– 2.512	129	0.013
an7	3.14	3.73	– 3.116	129	0.002
an10	2.88	3.62	– 3.318	129	0.001
an51	3.06	3.41	– 1.999	129	0.048

表 7 – 14 显示，与低分组学生相比，高分组学生在英语课堂上的焦虑感低，他们在课上讲英语比低分组有信心（an1），被提问时紧张程度低（an3）。在对待英语课程上，虽然两组学生都不会因为多上一点英语课而心烦，但高分组学生更加心情愉快（an5）。低分组学生的焦虑更多来自于同伴压力，认为其他同学的英语更好（an7），同时低分组学生会更多地担心考试不及格（an10）。在遇到不熟悉的阅读题材时，低分组学生显然更加焦虑（an51）。

7.3.3.3　英语学习焦虑与性别的关系

为回答第三个研究问题，对男女生成绩及学习焦虑题项的回答分别进行独立样本 T 检验。结果发现，本次调查中男生和女生的四级成绩具有显著差异，女生成绩优于男生（P 值 = 0.003）。在学习焦虑方面，男女生在 10 个题项上存在显著差异，如表 7 – 15 所示：

表 7 – 15 显示，男女生在三个方面存在差异。首先在英语课程性质造成的焦虑方面，男生比女生更容易对多上一点英语课感到烦躁（an5），会想着逃

课（an17），上课时会想些与英语课无关的事情（an6），上课时更加紧张不安（an26），觉得语法规则太多（an31）。但是当不明白老师所讲内容时，他们却并不感到害怕（an4），焦虑程度比女生略低。

表 7-15 英语学习焦虑的性别差异

题项	男生组均数	女生组均数	T值	自由度	P值
an4	2.85	3.19	−2.577	333	0.010
an5	2.87	2.22	5.189	333	0.000
an6	3.03	2.43	4.898	333	0.000
an17	2.81	2.15	5.275	333	0.000
an22	2.90	3.22	−2.941	333	0.003
an23	2.95	3.26	−2.464	333	0.014
an26	2.95	2.58	3.012	333	0.003
an31	3.17	2.88	2.322	333	0.021
an39	3.56	3.32	2.031	333	0.043
an41	3.26	3.63	−3.243	333	0.001

在学习准备方面，男生比女生更能感觉到预习带来的负担（an22），焦虑感高于女生；但是对没有把握的词句，男生更敢于使用（an23），焦虑感比女生低。

在听力引发的焦虑方面，听力考试中题量较大时，男生更容易焦虑（an39），而当没有充分浏览选项时，女生的焦虑感更强（an41）。这可能说明女生比男生更在意考试成绩的高低。

7.4 大学生英语学习策略调查

7.4.1 研究背景

在第3章3.6.2部分，我们从两个方面进行了文献综述：一是英语学习策略的定义和归类，二是英语学习策略的实证研究。在第一部分的综述中，我们发现，尽管英语学习策略的分类不一，但研究者普遍认为英语学习策略是影响英语学习成效的一个重要因素。教师有必要了解学习者的策略取向及其影响因素。从实证调研部分的研究来看，英语学习策略对英语成绩具有较强的解释力，甚至具有线性因果关系。由此，本调查意图回答下列两个问题：

（1）我校非英语专业大学生英语学习策略的使用现状是什么？

（2）英语学习成功与不成功者在学习策略使用上存在何种差异？

上述两个研究问题的回答将为英语教师改进教学，学习者改进学习方法、提高学习效率提供参考。

7.4.2　研究过程

研究工具是大学生英语学习策略调查问卷（见附录 7 – 4）。该问卷参考了刘润清、戴曼纯（2000）中的语言学习策略调查问卷，问卷中的策略包括记忆策略、认知策略、补偿策略、元认知策略、情感策略和社会策略六部分。该问卷由 56 个题项构成，每个题项都按照李克特 5 级量表设置，从完全不符合自身情况（1）到完全符合自身情况（5），要求被试选择适合自己的选项。

研究对象为本校二年级非英语专业学生，500 名学生参加了问卷调查，收回有效问卷 316 份。问卷填答时间为 30 分钟。英语考试成绩按照一次大学英语四级考试真题模拟考试成绩计算。对于问卷答题，选数字 1 的计 1 分，选数字 5 的计 5 分。数据分析采用 SPSS17.0 进行描述性统计和独立样本 T 检验。

7.4.3　结果与讨论

7.4.3.1　学习策略使用情况

为回答第一个研究问题，对被试的问卷作答进行描述性统计分析，计算六类策略的平均数和标准差，根据平均数的大小将各策略进行排序，旨在发现策略使用的基本特点和总体趋势。如表 7 – 16 所示：

表 7 – 16　策略运用的基本情况

策略类型	平均数	标准差	使用频率排序
记忆策略	3.182	0.68	3
认知策略	2.977	0.63	6
补偿策略	3.384	0.73	2
元认知策略	3.181	0.70	4
情感策略	3.385	0.80	1
社会策略	3.076	0.78	5

表7-16显示,情感策略使用频率最高,其后依次是补偿策略、记忆策略、元认知策略、社会策略和认知策略。该结果与刘润清、戴曼纯(2000)的结果完全一致,即我校非英语专业策略运用的基本特点是,管理策略和辅助策略使用频率明显高于直接策略(记忆策略和认知策略)。

学生对情感策略的依赖,可能与中小学时期的学习模式有密切的联系。本研究中的被试虽为大学二年级学生,仍保持了中学时代的学习观念和习惯。本研究中的补偿策略使用仅次于情感策略,与很多研究的发现类似,可能作为外语学习者,补偿策略是普遍采用的策略。

与学习结果直接相关的认知策略和记忆策略使用频率较低,这一发现提示我们,在今后的大学英语教学中,教师可加强认知策略和记忆策略的培训,使学习者能通过自身的努力,掌握学习方法,提高学习效率。

7.4.3.2 学习策略与英语成绩的关系

为回答第二个研究问题,我们根据被试的大学英语四级考试成绩分出高分组和低分组。本次调查共316名被试参加英语测试,根据成绩确定前25%为高分组,后25%为低分组,然后将高分组和低分组进行独立样本T检验。T检验表明,两组学生在11个题项上存在显著差异,如表7-17所示:

表7-17 高分组和低分组在英语学习策略上的显著差异

题项	高分组均数	低分组均数	T值	自由度	P值
mem1	3.25	2.94	2.054	159	0.042
mem5	3.48	2.78	3.418	159	0.001
cog2	2.77	2.39	2.117	159	0.036
cog16	4.21	3.80	2.226	159	0.027
com5	3.73	3.32	2.293	159	0.023
met5	3.48	3.06	2.500	159	0.013
met6	3.50	3.12	2.227	159	0.027
aff1	4.00	3.41	3.504	159	0.001
aff2	3.68	3.36	1.988	159	0.049
aff4	3.46	3.10	2.190	159	0.030
soc2	3.74	3.39	1.978	159	0.050

表7-17显示,与低分组学生相比,高分组学生更擅长使用两项记忆策

略，他们会通过同根词（mem1）、音标（mem5）记忆生词。在认知策略的使用方面，虽然在"在课外阅读报纸、杂志和小说"（cog2）这个策略的使用上，两组学生频率都不高，但高分组学生高于低分组学生。高分组学生会更"有意识地模仿正确的语音语调并找出差距予以改正"（cog16）。在补偿策略的使用上，两组学生有一处显著不同，即高分组学生更倾向于"用近义词或词组代替交流中的生词"（com5）。两组学生在元认知策略的使用上，高分组学生在两项策略的使用上频率更高，他们会"借鉴英语成绩优秀者的学习经验，进而改进自己的学习策略"（met5），"对改进自己的英语学习有明确的要求"（met6）。这说明高分学习者学习目标更明确，也更善于自我引导。情感策略的使用上，高分组在三个情感策略的使用频率上要高于低分组，他们"在考试成绩不理想时，总会鼓励自己不能泄气"（aff1），"会有意识地训练自己的毅力"（aff2），"会与朋友或老师讨论学习过程中碰到的问题"（aff4）。这些策略的使用说明高分学习者更重视缓解学习焦虑，调整自己情绪和心理，以积极乐观的态度去面对学习。在社会策略的使用上，两组仅有一处显著不同，高分组学生在遇到社交困难时，使用"要求对方放慢语速"（soc2）的策略频率要高于低分组。高分组显然比低分组更愿意使用英语进行社会交流。

Oxford（1990）将平均数大于 2.5 小于 3.4 的策略类型定义为中等使用频率的策略类型，我们对高分组和低分组评分都在 2.5 以下的策略予以关注，总结如表 7 - 18 所示：

表 7 - 18　平均数在 2.5 以下的策略

题项	高分组均数	低分组均数
cog2		2.39
cog5		2.36
cog8		2.38
cog9		2.47
cog13	2.46	2.34
cog18	2.44	2.35
cog21		2.49

从表 7 - 18 所见，低分组在 6 项认知策略上的使用频率较低，高分组有 2 项认知策略使用频率较低。其中低分组"课外主动阅读英文报纸、杂志或小说"（cog2）、"阅读后写小结"（cog18）、"听英语广播"（cog5）、"用英语记

笔记、留言、写信或写日记"（cog8）、"参加英语角或者英语沙龙活动"
（cog13）的主动性较差，较少使用"反复听外国人灌制的音频文件"的策略
来改善语音语调。高分组则在"阅读后写小结"（cog18）和"参加英语角或
者英语沙龙活动"（cog13）两项策略上使用频率不高。可以说，低分组在听
说读写认知策略的使用上都欠缺主动性、积极性，高分组则能使用绝大多数认
知策略。在后续的教学中，英语教师应针对低分群体进行策略培训，并给予策
略使用的机会，帮助学生找到适合自己的英语学习策略。

7.5　大学生英语学习困难调查

7.5.1　研究背景

英语学习困难的概念有广义和狭义之分，广义"学习困难"泛指各种原
因导致的学习达不到预期目标所体验和经历的困境和难处，英语可用 learning
difficulty 来表示；狭义"学习困难"主要指由脑认知加工系统功能不健全或不
协调而非智力低下而导致学业不良，英语可用 learning disability（孟万金，
2013）。狭义学习困难更多是由神经生理障碍而导致的学习不顺利，侧重客观
诱因；而广义学习困难更多是由非神经生理障碍而导致的学习不顺利，侧重主
观体验（张涛，2014）。

国内有关英语学习困难的研究，多从心理学分析入手，分析困难的诱因，
诸如情绪、个性特征、人格健康、焦虑等（任维平、张日颖，2014；李红梅，
2011）。还有研究运用 ERP 和 fMRI 开展二语学习困难的脑机制研究，在此基
础上探析英语学习困难的根本原因和对策（张冲等人，2015）。另外一些研究
是采用问卷的方式，调查某一群体的学习困难，如少数民族大学生的英语学习
困难（周晓梅，2012），工科大学生的英语学习困难（黄伟红、何小阳，
2009）。这些调查从行为或心理入手，分析本校学生英语学习动机、学习现状
和学习困难，提出对策，其中有关学习困难调查问卷部分对本研究具有一定的
借鉴意义。

本书所探讨的英语学习困难是广义上的学习困难，即英语学习过程中所遇
到的难处和困境，学习者人人都可能遇到，只不过困难的类别、程度不同。通
过问卷调查的形式，了解学习者在听说读写过程中遇到的难处，有利于大学英

语教师有针对性地开展帮扶措施。通过本次调查，主要回答以下三个问题：

(1) 我校大学生英语学习过程中遇到的困难有哪些？

(2) 英语学习困难产生的原因主要有哪些？

(3) 遇到学习困难时，大学生通常采取的措施是什么？

7.5.2 研究方法

本次调查的工具是大学生英语困难调查问卷（见附录 7-5）。该问卷包含 10 个题项，其中 9 个题项是选择题，旨在了解学生在听、说、读、写四个方面存在的学习困难，并询问学生遇到困难时的常用处理方法。最后一个题项是开放式问题，希望获知学习者期望从英语教师处获得的帮助。

研究对象为本校二年级非英语专业学生，200 名学生参加了问卷调查，收回有效问卷 182 份。问卷数据进行描述型统计分析。

7.5.3 结果与讨论

7.5.3.1 学习困难类别及其成因

根据问卷结果，我们发现学生在英语听、说、读、写方面都存在一些学习困难。听力理解方面的困难主要体现在词汇量不足（80.8%）、听力材料本身的难度造成的困难，例如语速快（66.5%）、句子长（52.7%）以及学习者自身文化背景知识的欠缺（47.3%）、少量学习者提出了听力理解困难是由于练习过少，或者就是记忆力不好造成的听力困难（3.8%）。如表 7-19 所示：

表 7-19 听力理解困难

听力理解困难	百分比
由于词汇量不足，听不懂	80.8%
因为听力材料语速快，听不懂	66.5%
因为句子长，听不懂	52.7%
由于文化背景知识欠缺，听不懂	47.3%
其他（听的少了；重点把握不好；记不住原文；无法集中注意力）	3.8%

与听力理解困难类似，学生在口语表达方面存在的困难首先在于词汇量不足（80.8%），其次是缺少口语表达的机会和环境（59.3%），遭受母语的干

扰（43.9%），由于发音不好造成的信心缺失，不敢开口（40.7%），以及其他困难（1.65%）。如表 7 - 20 所示：

表 7 - 20　口头表达困难

口头表达困难	百分比
词汇量不足，口语表达不畅	80.8%
缺少口语表达的机会和环境	59.3%
我的表达总是受中文干扰	43.9%
发音不好，不敢开口	40.7%
其他（不敢开口，使用机会极少等）	1.65%

　　阅读方面的困难如表 7 - 21 所示，依次为：词汇量有限造成的阅读困难（81.3%）、阅读习题造成的困难（48.4%）、阅读速度造成的困难（47.8%）、语法不通（32.9%）、文化背景知识欠缺（27.8%）以及其他困难（2.19%）。其他困难体现了学生对阅读策略掌握不好，以及对阅读材料缺乏兴趣。

表 7 - 21　阅读理解困难

阅读理解困难	百分比
词汇量有限，读不懂文章	81.3%
读懂了却答不对阅读题	48.4%
阅读速度慢	47.8%
语法不通，读不懂文章	32.9%
文化背景知识欠缺，读不懂	27.8%
其他（重点抓不住，耗时长；文章太长读一半读不下去）	2.19%

　　书面表达方面存在的困难如表 7 - 22 所示，依次为：词汇量不足，想写的写不出（82.4%）、语法知识不够（50.5%）、写作思维不符合英文习惯（45.6%）、受母语思维干扰严重（37.9%）、不擅长写作（34.1%）、内容空洞（32.4%）以及其他写作技能困难（1.09%）。

表 7 - 22　书面表达困难

书面表达困难	百分比
词汇量不足，想写的写不出	82.4%
写的文章中语法错误很多	50.5%
文章组织不符合英文习惯	45.6%
写作时通常将中文直译过来	37.9%
中英文写作都不擅长	34.1%
面对题目无话可说	32.4%
其他（写不好结尾）	1.09%

如上分析，学习者在四个技能方面遇到的困难主要体现在词汇量不足、语法知识不扎实、母语思维影响和使用机会少等方面。在问及大学英语学习困难的成因时，学生认为最主要的原因在于他们对英语缺乏兴趣，他们认为自己"基础差，英语一直就是拖后腿的学科"，明确承认"不喜欢英语教学与考核方式"。其次是因为"没天赋，怎么努力都学不会"，此外"有其他很多比英语学习更重要的事，没时间学习英语"，"觉得英语没多大用途，没动力学习"。除了缺乏兴趣和动机之外，他们还认为"懒惰，不努力"是造成大学英语学习困难的主要原因。如果具有足够的耐心和努力，"没有克服不了的困难"。

7.5.3.2 大学生应付学习困难的措施

在本次问卷调查中，我们只设计了一个题目，询问学生遇到学习困难，采取何种应对措施。结果表明，大多数学生在遇到困难时，首先使用网络进行查询（72.5%），35.2%的学生会向同学求助，32.9%的学生会求助于教师，而对困难和问题采取听之任之态度的占13.2%，参加各种辅导的只占7.7%。如表7-23所示：

表7-23 解决英语学习困难的措施

解决英语学习困难的措施	百分比
上网查询	72.5%
请教同学	35.2%
请教老师	32.9%
听之任之	13.2%
参加辅导班	7.7%

该结果表明了网络对于学习者的巨大影响力，网络资源和信息已成为知识获取的主要来源，从这个数据也反映出，教师的权威地位在下降，因此教师应在引导学生掌握信息搜索技能，了解有用的英语网络学习资源方面发挥作用。另外，学生在面对困难时采取消极应对措施的比例不小，应及时予以关注。

7.6 小 结

本章主要报告了针对本校学生所做的五项调查研究。第一项是有关学生英语学习动机的调查。在调查中我们发现，本校学生的英语学习动机类型比较丰富，包括语言效价、文化融合、满足学校和社会需求、自我提升、文化认同、个人兴趣、个性发展等。英语学习成绩好的学生在语言效价、文化融合、个人兴趣、文化认同等方面的学习动机更强；与男生相比，女生在文化融合、个人兴趣、满足学校与社会需求方面具有更强的动机。动机类型的确定对大学英语教学改革中的课程设置具有一定的指导意义，除了语言技能的培养之外，可以开设一些提升英美文化知识和素养的课程及满足社会需求的英语拓展课程来满足学习者的需要。

第二项实证调查是关于在校生的英语学习观念。学习观念与学习动机紧密相关，同时也对学习效果有重要的影响。调查中发现，我校学生的学习观念可分为自我管理、自我效能、英语学习方法和英语学习性质四大类。学生普遍认可自我管理、保持学习信心、采取积极有效学习方法的重要性，但在学习中依赖母语比较多。同时在对高低分学生、男女生的比较中发现，成绩好的学生更善于在时间和方法上进行自我管理，男女生的学习观念差异不大。此项研究结果对于教学改革的直接指导在于，教师应该对英语成绩差的学生加强自我管理的教育，教会他们如何制定学习规划，合理利用学习时间。

第三项是有关英语学习焦虑的研究表明，我校学生存在多种多样的学习焦虑，包括英语使用与课堂焦虑，口语交际和书面产出方面的焦虑，同伴压力、来自听力技能欠缺的焦虑，以及由于学习准备和学习基础造成的焦虑等。成绩好的学生在课堂上的焦虑感较低，学习成绩差的学生的焦虑主要来自同伴压力以及考试焦虑。男生的焦虑更多来自课堂上的紧张，女生更在乎考试成绩。男女生都在听力考试中备感焦虑。调查给我们的启示是，轻松愉悦的课堂教学氛围构建是大学英语教学改革的重点。促进学生间的合作学习，减轻来自同伴的压力有待加强。听力教学中有待对学生进行学习方法的引导，促使对听力的焦虑转化为促进学习效果的积极力量。

第四项是在学习策略的调查中，我们发现学生对情感策略的使用频率最高，其后依次是补充策略、记忆策略、元认知策略、社会策略和认知策略。成绩好的学生更擅长使用认知策略，具有积极主动性，但整体而言，学生对认知策略和记忆策略的使用频率不高，有待在后续的教学中对学生进行策略培训，促使他们掌握学习方法，提高学习效率。

第五项研究是有关具体学习困难的调查。大多数学生在听说读写方面遇到的困难主要体现在词汇量不足、语法知识不扎实、母语思维影响和语言使用机会少。困难的成因主要在于缺乏兴趣、投入时间少，造成英语基础差，加上学习不努力，造成英语成为最弱的科目，从而恶性循环。这项研究提示我们，要继续对学生进行分类培养，对于英语学习困难的学生要在夯实语言基础的同时，想方设法提升其学习兴趣，督促其加大时间投入和努力程度，从而最终提升学习效果。

这五项调查促使我们较为全面地了解学生的情况，了解其学习出发点，学习过程中的具体观念、策略、情感和困难，在设计教学改革方案的时候，能够避免单纯从教师的经验和直觉出发，而是能够以学生为中心，促使方案符合学生特点，满足学生需求，促使良性教育生态的形成。

第8章 大学英语教学改革的展望

提高大学英语教学质量，满足社会及经济不断发展的要求，是各高校普遍重视的问题。为提高大学英语教学效果，大学英语教学改革的方向和内容也一直是热点话题。大学英语往何处去，同时受制于社会及经济的发展。语言学、教育学、信息技术等领域的发展，引导着大学英语教师不断地调整着教学内容、教学方法和教学手段。本章将从教育目标、教育技术的发展入手，探讨未来大学英语教学改革的趋势以及改革给师资队伍发展提出的要求，在此基础上，提出教师发展的建议。

8.1 大学英语教学的社会化与个性化

大学英语无论怎样改革，实际上都离不开两个关键词——"社会化"和"个性化"。作为高等教育的一个组成部分，大学英语教学应该与时俱进，要了解、满足社会的需求。这就是大学英语教学的社会化。它根源于教育的本质作用。教育的作用在于用最有效的手段，把学生从具有非社会特征的人，改造成为具有社会所需要的个人品质、能过集体生活的人，也就是个体社会化的过程（魏家琴，2013）。从教育社会化的角度来说，大学英语教学培养的人才最终要服务社会，社会是对大学英语教育人才培养质量的最终检验。

8.1.1 社会需求与专门用途英语教学

大学英语教学要实现服务社会的目的，就需要首先了解社会需求，根据需求设置目标、内容，培养满足社会需求的英语人才。人们对社会需求的理解分为宏观和微观两个层次。从宏观上讲，社会需求首先是国家的战略发展需求。"一个好的外语规划，首先需要摆正外语在国家发展中的位置，制定有利于提升国家语言能力的外语政策"（李宇明，2010）。所谓国家外语能力或好的外语规划就是指能最大限度满足国家战略需求，直接为国家利益服务的外语政策。在 21 世纪，中国最大的战略需求就是应对全球化，无论是"引进来"还是"走出去"都需要大量既通晓专业又懂英语的人才，要求毕业生在他们的专业和行业内具有国际交往和国际竞争的能力（蔡基刚，2014）。中国政府在 2010 年颁布的《国家中长期教育改革和发展规划纲要》（以下简称《纲要》）提出高校要"培养大批具有国际视野、通晓国际规则、能够参与国际事务和国际竞争的国际化人才。《纲要》是国家战略需求的集中反映，大学英语教学应以培养满足国家战略需求的人才为目标。微观的社会需求是指社会上企事业单位的具体用人需求。很多研究者进行了社会需求分析，并基于分析提出大学英语教学改革的设想。其中较为有影响的社会需求调查有：上海交通大学科技英语中心组织的科技外语社会需要调查（陈庆昌等，1984），重庆大学外国语学院组织的英语社会需求调查（夏春燕、晏晓蓉，2003），2009 年复旦大学对上海地区企业进行需求调查（蔡基刚，2010）；南京大学组织的用人单位英语需求调查（胡学文等人，2011）。这些社会需求调查显示，社会对英语的需求是多方面、多层次的。有些专业和未来的职业需要较高的英语水平，有些专业和未来的职业并不要求较高的英语水平。除此之外，不同的专业和职业对英语的不同技能又有不同的需求。但是用人单位看重与专业相关的英语技能，重视英语的实用性，企业要求大学毕业生一上岗就能立即用英语从事与自己专业相关的工作（蔡基刚，2010）；他们看重的技能包括"能够进行英文技术资料阅读"和"能够用英语进行日常的口头交际"（胡学文等人，2011）。

在此类社会需求调研的基础上，研究者提出将实施专门英语教学（ESP）作为大学英语改革的方向。他们认为，大学英语首先是满足国家和专业需求（蔡基刚，2017）。随着经济全球化的发展，社会需要大批具有专业知识和能用英语进行专业交流的复合型人才，需要能直接进行商务谈判、学术交流、信息沟通的高素质人才。ESP 教学具有与专业相结合的特性，更能适应当今社会发展对复合型人才的迫切需求。因此 ESP 教学应是当前我国大学英语教学改革的发展方向，也是 21 世纪的大学英语教学主流（蔡基刚，2009，2012）。在专门英语教学改革的实施上，却又出现三种观点：第一种认为通用英语是主导性的，学术英语只能在一小部分如"985/211"大学实行，"大学英语教学未来发展方向应是通用英语和通识英语"（王守仁，2015）；第二种意见则持折中立场，他们认为学术英语和通用英语可以互补并存（文秋芳，2014）；大学英语可以在低年级开设通用英语课程，而在高年级开设大量的专门用途英语拓展课（胡学文等人，2011）。第三种观点，与第一种相对，他们认为大学英语不是专业，它只有满足国家战略需求，培养学生用英语从事专业学习和研究的学术能力，才能在高等教育中找到自己的地位（蔡基刚2014：40）；他认为应把学生专业学习的英语能力要求设定为大学英语基本目标。大学英语教学应明确提出为大学生当下专业学习服务的定位目标，旗帜鲜明地宣告大学英语就是一门工具，要实施以学术英语为核心的大学英语课程体系，满足国家和专业需求而非个性发展需求，要提出专业学习所需要的英语语言和技能要求，大学英语教材应以信息性和学术性为主，大学英语应培养严谨科学的读写能力（蔡基刚2017：10）。蔡基刚提出的学术英语（EAP）可分为通用学术英语（EGAP）和专门学术用途英语（ESAP）两种。通用学术英语侧重各学科英语中的共性东西，即培养学生在专业学习中所需要的学术英语口语和书面交流能力，例如，用英语听讲座、记笔记、查找文献、撰写论文和参加国际会议以及学术等。专门学术用途英语（以下简称 ESP）侧重特定学科（如医学、法律、工程等学科）的语篇体裁以及工作场所需要的英语交流能力。他主张，学术英语应该从新生中开始开设，以信息性较强并有适度的抽象思维的人文科普学术文章为教学载体，培养学生开展专业学习的英语能力（蔡基刚，2014）。

8.1.2　个性化的内涵

"个性化"在大学英语教学改革中是大家都很熟悉的术语，但学界对此的理解并不相同。《2004 课程要求（试行）》（以下简称《要求》）中提出了大学英语课程设置"要有利于学生个性化的学习"，充分考虑"学生入学水平以及所面临的社会需求等不尽相同"，要"制订科学、系统、个性化的大学英语教学大纲"，"朝着个性化和自主学习的方向发展"，能够"使学生选择适合自己需要的材料和方法进行学习"（教育部，2004）。这些提法的核心思想是"个性化的学习，以满足学生各自不同专业的发展需要"（胡壮麟，2004），满足不同层次学生的需求。但在改革实践中，很多人将个性化教学理解为推动学生自主学习，实际上二者不能等同（崔学新，2008）。

蔡基刚、辛斌（2009）曾指出"大学课程设置应当个性化"，他说的个性化是指各个学校根据自己学校办学定位和专业特点来决定大学英语的课程性质、学时和课程体系的设置，避免千校一面。这种个性化实际上是一种满足社会化需求的变相说法。在大学英语教学内容上是实行通用英语还是根据办学定位和专业特点来实行 ESP 教学，"个性化"是其论辩的理据之一。

胡壮麟（2004）将《要求》中的个性化诠释为基于建构主义的学习方式。即个性化意味着学习者在自己的思维中建构知识。推行这一学习方法的一个重要结果是有必要创建对个人有意义的学习环境和学习材料，学习者应当构建自己的学习空间。崔学新（2008：58）的论述涵盖更广一些，他从个性化教育、个性化学习和个性化教学模式三个方面阐释了"个性化"。他认为"个性化"教育是为了满足每个独特的个体发展需要，使其个性潜力得到充分、全面、和谐发展的教育。"个性化"的学习应该是建立在基本学习方法之上的更适合个体学习特点、有利于专业方向、个性发展的方法。"个性化"教学模式是依据大学生的个性特点、智力结构特征，以个别差异为出发点，以学习者兴趣与需要为中心，以学生学习能力与个性发展为最大目标，并在学校常规教育的基础上以学生知识库的构建、个性化学习资料的呈现和自主性学习安排为着力点，进行富有个性特征的培养。这二者的定义实际上着眼于学生个体需求，强调大学英语教学要以学生个体差异为基础，以学生不同的需要为导向，提出有差异化的目标，采用不同的教学方法和手段，帮助学生达到设定的目标。

王守仁（2015）认为，人们谈论个性化教学，实际上是从三个层面上进行的。《大学英语教学指南》是在宏观层面，课程设置在中观层面，课堂在微观层面。微观层面上的个性化教学是以学生为主体，重视学生的学习体验和学习风格。邓志伟（2002）认为对个性化教学重点强调"适应"，教学要适应学生，一切的教学条件要适应学生。个性化教学要求教师创设能够引导学生主动参与的教育环境，提供不同层次、不同类型的知识，允许学生根据自己的能力、兴趣和需要进行选择（王守仁，2015）。个性化教学成为大学英语教学改革实践中出现的"分层教学"、"分级教学"的重要理据之一。

《要求》中也指出，"新的教学模式应以现代信息技术，特别是网络技术为支撑，使英语的教与学可以在一定程度上不受时间和地点的限制，朝着个性化和自主学习的方向发展"（教育部高等教育司，2007：5）。个性化教学与信息技术的使用紧密相关。这意味着通过将计算机网络技术应用于英语课程教学，学习者可以根据自己的学习水平和速度，选择适合自己的内容、学习时间和地点。随着信息技术的不断发展，慕课（MOOC）的推行，研究者认为基于大数据的分析，可以跟踪学生的学习过程，掌握学生学习风格和特点，进行有针对性的指导和帮助，因此，个性化教学可以通过数字技术的运用真正得以实现（王守仁，2015）。

8.2　慕课对大学英语教学的影响

8.2.1　慕课及其优势

我国大学英语教学发展到今天，经历了多次改革，取得了很大的进步，体现在师资教育水平、教材建设、教学设施等方面都有所改善，教学方法和教育测量手段也日趋多元化，但大学英语教学的不足也日益明显，其弊端也一直为人所诟病。具体不足表现在四个主要方面：①英语教学的发展不均衡：这种不均衡范围广，层次明显，体现在城乡之间、区域之间、校际之间。②大学英语教学忽略学习者个体差异，有效教学资源缺乏，教学内容缺乏针对性。③大学英语教学效率有待提高。随着课堂教学课时的削减，如何向课堂要效率成为亟待解决的问题。④大学英语教学理论和实践脱节，教学缺乏实践性。大学外语虽然不同于其他实践学科，不需要实验的支撑，但需要实践来巩固，为以后的语言应用做好准备（姚晶，2015；原昉，2015）。

这些不足似乎都随着慕课的到来迎刃而解。"慕课"作为现代教育理念与教育技术发展融合的产物，一方面是认知科学、脑科学、学习科学、思维科学等领域的最新成果，另一方面也标志着教育技术迅猛发展的最新阶段（杨倩，2014）。MOOC 顾名思义，即大型开放式网络在线课程。"M"代表 Massive（大规模），与传统课程只有几十个或几百个学生不同，一门 MOOC 课程动辄上万人，最多达 16 万人；第二个字母"O"代表 Open（开放），以兴趣为导向，凡是想学习的都可以进来学，不分国籍，只需一个邮箱就可注册参与；第三个字母"O"代表 Online（在线），学习在网上完成，无须旅行，不受时空限制；第四个字母"C"代表 Course，就是课程的意思（邓宏钟等，2013；杨倩，2014）。慕课完全不同于传统的函授教育、远程教育和网络教育，也不同于教学视频和网络共享公开课。慕课实质上是一个远程教育开发系统，通过流媒体技术实现对相关教育视频的网上播放，用户不需要下载客户端，只需要网页即可观看视频，因此慕课也被称为"云端的学校"。

慕课风暴始于 2011 年秋天，美国斯坦福大学教授塞巴斯蒂安·史朗把他的人工智能课程放在了互联网上，吸引了来自 190 多个不同国家的约 160000 名学生注册学习。接下来的一年，斯坦福大学推出在线课程平台 Coursera，哈佛大学和麻省理工学院成立在线教育机构 edX 和以计算机类课程为主的 Udacity，它们不断改变着 MOOC 教育的面貌。现在，Coursera、Udacity、edX 三大 MOOC 平台获得了数千万的投资支持，推出了近百门课程，给更多学生提供了选择一流大学一流课程的可能。慕课在中国也受到了极高重视，除清华大学、北京大学、上海交通大学和复旦大学等大学加入 edX 和 Coursera 平台外，中国高校也在打造自己的慕课平台。

慕课由于其设计理念、传播范围、采用技术、适用对象以及教学目标设计的侧重等不同，衍生出许多种类，且有多种不同的分类方法，最常见的是 cMOOC，xMOOC，tMOOC 三类（Kennedy，2014：1；Nanfito，2014）：其中，cMOOC 是以建构主义、联结主义学习理论为指导，强调联结的建立和网络的形成，依赖于学生间交互的深入开展。学生运用社交软件，围绕专题开展研讨，每 1~2 周探究一个专题，师生共同贡献思想，属于知识建构型。xMOOC 以行为主义教学理论为基础，一般采用典型的认知—行为主义教学法，强调对内容的记忆，学生主要通过观看教学视频学习，辅以在线测评、同伴互助及编程练习，属于知识复制型。全球三大慕课机构（Coursera，Udacity，edX）的开放课程主要采用 xMOOC 模式。tMOOC 采取基于任务的学习方式，如在新媒体传播课程中，要求学生利用工具独立编写数字化故事，然后在网上提交作品，教师仅起指点作用。这类慕课坚持开放的理念，但同时规定注册的学生必须来自被其认证的大学以控制运行规模和操作认证（陈坚林，2015）。

MOOC 具有现代普通高等教育所不具有的许多显著性优点，对全球教育发展有巨大影响，因此慕课被誉为"印刷术以来教育最大的革新"，2012 年被《纽约时报》称为"慕课元年"。研究者认为，与传统课堂相比，慕课具有六大不可比拟的优势（邓宏钟等，2013；桑新民，2014；杨倩，2014；陈冰冰，2014），大学英语教学中使用慕课，也会受益于这些优势（姚晶，2015；原昉，2015）。第一，慕课打破了校园围墙的限制，给予普通人进入名校名师课堂的机会；不同城乡、区域和校际均可以在网络上接受一流外语教师的教学，最大限度地利用了最优教育教学资源，避免了外语教育优质资源过于集中所带来的差异性和不均衡性，减少教育的不公平性。第二，慕课学习不受时空约束。慕课课程的主要资源是视频资源，多围绕某个话题或主题而展开，逻辑严密，完整呈现。视频一般都短小精悍（5～15 分钟），语句简练，易懂易学，精细讲解且可以反复观看。学生可根据自己的情况，自行安排学习时间，根据自己的兴趣选择课程，根据自己的接受程度，决定学习进度，充分满足了个体需求。第三，增强了互动互助。慕课一般都有网上论坛（构成学习共同体），学习者和教师都可参与，开放的作业和同伴的互动与互评，促进学习和思维的共同发展，增加了师生互动的有效时间，使师生互动不再受时空的局限。第四，最大限度地减轻教师的重复性劳动，支持和促进教师跨时空团队的形成发展。慕课为教师们提供了一个互相学习长处和优点，优化自己知识结构的时机。教师组成团队集思广益，共同探讨优化大学英语教学的措施，不仅有利于教师的成长，还有利于高效地开发教学资源、制定更为科学的课程规划和目标（马辉、马东虹，2015）。第五，基于网络的大数据统计也为教师收集教学反馈提供了精确的宏观数据，促进了教师对教学内容的优化组合。外语教师可以通过慕课平台的海量数据对教学进行分析，也可以了解学习者活动的行为规律。以往教师通过个人教学经验对教学活动进行判断，现在教师经由经验主义转向依赖大规模的数据。第六，慕课教学可以真正落实混合式教学等最新的教学方法和理念。混合教学就是将传统的教学方式和网络教学方式的优势结合起来，既发挥教师的主导作用，也突出学习者在教学活动中的主体性。

8.2.2　慕课时代的大学英语教学

慕课给教育带来巨大变革，高校都急于抓住机遇，支持各个学科开始慕课建设。慕课对大学英语教学的影响也在潜移默化之中，体现在课程建设、教师和学生等多个方面。

首先是慕课建设方面，大学英语是否该建设慕课，建设何种慕课成为首当其冲的问题。大学英语是高等学校的一门必修课程，在我国高等院校人才培养质量上扮演着重要角色，影响面巨大，因此有研究者指出，大学英语不能轻易进行变革。尽管慕课风靡全球，但并不是任何一所高校都能够做慕课。慕课一定是名校、名师的名课程，否则无法成为慕课（马武林、胡加圣，2014）。事实上很多高校都想抓住慕课先机，唯恐自己落后，先后建设了一批英语慕课，在爱课程等平台上进行了发布。尽管慕课建起来了，没有学生或很少有学生去访问，没有形成规模，会逐渐变为网络上的垃圾。马武林和张晓鹏（2014：

57～59）指出，高校之间不应该跟风进行慕课建设。高校可以根据需要循序渐进，稳步发展，逐步实现"国际慕课校本化""大学英语慕课化"。也就是说，每个高校的办学宗旨、目的和培养对象、培养目标也各不相同，建设什么样的英语课程，需要根据自己高校的特定情况决定。同时，高校应该因校制宜，根据实际情况，如办学特色、学校资源（硬件、软件、师资和学生素质）等因素，综合分析大学英语课程在该校人才培养中扮演的角色，重构大学英语课程体系。他们建议本科院校大学英语可以由"通用大学英语"（8 学分）＋ 大学英语后续课程（4～8 学分"微 MOOCs"/"国际 MOOCs"）构成。后续课程可以采用翻转课堂教学模式，学生在课下观看教学视频，完成教学作业，参与论坛讨论，在课堂接受教师面授，实施全校打通选课，实现大学英语个性化教学。该建议的本质是促使名校集中资源打造优秀英语慕课，而普通高校使用名校名课资源，在教学方法上多下功夫。另外，普通高校也可基于本校特色和学生水平，开发微型课程，促进学生个性化发展。

慕课对大学英语学习者的影响巨大，众多文献表明，慕课时代的到来似乎给英语学习者带来的全是福音。第一，慕课使学习者获得了数量空前的网络学习资源，而且有机会通过慕课网络学习平台接受世界顶级名校的精品课程教育（尹海飞，2014）。第二，学习者可自由地选择课程，并更加自觉地为自己的学习负责。他们既是课程的消费者，也是学堂的建设者、课程创造的参与者（陈坚林、张迪，2014）。各种类型的学生可以自建学习社区，结成学习伙伴，在自己选择的学习环境中开展研究性学习、合作性学习（陈坚林，2015）。第三，在外语学习过程中，尤为重要的一点是，慕课的网络学习环境可以降低一部分学生的焦虑情感（修芸、尚琳，2015）。学生可以反复观看慕课视频，通过播放"量"的增加弥补语言基础"质"的不足，有效缓解因为外语语言基础不好而导致的不安与焦虑。由于慕课学习以网络平台为媒介，作业的提交、测试、答疑等都在网络上以文字的形式呈现，不需要直接面对教师和其他学生，慕课的学习带给他们一定程度上的舒适感，降低了交流恐惧和负面评价恐惧感。

相比之下，慕课给大学英语教师带来的挑战多于机遇。大学英语实现慕课教学需要教师队伍的专业化（马武林、胡加圣，2014），而大学英语教师队伍的现状是学历层次总体偏低、研究能力整体较弱（王守仁、王海啸，2011），信息技术素养也有待提高（陈金平，2014）。在慕课时代，大学英语教师面临的具体挑战和困难有五个方面：第一，来自同行的挑战：慕课的出现对大学英语教师提出了更大的挑战，将促进教师的重新分化组合。慕课让优秀教师突破了教室场地局限和教育资源局限，可以同时为几万人甚至几十万人授课，提高了教学效率又增加了知名度。但与此同时，这让实力和潜力都不足的普通教师处于更加不利的地位，甚至面临生存危机，加剧了教师间的竞争（马辉、马东虹，2015）。第二，来自学生的挑战：由于大数据信息四通八达，学生获取英语学习资源轻而易举，教师拥有资源的权威性受到挑战。英语教师需要转换角色，从以前的资源提供者转变为资源整合者，根据学生的个性化需求，广泛地收集各种分散的学习资源、学习信息，把这些资源和信息加以分析和处理，然后以多媒体和网络的形式有选择性地提供给学生，并指导学生开展学习。第三，来自不断更新的知识的挑战：由于慕课的知识点比较零散，这就要求英语教师对知识结构及知识点间关系非常清楚，能够对它有明确的说明、描述。大学英语教师需要不断优化自己的知识结构，了解课程体系，随着课程学习对象的变化，根据整个课程的知识体系，对课程教学内容进行适当补充、调整和修订，形成一个相对完善、独立的知识体系。第四，来自教学方法革新的挑战：慕课时代，学生并不缺乏英语学习资源，缺的是英语学习的兴趣和方法，所以教师的教学方法要由传统的单向灌输转变为启发建构，要成为学生英语学习兴趣的激发者，激发学生广阔而丰富的英语学习动机和兴趣；同时由于线上和线下学习的结合，英语教师要做学生合作学习的组织者、引导者和协调者，学生学习的评价者和监督者。需要指导学生制订学习计划，传授英语学习策略和方法，授之以渔，推动学生自主学习，发展自己。第五，来自不断发展的信息技术的挑战：网络和信息技术的不断发展，使外语教学中存在海量的资源，有太多的信息和数据需要教师进行选择和评估，教师要具备在信息的海洋中发现、搜索、筛选和理解信息的技能。陈冰冰（2014）认为，"要适应大数据时代的外语教学，教师应该具有驾驭技术（信息技术与教育技术），课程自主设计与实施的核心能力"。这种核心能力具体表现在六个方面，即教学技术与方法的运用、教学内容解读和资源建设、教学组织掌控、教学异步管理、监测研究、教学环境营造。这些都需要英语教师加强大数据相关知识和信息技术的掌握，掌握语言测评理论和实践技能，提高教学研究能力。与传统大学英语教学相比，教师面临的发展空间和压力都很大。

综上所述，慕课时代的大学英语教学面临着机遇和挑战，普通高校的大学英语教学不回避，也不应该跟风一哄而上；而应该围绕如何利用已有的名校慕课教学资源、改革教学方法、培养师资等焦点问题展开研讨，充分发挥慕课在丰富教学资源、提高学生兴趣和能力等方面的优势，根据学校的目标定位和特色，建设大学英语学分和课程体系，稳步推进，逐步建立起具有自身特色的英语慕课。首先，在利用已有慕课资源的基础上，开展翻转课堂教学的尝试，在教学中发现问题，分析问题，解决问题。其次，培养师资，提高其信息技术水平，同时成立教学团队，根据学校特色和学生特点及水平，打造切实提高学生能力的英语慕课。最后，开展有关慕课教学和测评的相关研究，有的放矢地改革教学方法和教学内容。

8.3　大学英语教师的发展

　　教师是教学质量的决定性因素，在促进学生英语能力发展的过程中具有不可替代的关键作用，要想提高我国高校英语教育的整体质量，培育学生的英语综合应用能力，大学英语教师的专业素质是关键（刘家凤、鄢章荣，2007）。那么大学英语教师该往何处去？如何发展才能使自身素质与人才培养需求相契合？

　　王守仁曾根据《国家中长期教育改革和发展规划纲要（2010—2020年)》提出"复合型大学英语教师"的概念，将其特征归纳为三个方面，即熟悉外语教学理论（教育学、语言学、测试学理论等），具有研究能力，具有较强的英语运用能力及较好的计算机运用能力（王守仁，2012）。他认为各高校应以大学英语课程为平台，在构建大学英语课程体系的实践中推进教师发展，不断提高教师的专业水平和教学能力。归纳起来讲，就是通过构建大学英语课程体系建设教师团队，通过课程建设增强教师的适应能力，通过推进大学英语教学改革提高教师的科研能力，通过实施学历提升计划优化师资队伍结构。

　　王守仁的观点对大学英语教师的基本素质进行了高度概括。结合我们在8.1部分和8.2部分对大学英语的社会化、个性化需求以及慕课教学的迅速推进的分析，可以更加具体地分析教师发展的方向和措施。教师的发展首先要考虑当前的教学形势，然后要在分析自身条件的基础上，选择发展路径。

　　首先，无论大学英语教学要满足社会需求还是学习者个性发展需求，大学英语教师必须转型（丁仁仑，2013；马永强、李平，2016）。丁仁仑（2013）

指出，由于大学英语课程出现多元化、专业化、校本化等新变化，对大学英语师资提出了全新挑战，当前综合类基础英语课程已经呈现出向学术英语和职业英语课程逐步转化、逐渐增多的态势。这种新态势必然对当前大学英语师资提出全新挑战。因此，大学英语师资必须转型，一方面向着英语教育专业转型，另一方面又同时向着跨专业转型。这种跨专业转型，是满足 ESP 教学的先决条件。ESP 教学对教师的要求非常高，教师不仅需要有较高的英语水平，还要有一定的专业知识，能够用英语表述专业知识、解析专业词汇，因此大学英语教师的知识不能局限于某一门固定的学科，要从学科交叉、学科渗透入手，整合形成一种新的知识体系（高战荣，2012）。

其次，慕课教学日渐普及的趋势下，用慕课促进大学英语教学改革对教师的专业和技术素养要求更高。大数据时代的到来，使大学英语教学目标、教学对象、教学资源、教学内容、教学形式、教学方法、教学评价都呈现出复杂多元化的特点。在 8.2 部分，我们分析过教师面临的挑战，能成功应对挑战，才能顺应改革潮流，在教学中得心应手。很多研究者认为（秦美娟、何广铿，2009；陈金平，2014；程云艳，2014；姚晶，2015；李冰，2016）提高教师的信息和技术素养非常必要。教师信息技术素养的内涵较为丰富，秦美娟、何广铿（2009）将其细分为七种能力：获取、评价、处理、管理、整合、交流和研究能力。而且随着网络技术、信息与交流技术的不断发展，大学英语教师信息能力的内涵也处于动态发展之中。这种分类体现了教师接触信息的各个环节的处理能力，比较全面地反映了作为个体在信息时代的基本素质。陈金平（2014）则从较为宏观的角度提出，为了适应大数据时代大学英语教学改革的趋势，实现良好的职业发展，大学英语教师应该在教育哲学思想、英语实践技能、英语教育技术、英语学科应用等方面做好长足的准备。其中，现代化的教育观念非常重要，与信息技术素养比肩而立。大学英语教师不仅能够利用现代科技获取知识和相关信息，并能具有先进的教学理念和方法论的指导，推动学生积极投入到英语语言学习和运用过程中来。

综上所述，大学英语教师的发展要顺应时代的发展，并对照自身已具备的条件，查缺补漏，提高素养。首先，在教学理论素养方面，要结合信息技术的发展，在教学目标设定、教学资源整合、教学内容呈现、教学评价方式等方面，都能结合教育技术，进行革新，突破传统模式。其次，面对 ESP 教学，要做好转型。再次，在信息技术素养方面，要克服技术恐惧，能够主动学习计算机技术，在教学中使用计算机技术以及网络多媒体技术辅助教学。此外，明晰信息技术素养的内涵，在信息获取、整合、评价、应用等多方面提高自身能力。最后，在研究能力方面，虽然大学英语教师普遍教学任务繁重，但仍可以结合教学中发现的问题，进行有针对性的研究，从而使科研反哺教学。

教师发展的路径很多，除了自身的主动学习之外，可以借助团队的力量，通过团队合作，取长补短，提高技能。此外，根据高校的大学英语教学改革部署，找到自身努力达到的目标和位置，借助学校及其他教育部门的培训，达成发展目标。

参考文献

[1] Alderson, J. C. & D. Wall Does wash – back exist [J]. Applied Linguistics, 1993, 14: 116 – 129.

[2] Alderson, J. C. Assessing Reading [M]. Cambridge: Cambridge University Press, 2000.

[3] Anderson, A. & Lynch, T. Listening [M]. Oxford: Oxford University Press, 1988.

[4] Anderson, N. J. Exploring second language reading: issues and strategies [M]. Beijing: Beijing Foreign Language Teaching and Research Press, 2004.

[5] Arnold J. Affect in Language Learning [M]. Cambridge: Cambridge University Press, 1999.

[6] Bachman, L. F. & Palmer A. Language Assessment in Practice: Developing Language Assessments and Justifying their Use in the Real World [M]. Oxford: Oxford University Press, 2010.

[7] Barta, E. . Test Takers' Listening Comprehension Sub – Skills and Strategies [J]. WoPaLP, 2010, 4: 59 –85.

[8] Bartholomae, D. & A. R. Petrosky. Facts, Artifacts and Counterfacts: Theory and Method for a Reading and Writing Course [J]. College Composition & Communication, 1986, 38 (3): 226.

[9] Bennett, R. E. Formative assessment: a critical review. Assessment in Education Principles [J]. Policy & Practice, 2011, 18 (1): 5 –25.

[10] Black, P. & D. Wiliam. Assessment and Classroom Learning, Assessment in Education: Principles, Policy & Practice [J]. Assessment in Education, 1998 (1): 7 –74.

[11] Block, E. The Comprehension Strategies of Second Language Readers [J]. Tesol Quarterly, 1986, 20 (3): 463 – 494.

[12] Bloom, B. S. (ed.). The Taxonomy of Educational Objectives [M]. New York: David McKay Company Inc, 1956.

[13] Bloom, B. S. Toward A Theory of Testing Which Includes Measurement – Evaluation – Assessment [N]. Center for the Study of Evaluation of Instructional Programs Occasional Re-

port No. Nine. Paper presented at the Symposium on Problems in the Evaluation of Instruction, Los Angeles, California, December 13 – 15, 1967.

[14] Brindley, G. Assessing Listening Abilities [J]. Annual Review of Applied Linguistics, 1998 (18): 171 – 191.

[15] Brown, G. Speakers, Listeners and Communication [M]. Cambridge: Cambridge University Press, 1995.

[16] Buck, G. The Testing of Listening Comprehension: an Introspective Study [J]. Language Testing, 1991, 8 (1): 67 – 91.

[17] Buck, G. Assessing Listening [M]. Cambridge: Cambridge University Press, 2001.

[18] Cheng, L. How does washback influence teaching? Implications for Hongkong [J]. Language and Education, 11 (1): 38 – 54.

[19] Cohen, A. D. Strategies in learning and using a second language [M]. New York: Longman, 1998.

[20] Cramer, R. L. Children's writing and language growth [M]. Columbus: Bell & Howell Company, 1978.

[21] Dalton, S. Pedagogy Matters: Standards for Effective Teaching Practice [M]. New York & London: Longman, 1998.

[22] Danielson, C. Enhancing Professional Practice: A Framework for Teaching [M], Alexandia, AV: ASCD, 1996.

[23] David Bartholomae, Anthony Petrosky. Facts, Artifacts and Counterfacts: Reading and Writing in Theory and Practice [M]. New Jersey: Boynton/Cook, 1986.

[24] Duron, R. Babara Limbach & Wendy Waugh. Critical Thinking Framework for Any Discipline [J]. International Journal of Teaching and Learning in Higher Education, 2006, 17 (2).

[25] Ellis, R. Task – based Language Teaching [M]. Oxford: Oxford University Press, 2003.

[26] Gu, Y. & Johnson, R. K. Vocabulary learning strategies and language learning outcomes [J]. Language Learning, 46 (4): 643 – 679.

[27] Horwitz, E. & Young, D. J. Language Anxiety: From Theory & Research to Classroom Implications [J]. Modern Language Journal, 2009, 76 (3): 404.

[28] Heaton, J. B. Classroom Testing [M]. Essex: Longman Group UK Ltd, 1990.

[29] Heritage, M. Using Self – Assessment to Chart Students' Paths [J]. Middle School Journal, 2009, 40 (5): 27 – 30.

[30] Holec, H. Autonomy and Foreign Language Learning [M]. Brussels: Council of Europe, 1980.

[31] Hughes, A. Testing for Language Teachers [M]. Cambridge: Cambridge University Press,

1989.

[32] Hulstijn, J. H. Connectionist models of language processing and the training of listening skills with the aid of multimedia software [J]. Computer Assisted Language Learning, 2003, 16, 413 – 425.

[33] IRA & NCTE. Standards for the English language arts [OL]. 1996. http: //www. ncte. org/ library/NCTEFiles/Resources/Books/Sample/Stand (accessed18/5/2010).

[34] Jacobs, H. L. , Zinkgraf, S. A. , Wormouth, D. R. , Hartfiel, V. F. , & Hughey, J. B. Testing ESL composition: A practical approach [M]. Rowely, MA: Newbury House, 1981.

[35] James, R. N. & S. D, Jeanette. Lexical phrases and language teaching [M]. Shanghai: Shanghai Foreign Language Education Press, 2000.

[36] Jay, T. B. The psychology of language [M]. Beijing: Beijing University Press, 2006.

[37] Krashen, S. The Input Hypothesis: Issues and Implications [M]. London: Longman, 1985.

[38] Lewis M. The Lexical Approach: The state of ELT and a way forward [J]. Tesol Quarterly, 1993, 28 (4): 828 – 828.

[39] Littlewood, W. Defining and Developing Autonomy in East Asian Contexts [J]. Applied Linguistics, 1971.

[40] Macintyre, P. D. & R. C. Gardner. Investigating Language Class Anxiety Using the Focused Essay Technique [J]. Modern Language Journal, 1991, 75 (3): 296 – 304.

[41] Marzano, R. J. Ronald S. Brandt, Carolyn Sue Hughs, Beau Fly Jones, Barbara Z. Presseisen, Stuart C. Rankin, & Charles Suhor. Dimensions of Thinking: A Framework for Curriculum and Instruction [M]. Alexandria: ASCD, 1988.

[42] Mcnamara, T. Measuring Second Language Performance [M]. London: Longman, 1996.

[43] Messick, S. Validity and washback in language testing [J]. Language Testing, 1996, 13 (3): 241 – 256.

[44] Moss, C. M. & S. M. Brookhart. Advancing Formative Assessment in Every Classroom: A Guide for Instructional Leaders [M]. Alexandria, VA: ASCD, 2009.

[45] O' Malley, J. M. & A. U. Chamot. Learning strategies in second language acquisition [M]. Cambridge: Cambridge University Press, 1990.

[46] Oxford, R. L. Language Learning Strategies: What every teacher should know [M]. New York: Newbury House Publishers. 1990.

[47] Pearson, P. D. The Roots of Reading Comprehension Instruction. In Israel, S. E. & Gerald, G. Duffy. (ed.). The Handbook of Research on Reading Comprehension [C] //

New York & London: Routledge, 2009, 3 - 89.

[48] Piaget, J. The Origins of Intelligence in Children [M]. New York: International University Press, 1966.

[49] Rost, M. Listening in Language Learning [M]. London: Longman, 1990.

[50] Rost, M. Teaching and Researching Listening [M]. London: Pearson Education Limited, 2002.

[51] Smith, M. L. Pu t to the test: The effects o f externaltesting on teachers [J]. Educa tional Researcher, 1991, 205: 8 - 11.

[52] Stern, H. H. Fundamental Concepts in Language Teaching. [M]. Oxford: Oxford University Press. 1983: 386.

[53] Person, I. Tests as levers for change [C] // D. Chamberlain & R. J. Baum gardner. ESP in the classroom: Practice and Evaluation. London: Modern English, 1988: 98 - 107.

[54] Schumann, John H. The Neurobiology of Affect in Language. A Supplement to "Language Learning." [J]. Language Learning, A Journal of Research in Language Studies, 1997, 48 (1): 361.

[55] Scriven, M. Perspectives in Curriculum Education [M]. Skokie, IL: Rand McNally, 1977.

[56] Shepard, L. Why we need better assessment [J]. Educational Leadership, 2006 (46): 4 - 9.

[57] Simpson, M. Developing differentiation practices: Meeting the needs of teachers and pupils [J]. The Curriculum Journal, 1997 (8).

[58] Taras, M. Assessment - summative and formative: some theoretical reflections [J]. British Journal of Educational Studies, 2005, 53 (4): 466 - 478.

[59] Vahapassi, A. On the specification of the domain of school writing [C] //In A. C. Purves and S. Takala (eds), An International perspective on the evaluation of written composition. Oxford: Pergamon, 1982: 265 - 289.

[60] Watanabe, Y. Methodology in washback studies [C] //L. C. Cheng & Y. Watanabe. Washback in LanguageTesting. New Jersey: Lawrence Erlbaum Associates, 2004: 19 - 36.

[61] Weigle, S. C. Assessing writing [M]. Cambridge: Cambridge University Press, 2002.

[62] Weir, C. J. Understanding and Developing Language Tests [M]. New York: Prentice Hal, 1993.

[63] Willis, J. Challenge and Change in Language Teaching [M]. Shanghai: Shanghai Foreign Language Education Press, 1996.

[64] 白蓝. 提高大学英语教学效果的路径探讨 [J]. 怀化学院学报, 2013, 32 (6):

117－119.

［65］白杨．论大学英语教学中的形成性评价与终结性评价［J］．西安航空学院学报，2014 （5）：89－92.

［66］蔡基刚．大学英语发展史上的两个新的突破［J］．中国外语，2004 (1).

［67］蔡基刚．大学英语教学：回顾、反思和研究［M］．上海：复旦大学出版社，2006.

［68］蔡基刚．关于我国大学英语教学重新定位的思考［J］．外语教学与研究，2010 （4）：306.

［69］蔡基刚．中国大学英语教学路在何方［M］．上海：上海交通大学出版社，2012.

［70］蔡基刚．国家战略视角下的我国外语教育政策调整——大学英语教学：向右还是向 左？［J］．外语教学，2014，35（2）：40－44.

［71］蔡基刚．高校外语教学理念的挑战与颠覆：以《大学英语教学指南》为例［J］．外 语教学，2017（1）：6－10.

［72］蔡基刚，辛斌．大学英语教学要求的统一性与个性化［J］．中国外语，2009（6）： 5－10.

［73］蔡燕芬．大学英语课堂中师生关系的调查研究［J］．宁波工程学院学报，2011，23 （3）：92－95.

［74］曹霞．非英语专业口语交际能力的培养［J］．中国高等教育，2003（8）.

［75］陈波．新课程理念与初中英语课堂教学实施［M］．北京：首都师范大学出版 社，2003.

［76］陈波．大学英语教学中情感因素的探究［J］．吉林省教育学院学报，2007（3）： 37－40.

［77］陈冰冰．MOOCs课程模式：贡献和困境［J］．外语电化教学，2014（3）.

［78］陈国华．谈英语能力标准的制定［J］．外语教学与研究，2002（6）.

［79］陈坚林．关于"中心"的辨析——兼谈"基于计算机和课堂英语多媒体教学模式" 中的"学生中心论"［J］．外语电化教学，2005（5）：3－8.

［80］陈坚林．大数据时代的慕课与外语教学研究——挑战与机遇［J］．外语电化教学， 2015（1）：3－8.

［81］陈坚林，张迪．外语信息资源的整合与优化建设———项基于部分高校信息资源建 设的调查研究［J］．外语学刊，2014（5）.

［82］陈金平．大数据时代的大学英语教师职业发展［J］．当代外语研究，2014（4）： 35－38.

［83］陈丽华．影响学生学业成就的教师因素实证研究述评［J］．当代教育科学，2015 （8）：30－33.

［84］陈庆昌，杨惠中，黄人杰．科技外语社会需要调查［J］．外语教学与研究，1984

(2)：64 – 68.

[85] 陈晓扣. 论语言测试的反拨作用 [J]. 解放军外国语学院学报，2007, 30（3）：40 – 44.

[86] 陈玉琨. 教育评价学 [M]. 北京：人民教育出版社，2001.

[87] 陈玉秋. 思维学与语文教育 [M]. 桂林：广西师范大学出版社，2007.

[88] 陈则航. 英语阅读教学与研究 [M]. 北京：外语教学与研究出版社，2016.

[89] 程晓堂. 任务型语言教学 [M]. 北京：高等教育出版社，2004.

[90] 程晓堂，龚亚夫. 《英语课程标准》的理论基础 [J]. 课程教材教法，2005, 25（3）：66 – 72.

[91] 程晓堂，康艳. 关于高校英语教学若干问题的思考 [J]. 中国大学教学，2010（6）.

[92] 程云艳. 直面挑战"翻转"自我——新教育范式下大学外语教师的机遇与挑战 [J]. 外语电化教学，2014（157）：44 – 47.

[93] 崔学新. "个性化"教学模式：大学英语教学改革的主旋律 [J]. 疯狂英语，2008：57 – 60.

[94] 崔允漷. 有效教学 [M]. 上海：华东师范大学出版社，2009.

[95] 戴炜栋. 构建具有中国特色的英语教学"一条龙"体系 [J]. 外语教学与研究，2001（5）.

[96] 邓华. 大学英语课堂提问现状分析及有效策略研究 [J]. 辽宁行政学院学报，2008, 10（4）：169 – 169.

[97] 邓宏钟，李孟军，迟妍，谭思昱. "慕课"发展中的问题探讨 [J]. 科技创新导报，2013（19）：212 – 215.

[98] 邓志伟. 个性化教学论 [M]. 上海：上海教育出版社，2002.

[99] 丁仁仑. 大学英语师资的转型与培养 [J]. 中国外语，2013（3）：15 – 20.

[100] 杜永辉. 基于需求分析的大学英语教学内容的选择 [D]. 上海师范大学，2015.

[101] 杜丽辉，唐雪粉. 非英语专业学生听力焦虑现状的调查与研究 [J]. 温州职业技术学院学报，2007, 7（1）：82 – 84.

[102] 杜宇，曾萍. 成就归因对英语学习策略使用的影响及其对外语教学的启示 [J]. 西南民族大学学报（人文社会科学版），2009（S2）：214 – 216.

[103] 范方芳. 大学英语课堂提问刍议 [J]. 科学咨询：决策管理，2010（7）：99 – 99.

[104] 樊长荣. 外语教学中的折中主义 [J]. 外语教学与研究，1999（2）：29 – 34.

[105] 范琳，王庆华. 英语词汇学习中的分类组织策略实验研究 [J]. 外语教学与研究，2002, 34（3）：209 – 212.

[106] 范林，刘振前，李旭奎. 非英语专业学生词汇记忆策略训练研究 [J]. 外语教学，2008, 29（1）：33 – 40.

［107］冯继巍. 提高英语教师的语言魅力及如何构建和谐师生关系 ［J］. 现代交际，2010
（8）：15.

［108］冯启忠. 论大学英语教学的症结与改革策略 ［J］. 外语教学，2000（3）：55－61.

［109］丰玉芳. 任务型语言教学法在英语教学中的运用 ［J］. 外语与外语教学，2004
（6）：35－38.

［110］付成梅. 语法翻译教学法对英语教学质量的消极影响及对策 ［J］. 河南教育学院学
报，2005（4）：137－138.

［111］付敏，张璐璐. 大学生英语学习策略问卷的编制 ［J］. 当代教育理论与实践，2015
（1）：117－120.

［112］傅政，庞继贤，周星. 中国入世对大学英语教学的影响分析及需求预测 ［J］. 外语
界，2001，5.

［113］高帆. 提高大学英语听力教学有效性方法 ［J］. 吉林省教育学院学报，2011，27
（7）：108－109.

［114］高战荣. 国外 ESP 教师教育对我国大学英语教师知识发展的启示 ［J］. 外国教育研
究，2012（4）：85－91.

［115］郭慧敏. 大学生英语学习自我效能感、师生关系及其关系研究 ［J］. 太原城市职业
技术学院学报，2010（5）：150－152.

［116］郭书彩. 外语课堂合作学习中的情感与认知因素 ［J］. 国外外语教学，2002（2）：
19－23.

［117］龚晓斌. 客观需求观照下的大学英语教学目标定位 ［J］. 外语与外语教学，2009
（8）：35－38.

［118］顾永琦. 英语教学中的学习策略培训：阅读与写作 ［M］. 北京：外语教学与研究出
版社，2011.

［119］顾曰国. 教育生态学模型与网络教育 ［J］. 外语电化教学，2005（4）：3－8.

［120］辜向东. 正面的还是负面的 ——大学英语四、六级考试反拨效应实证研究 ［M］.
重庆：重庆大学出版社，2007.

［121］韩宝成. 重构大学英语教学目标，完善大学英语课程体系 ［J］. 东北师大学报（哲
学社会科学版），2012（1）：89－91.

［122］孔繁月. 新型英语教学评价体系的理论与实践初探 ［J］. 教育与考试，2007（6）.

［123］何培芬. 网络信息技术与外语课程整合的理论与方法 ［J］. 外语电化教学，2007
（113）：14－19.

［124］何高大，范姣莲. 大学生对计算机辅助外语学习的态度和效果的调查报告 ［J］. 外
语电化教学，2004（3）：69－73.

［125］胡国安. 影响外语学习策略的一些主要因素 ［J］. 教师教育论坛，2001，14（5）：

40 - 41.

[126] 扈启亮. 微信在大学英语阅读教学中的运用探析 [J]. 湖北经济学院学报（人文社会科学版），2016，13（2）：203 - 204.

[127] 胡学文，吴凌云，庄红. 大学英语社会需求调查分析报告 [J]. 中国外语，2011，08（5）：12 - 17.

[128] 胡壮麟. 大学英语教学的个性化、协作化、模块化和超文化——谈《教学要求》的基本理念 [J]. 外语教学与研究，2004（5）：345 - 350.

[129] 黄芳. 计算机网络辅助英语教学的新模式探讨 [J]. 外语电化教学，2007（117）：46 - 48.

[130] 黄红安，文卫平. 非英语专业本科生英语学习动机组成因素的实证研究 [J]. 外语教学理论与实践，2005（3）：30 - 38.

[131] 黄伟红，何小阳. 一般大学工科大学生英语学习困难的成因及对策——基于心理学的视野 [J]. 湖南工程学院学报（社会科学版），2009，19（3）：97 - 99.

[132] 冀文辉. 大学英语分层教学中的情感因素 [J]. 安徽师专学报，2004（16）：115 - 117.

[133] 加里·D. 鲍里奇. 有效教学方法（第7版） [M]. 江苏：江苏教育出版社，2014.

[134] 加涅·R. M. 教学设计原理 [M]. 皮连生，等译，上海：华东师范大学出版社，1999.

[135] 教育部高等教育司. 大学英语课程教学要求 [M]. 北京：清华大学出版社，2004.

[136] 姜凤华. 现代教育评价理论技术实践 [M]. 广州：广东人民出版社，2003.

[137] 金艳. 大学英语四、六级考试口语考试对教学的反拨作用 [J]. 外语界，2000，（4）：55 - 61.

[138] 井升华. 我国大学英语教学费时低效的原因 [J]. 外语教学与研究，1999（2）.

[139] 康顺理，谈大学英语视听说教学素材的优化与补充 [J]. 语文学刊，2011（8）：159 - 160.

[140] 李冰. 教育信息化背景下的大学英语师资队伍建设 [J]. 教育与职业，2016（17）：73 - 75.

[141] 李冰. 网络英语新闻在大学英语阅读教学中的应用 [J]. 语文学刊：外语教育教学，2015（12）.

[142] 李春华. 对地方普通高校非英语专业本科生进行元认知训练的实验 [J]. 上海商学院学报，2005，6（3）：32 - 35.

[143] 李德龙，谢志礼. 写作思维训练学 [M]. 北京：语文出版社，1998.

[144] 李二龙. 论大学英语教学目标的多元化 [J]. 牡丹江大学学报，2011，20（7）.

［145］李国芳. 浅析情感因素对大学英语教学的影响［J］. 考试周刊, 2012 (9): 81 – 83.

［146］李航. 有效教学及其对外语教学的启示［J］. 外语界, 2008 (1): 33 – 39.

［147］李鸿杰. 二语学习动机与学习效能的关联性研究［J］. 湖北函授大学学报, 2015 (152): 171 – 173.

［148］李红玲, 陈平水. 课堂教学三阶段之教学反思研究［J］. 湖南师范大学教育科学学报, 2008, 7 (3): 84 – 87.

［149］李红梅. 解决大学生英语学习困难心理问题的策略［J］. 黑龙江高教研究, 2011, 2: 118 – 120.

［150］李箭. 国际理解教育视野下的大学英语教育的整合［J］. 黑龙江高教研究, 2011 (12): 13 – 15.

［151］李京平, 郭海云, 冀成会. 以提高应用能力为目标实施大学英语分级教学［J］. 中国高等教育, 2003 (22): 43 – 44.

［152］李涛. 提高教学效率之我见［J］. 教学理论与实践, 2000, 2 (20): 41 – 45.

［153］李银仓. 论外语教学的情感目标［J］. 外语教学, 2005 (3): 2.

［154］李新丽. 非英语专业大学英语课堂话语的批评性分析［J］. 大学英语教学与研究, 2011 (6): 29 – 32.

［155］李宇明. 中国外语规划的若干思考［J］. 外国语 (上海外国语大学学报), 2010 (1): 2 – 8.

［156］李正亚. 有效教学、有效英语教师和有效英语教学［J］. 教育探索, 2008 (10): 65 – 66.

［157］李绍山. 语言测试的反拨作用与语言测试设计［J］. 外语界, 2005 (1): 71 – 75.

［158］廖淑梅. 非英语专业学生英语阅读焦虑研究［J］. 江西师范大学学报, 2007, 8 (6): 66 – 69.

［159］林汉生. 大学生外语学习动机分析［J］. 漳州职业技术学院学报, 2003, 5 (1): 82 – 85.

［160］林崇德. 思维心理学研究的几点回顾［J］. 北京师范大学学报 (社会科学版), 2006 (5): 35 – 42.

［161］刘红云, 孟庆茂. 教师背景变量对教师教学效果影响的多层线性分析［J］. 心理发展与教育, 2002, 18 (4): 70 – 75.

［162］刘家凤, 鄢章荣. 大学英语教师知识结构优化——新形势下的大学英语教师专业素质培育再思考［J］. 西南民族大学学报, 2007, 12: 308 – 312.

［163］刘可红. 基于经典英语模仿的大学英语写作教学最简策略［J］. 天津外国语大学学报, 2011, 18 (3): 62 – 68.

［164］刘孟兰, 潘俊峰. 非智力因素与英语教学［J］. 哈尔滨学院学报, 2004, 25 (2):

119 - 121.

[165] 刘谋宏. 对《大学英语教学大纲》的两点看法 [J]. 铁道师院学报, 1998 (6).

[166] 刘润清, 戴曼纯. 中国高校外语教学改革现状与发展策略研究 [M]. 北京: 外语教学与研究出版社, 2003.

[167] 刘润清, 韩宝成. 语言测试和它的方法 [M]. 北京: 外语教学与研究出版社, 2000.

[168] 刘森林. 大学英语教学的多元智能化目标 [J]. 外语电化教学, 2007 (4): 69 - 73.

[169] 楼敏盛, 陈舜孟. 谈大学英语教学中的积极性评价 [J]. 湖州职业技术学院学报, 2003, 1 (2): 45 - 47.

[170] 龙宇. 本科毕业就业人员对英语的运用与需求调查分析 [J]. 高教学刊, 2015 (12): 75 - 76.

[171] 陆慈.《大学英语教学大纲》介绍 [J]. 外语界, 1985 (3): 14 - 16.

[172] 陆佳佳. 舒亚莲浅谈高校英语口语课堂教学的有效性 [J]. 长春师范大学学报 (人文社会科学版), 2014, 33 (3): 174 - 175.

[173] 吕长. 听力理解学习策略训练 [J]. 外语教学, 2001, 22 (3): 89 - 92.

[174] 吕璀璀. 报刊英语在大学英语阅读教学中的导入 [J]. 和田师范专科学校学报 (汉文版), 2008, 28 (6): 147 - 148.

[175] 吕良环. 外语课程与教学论 [M]. 杭州: 浙江教育出版社, 2003.

[176] 罗绍茜, 黄剑, 马晓蕾. 促进学习: 二语教学中的形成性评价 [M]. 北京: 外语教学与研究出版社, 2015.

[177] 马广惠. 英语词汇教学与研究 [M]. 北京: 外语教学与研究出版社, 2016.

[178] 马辉, 马冬虹. 慕课背景下大学英语教师生态位"态"和"势"的研究 [J]. 继续教育研究, 2015 (6): 62 - 64.

[179] 马俊. 词块教学应用于大学英语写作浅谈 [J]. 赤子: (上中旬), 2016 (18): 135.

[180] 马俊波. M - learning 与外语教学的对接: 从 CALL 到 MALL [J]. 外语电化教学, 2007 (5): 30 - 36.

[181] 马武林, 胡加圣. 国际 MOOCs 对我国大学英语课程的冲击与重构 [J]. 外语电化教学, 2014 (157): 48 - 54.

[182] 马武林, 张晓鹏. 大规模在线开放课程 (MOOCS) 对我国大学英语课程设置的启示研究——以英国爱丁堡大学 EDC MOOC 为例 [J]. 电化教育研究, 2014 (1).

[183] 马永强, 李平. ESP 背景下大学英语教师专业发展的问题与对策研究——以兰州财经大学为例 [J]. 赤峰学院学报 (哲学社会科学版), 2016, 37 (9): 266 - 269.

[184] 孟万金. 建立健全学习困难诊断标准与帮扶机制 [J]. 中国特殊教育, 2013,

（12）：82 – 86.

[185] 欧国芳. 一堂优质课的教师话语分析及其对大学英语教学的启示 [J]. 考试与评价：大学英语教研版，2014（3）：47 – 49.

[186] 欧阳慧，汪微琦. 建构主义语言学理论在大学英语教学中的应用 [J]. 读与写，2013（11）：33 – 36.

[187] 欧阳建平，张建佳. 大学英语学习者情感策略培训的实证研究 [J]. 解放军外国语学院学报，2008（2）：45 – 51.

[188] 彭敏. TED 演讲在大学英语读写教学中的应用 [J]. 才智，2015（15）：42.

[189] 秦翠娟. 农学院校非英语专业大学生英语写作焦虑与写作成绩相关性的实证研究 [J]. 兰州教育学院学报，2015（6）：122 – 124.

[190] 秦美娟，何广铿. 大学英语教师信息素养内涵探讨 [J]. 外语界，2009（5）：21 – 24.

[191] 曲巍巍. 自动评价系统在大学英语写作中的应用研究——以句酷批改网为例 [J]. 开封教育学院学报，2016（11）：110 – 111.

[192] 任庆梅. 大学英语有效课堂环境构建及评价的理论框架 [J]. 外语教学与研究，2013（5）：732 – 743.

[193] 任石. 非英语专业学生英语学习策略与四级考试成绩的关系研究 [D]. 东北师范大学，2012.

[194] 任维平，张日颖. 272 名大学生英语学习困难多维影响因素分析 [J]. 海外英语，2014.

[195] 桑新民. MOOCs 热潮中的冷思考 [J]. 中国高教研究，2014（6）：5 – 10.

[196] 邵永真. 新修订的《大学英语教学大纲》的指导思想和特点 [J]. 外语界，1999（4）.

[197] 单映. 大学英语教与学中的情感因素及应对策略 [J]. 群文天地，2011（5）：196 – 197.

[198] 申锦标，李春红. 大学生数学与英语成绩影响因素研究 [J]. 广西大学学报（哲学社会科学版），2009（s1）：70 – 71.

[199] 束定芳. 外语课堂教学新模式刍议 [J]. 外语界，2006（4）：21 – 29.

[200] 束定芳. 大学英语课堂教学，我们教什么，怎么教？——写在首届"外教社杯"全国大学英语教学大赛闭幕之际 [J]. 外语界，2010（6）.

[201] 束定芳. 论外语课堂教学的功能和目标 [J]. 外语与外语教学，2011（1）：5 – 8.

[202] 束定芳. 课堂教学目标设定与教学活动设计——基于第四届"外教社杯"全国高校外语教学大赛听说组比赛的分析 [J]. 外语界，2014（4）：54 – 61.

[203] 孙方莉. 大学英语课堂教学效果影响因素研究——基于两水平模型 [J]. 学理论，

2014（32）：159－161.

[204] 孙丙堂. 对大学英语教学目标的认识和思考［J］. 邯郸医学高等专科学校学报，2004（3）：195.

[205] 孙亚玲. 课堂教学有效性标准研究［M］. 北京：教育科学出版社，2008.

[206] 苏秋萍. 任务型教学在实践中的定位［J］. 天津外国语学院学报，2004（4）：52－55.

[207] 苏远连. 如何实施听力学习策略训练［J］. 外语电化教学，2002（3）：8－12.

[208] 谭晓瑛，魏立明. 大学英语学习策略培训研究［J］. 外语界，2002（6）：19－23.

[209] 谭霞，张正厚. 英语学习策略、自主学习能力及学习成绩关系的分析［J］. 外语教学理论与实践，2015（1）：59－65.

[210] 谈言玲，严华. 计算机辅助英语教学研究10年：回顾与思考［J］. 外语电化教学，2007（117）：37－42.

[211] 唐丽霞. 计算机辅助英语教学探析［J］. 吉林省教育学院学报，2014（1）：59－60.

[212] 唐灵芝. 论大学英语合作学习与学生自信心的提升［J］. 铜陵职业技术学院学报，2014（4）：79－80.

[213] 唐雄英. 语言测试的后效研究［J］. 外语与外语教学，2005（7）：55－59.

[214] 田珂. 对我国大学英语教学目标结构体系的研究［J］. 山东外语教学，2002（5）：77－78.

[215] 王初明. 影响外语学习的两大因素与外语教学［J］. 外语界，2001（6）.

[216] 王初明. 外语学习中的认知和情感需要［J］. 外语界，1991（4）.

[217] 王斌华，刘辉. 大学英语学习者学习着需求调查及其启示［J］. 国外外语教学，2003（3）.

[218] 王凤产. 试探教育生态规律［J］. 河南师范大学学报（哲学社会科学版），2011，38（4）：249－251.

[219] 王国良. 国内高校英语教师教学效能感实证研究回顾（2008—2013）［J］. 教育评论，2014（4）：48－51.

[220] 王海华，王同顺. 双语教学与公共英语教学的接口问题［J］. 外语界，2003（1）：26－31.

[221] 王静. 大学英语阅读教学策略研究［J］. 英语广场旬刊，2016（12）：104－105.

[222] 王军霞，高莲中，成艳红. 任务型演讲训练对大学英语口语教学的有效性研究［J］. 长沙通信职业技术学院学报，2013，1（12）：102－105.

[223] 王丽颖. 形成性评价与大学英语教学评价体系改革取向［J］. 滨州学院学报，2008，24（1）：87－89.

[224] 王鸣华. 大学英语教学效果影响因素分析 [J]. 重庆科技学院学报（社会科学版），2011（22）：199－200.

[225] 王瑞丽. 思维导图在大学英语阅读教学中的应用研究 [J]. 科教导刊，2016（14）：141－142.

[226] 王奇民. 制约大学英语教学效果的因素及对策 [J]. 外语界，2002（4）.

[227] 王奇民，王健. 制约大学英语学习成效的策略因素探析 [J]. 外语界，2003（2）：41－46.

[228] 汪琴. 从学期测试反思大学英语教学效果评价的个案研究 [J]. 牡丹江教育学院学报，2009（3）：132－134.

[229] 王琼，陈红霞，郭雪华. 大学英语课堂学生口语焦虑状况的调查研究 [J]. 宜宾学院学报，2010，10（9）：68－69.

[230] 王守仁. 解读《2004 课程要求（试行）》[J]. 中国大学教学，2004（2）：4－8.

[231] 王守仁. 以提高我国高等学校教学质量为出发点推进大学英语教学改革 [J]. 外语界，2006（5）.

[232] 王守仁. 关于高校大学英语教学的几点思考 [J]. 外语教学理论与实践，2011（1）.

[233] 王守仁. 在构建大学英语课程体系过程中建设教师队伍 [J]，外语界，2012（4）：2－5.

[234] 王守仁. 当代中国语境下个性化英语教学的理念与实践 [J]. 外语与外语教学，2015（4）：1－4.

[235] 王守仁，王海啸. 我国高校大学英语教学现状调查及大学英语教学改革与发展方向 [J]. 中国外语，2011（5）：4－11.

[236] 王守仁. 当代中国语境下个性化英语教学的理念与实践 [J]. 外语与外语教学，2015（4）：1－4.

[237] 王淑花. 中国学生英语理解能力量表的构建及验证研究 [M]. 北京：知识产权出版社，2012.

[238] 王淑花. 中外英语学科思维能力培育的比较研究 [M]. 北京：知识产权出版社，2014.

[239] 王亭亭. 文体图式在大学英语写作教学中的实证研究 [J]. 英语广场：学术研究，2013（6）：57－59.

[240] 王艳，从语言输出到用语言表达：语言的交际功能与认知功能的体现——Swain 输出假设近三十年发展评述 [J]. 佳木斯教育学院学报，2013（10）：347－348.

[241] 王银泉，万玉书. 外语学习焦虑及其对外语学习的影响 [J]. 外语教学与外语教学研究，2001（2）.

[242] 王玉兰. 大学英语教师话语存在的问题及应对策略 [J]. 泰安教育学院学报岱宗学刊, 2008 (2): 94-95.

[243] 王西娅. 情感因素对大学英语教学的影响 [J]. 外语教学, 2012 (6): 67-70.

[244] 王哲, 李军军. 大学外语通识教育改革探索 [J]. 外语电化教学, 2010 (135): 3-8.

[245] 魏家琴. 社会化视角下的大学英语教育 [J]. 世纪桥, 2013 (3): 80-81.

[246] 文秋芳. 英语学习成功者与不成功者在方法上的差异 [J]. 外语教学与研究, 1995 (3).

[247] 文秋芳. 英语学习者动机、观念、策略的变化规律与特点 [J]. 外语教学与研究, 2001 (2): 105-110.

[248] 文秋芳. 大学英语教学中通用英语与专用英语之争: 问题与对策 [J]. 外语与外语教学, 2014 (1): 1-8.

[249] 文秋芳, 王海啸. 学习者因素与大学英语四级考试成绩的关系 [J]. 外语教学与研究, 1996 (4): 33-39.

[250] 文秋芳, 王立非. 中国英语学习策略实证研究 20 年 [J]. 外国语言文学, 2004, 21 (1): 39-45.

[251] 文秋芳, 王建卿, 赵彩然, 刘艳萍, 王海妹. 构建我国外语类大学生思辨能力量具的理论框架 [J]. 外语界, 2009, 130 (1): 37-43.

[252] 吴传强, 谢英, 罗正奎. 构建新型师生关系提高英语教育教学效果 [J]. 德阳教育学院学报, 2004 (4): 66-67.

[253] 吴鼎民. 大学英语与通识教育 [J]. 镇江高专学报, 2003, 16 (4): 10-12.

[254] 吴鼎民, 韩雅珺, 通识教育视角下的大学英语"三套车"框架构建 [J]. 外语电化教学, 2010 (4): 9-13.

[255] 吴一安, 刘润清, P. Jeffrey. 中国英语本科学生素质调查报告 [J]. 外语教学与研究 (外国语文双月刊), 1993 (1): 36-46.

[256] 吴霞, 王蔷. 非英语专业本科学生词汇学习策略 [J]. 外语教学与研究, 1998 (1): 53-57.

[257] 姚晶. 由慕课引发的关于大学外语教学的思考 [J]. 西部素质教育, 2015 (8): 32.

[258] 杨倩. "慕课 (MOOC)" 时代高校外语教师面临的机遇与挑战 [J]. 太原城市职业技术学院学报, 2014 (8): 39-40.

[259] 杨春慧. 试论多媒体计算机辅助英语教学的特点 [J]. 外语电化教学, 2007 (75): 46-47.

[260] 杨春辉. 教师对高校教学质量的影响研究 [J]. 时代教育 (教育教学版), 2012 (7): 67.

［261］杨玮丽. 教师的性格对教学质量的影响［J］. 安徽文学月刊，2010（8）：231.

［262］杨先明，徐小红. 大学英语教学质量的影响因素分析［J］，武汉科技学院学报，2004，17（4）：107－110.

［263］尹明忠. 影响教学效果的教师因素研究［J］. 新课程研究，2009（14）：5－6.

［264］游云红. 大学英语学习焦虑及对策［J］. 语文学刊，2009（7）：147－149.

［265］于海，钟晓华. 2006—2007年上海大学生发展报告综述［J］. 复旦教育论坛，2008（1）.

［266］俞理明，韩建侠. 内容驱动还是语言驱动——对我国高校大学英语教学的一点思考［J］. 外语与外语教学，2012（3）：1－4.

［267］喻平. 教师的认识信念系统及其对教学的影响［J］. 教师教育研究，2007，19（4）：18－22.

［268］原昉. 大数据背景下的外语慕课教学［J］. 中国成人教育，2015（18）：158－161.

［269］袁秀丽，张建军. 高校英语课堂师生关系调查分析及探索［J］. 淮海工学院学报（人文社会科学版），2011，09（7）：99－101.

［270］席爱玲. 大学英语教学中的师生关系调查分析与对策［J］. 华北水利水电大学学报（社会科学版），2005，21（3）：51－52.

［271］夏春燕，晏晓蓉. 社会需求与大学英语教学改革［J］. 重庆大学学报（社会科学版），2003，9（6）：57－59.

［272］夏纪梅. 影响大学英语教学质量的相关因素［J］. 外语界，2000，80（4）：2－6.

［273］夏纪梅. "任务教学法"给大学英语教学带来的效益［J］. 大学教学，2001（2）：32－34.

［274］项国雄. 影响CAI效能发挥的若干因素［J］. 外语电化教学，1996，（2）：32－33.

［275］项茂英. 大学英语教学中的师生关系［J］. 外语界，2004，102（4）：37－42.

［276］项茂英. 情感因素对大学英语教学的影响——理论与实证研究［J］. 外语与外语教学，2003（3）.

［277］肖菲. 英语互动教学中存在的问题与对策［J］. 广东教育，2006（5）：36－37.

［278］谢邦秀. 中国大学英语教学大纲介评［J］. 北方论丛，2001（5）：114－118.

［279］谢文义. 阅读理解与阅读练习之我见［J］. 北华大学学报（社会科学版），1995（z1）：32－33.

［280］谢欣希. 大学新生的情感因素和英语教学［J］. 吉林教育学院学报，2014（1）：57－58.

［281］修芸，尚琳. 慕课环境下外语学习焦虑的影响因素研究［J］. 黑龙江教育学院学报，2015，34（5）：110－111.

［282］徐翠. 大学英语词汇学习中的语用策略［J］. 西安外国语大学学报，2010（2）：

105 – 108.

[283] 许丹. 动机和兴趣对大学英语教学的影响——基于大学生英语学习的非智力因素调查 [J]. 中国市场, 2015 (2): 131 – 132.

[284] 徐昉. 英语写作教学与研究 [M]. 北京: 外语教学与研究出版社, 2012.

[285] 徐昊. 英语听说课堂教学情况的问卷调查研究 [J]. 长春教育学院学报, 2013, 9 (29): 129 – 130.

[286] 许可新. 从社会需求看高校英语教学内容的缺失 [J]. 中国成人教育, 2014 (16): 174 – 176.

[287] 许明欣. 移动学习在非英语专业大学英语阅读教学中的应用 [J]. 辽宁广播电视大学学报, 2016 (4).

[288] 徐萍. 大学英语互动教学模式探微——大学英语课堂活动与学生课堂参与模式的调查研究 [J]. 当代教育理论与实践, 2007, 29 (6): 214 – 217.

[289] 许阳. 教育生态学视角下大学英语课堂构建研究 [J]. 中国电力教育, 2014 (1): 262 – 263.

[290] 阎晓玲. 大学英语课堂提问探析 [J]. 四川文理学院学报, 2010, 20 (1): 122 – 124.

[291] 姚利民. 有效教学涵义初探 [J]. 现代大学教育, 2004 (5): 1013.

[292] 杨惠中. 提倡有效教学——从"外教社杯"全国大学英语教学大赛谈起 [J]. 外语界, 2011 (2): 14 – 18.

[293] 杨惠中. 关于大学英语教学的几点思考 [J]. 外语教学与研究, 2012 (2): 293 – 297.

[294] 杨倩. "慕课 (MOOC)" 时代高校外语教师面临的机遇与挑战 [J]. 太原城市职业技术学院学报, 2014 (8): 39 – 40.

[295] 余文森. 课堂教学有效性的探索 [J]. 教育评论, 2006 (6): 46 – 48.

[296] 岳守国. 任务语言教学法: 概要、理论及运用 [J]. 外语教学与研究, 2002 (5): 364 – 367.

[297] 张冲, 姚茹, 官群. 外语学习困难的脑机制研究: 来自 ERP 和 fMRI 的证据及启示 [J]. 中国特殊教育, 2015, 7: 39 – 46.

[298] 张向阳, 张洁. 输入输出理论指导下的大学英语听说课教学 [J]. 湖北经济学院学报 (人文社会科学版), 2011, 12 (8): 215 – 216.

[299] 张玉莲, 许日成. 浅谈《大学英语》听力教材的特点及使用 [J]. 牡丹江医学院学报, 1993 (2): 166 – 167.

[300] 张治英. 外语教学法的优化选择与综合运用 [J]. 外语教学, 2000 (1): 76 – 79.

[301] 赵娟. 大学英语课堂提问模式探析——以《新视野大学英语》(第三版) 为例 [J].

长江工程职业技术学院学报，2016，33（2）：72－75.

［302］赵云. 论语块教学法在大学英语阅读教学中的应用［J］. 英语教师，2017，17（2）：6－8.

［303］张海彦. 大学英语视听说教学之理论依据和优化型教学模式探析［J］. 怀化学院学报，2010，10（29）：150－151.

［304］章兼中. 外语教育学［M］. 杭州：浙江教育出版社，1999：149.

［305］张璐. 略论有效教学的标准［J］. 教育理论与实践，2000（11）：37－40.

［306］张睿思. 大学英语阅读教学中思辨力培养策略探究［J］. 英语教师，2016，16（24）：26－29.

［307］张森，段然. 大学英语学习策略研究综述［J］. 河北大学学报（哲学社会科学版），2012，37（2）：139－143.

［308］张珊珊. 对大学阶段英语教学内容改革的一点探讨［J］. 外语教学理论与实践，2015（1）：55－58.

［309］张绍杰. 对舶来教学法说"不"——我国当今外语教学现状考察与反思［J］. 中国外语，2007（3）.

［310］张书红，李刚. 大学英语课堂教学有效性研究［J］. 教学研究，2014（3）：104－105.

［311］张涛. 外语学习困难新探——兼谈"温情教育"预防和矫治英语学困的价值［J］. 中国特殊教育，2014（5）：55－58.

［312］张啸. 大学英语教学法述评［J］. 教育与职业，2013（6）：149－150.

［313］张晓书. 正视问题完善大学英语分级教学模式［J］. 中国高等教育，2009（11）：48－49.

［314］张秀玲. 论大学英语教学中的形成性评价与终结性评价［J］. 新课程：教育学术版，2008（6）：89－92.

［315］章亚兰. "过程法"模式在大学英语写作教学中的运用［J］. 科技信息，2009（21）：413－414.

［316］朱利阳. 大学英语教学过程中积极情感因素的培养［J］. 鸭绿江月刊，2015（3）：1075－1076.

［317］朱鲁子，杨艾祥. 走火入魔的英语［M］. 海口：海南人民出版社，2004.

［318］朱望. 推进素质教育，改革英语教学模式——大学英语教学状况调查及对策思考［J］. 思想战线，2002（1）.

［319］朱行能. 写作思维学［M］. 北京：人民出版社，2006.

［320］朱秀英，高国武，樊琳. 大学教学有效性的提升策略分析［J］. 当代教育科学，2013（17）：25－27.

［321］庄智象，黄卫，王乐. 我国多媒体外语教学的现状与展望［J］. 外语电化教学，

2007（113）：20－27.

[322] 庄智象. 我国外语专业建设与发展的若干问题思考 ［J］. 外语界，2010（1）.

[323] 曾妍. 对现行大学英语教学目标的反思——再论读写在大学英语教学中的核心地位 ［J］. 海外英语，2012（2）.

[324] 郑霞娟. 大学英语听力教学有效性的再思考 ［J］. 湖北第二师范学院学报，2014，4（31）：117－119.

[325] 周福芹，刘秀云. 当前外语教学法的理论动态与实践走向 ［J］. 外语与外语教学，2000（3）：40－41.

[326] 周慧芳. 计算机辅助教学（CAI）在大学英语中的应用 ［J］. 太原科技，2006（10）：88－91.

[327] 周晓梅. 云南高校少数民族大学生英语学习困难因素探析 ［J］. 贵州民族研究，2012（3）：197－201.

[328] 周燕. 高校英语教师发展需求调查与研究 ［J］. 外语教学与研究，2005（3）：206－211.

[329] 周燕. 教师是外语学习环境下提高英语教学水平的关键 ［J］. 外语教学与研究，2010（4）：294－296.

[330] 周杨. 大学英语教学和学习效果的影响因素 ［J］. 湖北成人教育学院学报，2011，17（4）：121－122.

[331] 邹长虹. 学习动机是外语学习成功的关键 ［J］. 广西师范大学学报，2002（2）：170－172.

[332] 教育部高等教育司. 大学英语课程教学要求 ［M］. 北京：外语教学与研究出版社，2007.

[333] Ellis, R. Learner beliefs and language learning ［J］. Asian EFL Journal, 2008（10）：7－25.

[334] 陈曼. 大学英语课堂活动教学法探析 ［J］. 黑龙江高教研究，2006（9）：161－162.

[335] 武光军. 英语专业大学生的翻译学习观念及其发展特点研究 ［J］. 外语界，2013（1）：72－78.

附　录

附录4-1　大学英语调查问卷

亲爱的同学们：

　　为了了解您们的真实想法，提高大学英语教学效果，请您填写本问卷。问卷为不记名的，仅用于教学改革研究，请您按照自己的体验和认识认真填写。选择题如无特殊说明，请在选项上直接划√。简答题，请务必留下您的宝贵意见。非常感谢！

外语学院大学英语教研部

　　您所在学院为：　　□物流学院　　□经济学院 □信息学院 □商学院　 □劳法学院

　　您的期末英语成绩一般为：□90－100 □80－89 □70－79 □60－69 □60以下

一、请您用一个比喻填写1-2题

1. 我的大学英语读写老师在我心目中像是

_____；

听说老师在我心目中像是

_____；

实训老师在我心目中像是

_____；

2. 对我来说，大学英语读写课堂像

_____；

对我来说，大学英语听说课堂像

_____；

对我来说，大学英语实训课堂

_____。

二、第 3 - 29 题，请选择一个最符合您观点的答案

3. 我的英语教师知道学生在理解知识或解决某一方面问题时具有潜能。

　　A. 总是　　　　　　　B. 经常　　　　　　　C. 不确定

　　D. 很少　　　　　　　E. 从不

4. 我的英语教师重视学生的独特性和差异，满足每一个学生的学习需求。

　　A. 总是　　　　　　　B. 经常　　　　　　　C. 不确定

　　D. 很少　　　　　　　E. 从不

5. 我的英语教师知道每个学生都有智力强项和学习风格，充分使学生的优势得以发挥。

　　A. 总是　　　　　　　B. 经常　　　　　　　C. 不确定

　　D. 很少　　　　　　　E. 从不

6. 我的英语教师更重视学习成绩优秀的学生，给予他们更多的表现机会。

　　A. 总是　　　　　　　B. 经常　　　　　　　C. 不确定

　　D. 很少　　　　　　　E. 从不

7. 我的英语教师给予学习成绩较差的同学同等的关心和爱护、同样的重视和表现机会。

　　A. 总是　　　　　　　B. 经常　　　　　　　C. 不确定

　　D. 很少　　　　　　　E. 从不

8. 您是否喜欢传统的英语语法翻译教学方式？

　　A. 非常喜欢　　　　　B. 比较喜欢　　　　　C. 一般

　　D. 不喜欢　　　　　　E. 非常不喜欢

9. 您是否喜欢大学英语分成现在的读写、听说、实训三种课型的教学？

　　A. 非常喜欢　　　　　B. 比较喜欢　　　　　C. 一般

　　D. 不喜欢　　　　　　E. 非常不喜欢

10. 分课型的实施是否提高了您的学习效率和效果？

　　A. 极大地提高　　　　B. 有提高　　　　　　C.　　不确定

　　D. 几乎没有提高　　　E. 完全没有提高

11. 我的英语教师能根据学生的需要决定大学英语教学内容。

　　A. 总是　　　　　　　B. 经常　　　　　　　C. 不确定

　　D. 很少　　　　　　　E. 从不

12. 我的英语教师充分尊重学生，能激发学生对本课程相关领域进一步学习的兴趣。

　　A. 总是　　　　　　　B. 经常　　　　　　　　C. 不确定

　　D. 很少　　　　　　　E. 从不

　　13. 英语课上我学到的不仅仅是单词、句子、语篇，还学到了人文知识，提高了人文素养。

　　A. 总是　　　　　　　B. 经常　　　　　　　　C. 不确定

　　D. 很少　　　　　　　E. 从不

　　14. 我的英语教师没有主宰课堂，给学生提供机会发挥了他们的主动性、积极性、创造性。

　　A. 总是　　　　　　　B. 经常　　　　　　　　C. 不确定

　　D. 很少　　　　　　　E. 从不

　　15. 我的英语教师在课堂教学中对学生有爱心和耐心，创造更多的机会与同学交流。

　　A. 总是　　　　　　　B. 经常　　　　　　　　C. 不确定

　　D. 很少　　　　　　　E. 从不

　　16. 我的英语教师设计了一些课堂小组活动：角色扮演、小组讨论等拉近师生的距离

　　A. 总是　　　　　　　B. 经常　　　　　　　　C. 不确定

　　D. 很少　　　　　　　E. 从不

　　17. 我的英语教师能够激发我们思考，锻炼和提高我们的思维能力。

　　A. 总是　　　　　　　B. 经常　　　　　　　　C. 不确定

　　D. 很少　　　　　　　E. 从不

　　18. 我的英语教师表扬学生的正确回答，并对错误回答进行及时修正。

　　A. 总是　　　　　　　B. 经常　　　　　　　　C. 不确定

　　D. 很少　　　　　　　E. 从不

　　19. 我的英语教师鼓励学生多，批评学生少，促进了我们的身心发展。

　　A. 总是　　　　　　　B. 经常　　　　　　　　C. 不确定

　　D. 很少　　　　　　　E. 从不

　　20. 我的英语教师能采用多种方法和渠道对英语学习进行评价，不单依靠卷面成绩。

　　A. 总是　　　　　　　B. 经常　　　　　　　　C. 不确定

D. 很少　　　　　　　　E. 从不

21. 我的英语教师在课间休息的时候找学生聊聊天，询问听课情况。

A. 总是　　　　　　　B. 经常　　　　　　　C. 不确定

D. 很少　　　　　　　　E. 从不

22. 我的英语老师在课外能了解我的内心世界、生活环境、成长经历、性格倾向等等。

A. 总是　　　　　　　B. 经常　　　　　　　C. 不确定

D. 很少　　　　　　　　E. 从不

23. 我认为英语的第二课堂活动是：

A. 非常必要　　　　　B. 必要　　　　　　　C. 不确定

D. 可有可无　　　　　E. 完全没必要

24. 您认为英语专项训练和讲座是否有利于您专项能力的提高？

A. 很有帮助　　　　　B. 有些帮助　　　　　C. 不知道

D. 没什么帮助　　　　E. 完全没用

25. 实训课规定的机时对我来说：

A. 太多了　　　　　　B. 有点多　　　　　　C. 不知道

D. 刚刚好　　　　　　E. 不够

26. 大学英语实训课给学生搭建了一个良好的学习平台，培养了良好的学习习惯。

A. 非常同意　　　　　B. 同意　　　　　　　C. 不确定

D. 不同意　　　　　　E. 非常不同意

27. 大学英语实训课培养了学生自主学习的能力和终生学习的意识。

A. 非常同意　　　　　B. 同意　　　　　　　C. 中立

D. 非常不同意　　　　E. 不同意

28. 我的大学英语实训教师给学生进行了学习方法及学习策略方面的指导。

A. 总是　　　　　　　B. 经常　　　　　　　C. 不确定

D. 很少　　　　　　　E. 从不

29. 目前的大学英语实训评价系统能够客观地评价我的英语水平。

A. 非常同意　　　　　B. 同意　　　　　　　C. 不确定

D. 不同意　　　　　　E. 非常不同意

30. 在目前的三类课型中我最喜欢的是：

A. 读写课型　　　　　B. 听说课型　　　　　C. 实训课型

三、第 31 –48 题您可选择多个答案，并可在相关题目上自由填写您的看法

31. 在现在的英语学习过程中，您觉得下列哪些因素影响了您的学习兴趣？

A. 教师的知识面不够　　　　　B. 教师的课堂组织能力不好

C. 教师的口头表达能力不好　　D. 教师和学生的沟通交流不够

E. 英语教学条件

F. ＿＿＿＿＿＿＿＿＿＿＿＿＿＿＿＿＿＿（可自由填写）

32. 在英语学习过程中学生最需要教师的＿＿＿＿＿＿＿＿＿＿＿＿＿＿。

A. 人性关怀　　　　　　　　　B. 活动指导

C. 知识传授　　　　　　　　　D. 错误纠正

E. ＿＿＿＿＿＿＿＿＿＿＿＿＿＿＿＿＿＿（可根据自己感觉自由填写）

33. 您认为在英语教学中，教师的哪些素质对学生很重要？请按重要程度排序＿＿＿＿＿＿＿＿＿＿＿＿＿＿。

A. 教师的英语知识水平　　　　B. 课件制作能力

C. 教学策略　　　　　　　　　D. 教师的组织能力

E. 教师的认知能力　　　　　　F. 亲和力

G. 人格魅力　　　　　　　　　H. 标准的语音

I. 交际能力　　　　　　　　　J. 教师的仪表

34. 如果分课型对您的英语水平有提高，它提高了您的＿＿＿＿＿＿＿＿。

A. 读写能力　　　　　　　　　B. 听说能力

C. 自主学习能力　　　　　　　D. 其他

35. 您认为除英语读写课、听说课和实训课外，英语课还应增加什么课型？

A. 写译英语　　　　　　　　　B. 文学英语

C. 实用英语（如商务英语）　　D. 专业英语

F. 其他＿＿＿＿＿＿＿＿＿＿＿＿＿＿＿＿

36. 您的英语学习动机是什么？

A. 考研　　　　　　　　　　　B. 通过四六级考试，找工作

C. 自己兴趣爱好　　　　　　　D. 了解不同国家的文化

E. 不得不学

37. 您认为英语学习中，您在哪一方面需要在课堂中进一步改善？

A. 听力口语   B. 阅读

C. 写作   D. 语法

38. 在英语选修课中，您最喜欢哪类课？

A. 报刊时事类   B. 跨文化交际类

C. 英语实用写作   D. 人文素质类

39. 您希望四级考试前的大学英语教学内容偏向哪一方面？

A. 英语知识   B. 西方文化

C. 四六级考试   D. 其他_____（可填写）

40. 您通过四级考试后，希望大学英语课向以下哪一方面发展？

A. 个性化的知识   B. 多样化的知识

C. 具有广度和深度的知识   D. 人文知识

E. 其他_____

41. 我认为多元化的形成性评价方式有以下作用

A. 激发我们学习英语的兴趣，调动学习英语的积极性

B. 提高我们的自主学习能力

C. 增强团队意识，培养合作精神

D. 能督促我们的英语学习

42. 我认为形成性评价占总评成绩的比率应该为_____。

A. 30%   B. 40%

C. 50%   D. 60%

43. 基于网络平台的大学英语实训课能够提高我的_____。

A. 自主学习能力   B. 听力理解力

C. 沟通能力   D. 学习英语的兴趣

E. 其他_____

44. 我参加各种英语竞赛项目是为了：

A. 获奖证书   B. 兴趣爱好

C. 向其他选手学习的机会   D. 锻炼在公众场合说英语的能力

45. 我喜欢的第二课堂活动是：

A. 英语辩论赛   B. 英语演讲比赛

C. 英语戏剧小品比赛   D. 英语角

E. 英语歌曲比赛   F. 英语配音比赛

G. 英语词汇等知识性比赛

H. 其他＿＿＿＿＿＿＿＿＿＿＿＿＿＿＿

46. 英语老师了解学生的最好方式是什么，请按照您的直觉排列下列选项的次序＿＿＿＿＿＿＿＿＿＿＿＿。

A. 让学生自己写自传性的作文

B. 手机短信

C. 各种英语课外活动，如：英语角、演讲比赛、英语短剧

D. 约时间自由聊聊天

E. 课外辅导

F. BBS、email 等网络通讯手段

47. 以网络平台为基础的大学英语实训课在下列哪些方面对您有益？

A. 提高了听的能力   B. 提高了说的能力

C. 提高了读的能力   D. 提高了写的能力

E. 增长了文化知识   F. 养成了良好的学习习惯

G. 其他＿＿＿＿＿＿＿＿＿＿＿＿＿＿＿

48. 对基于网络平台的英语学习，您同意下述哪种说法？

1. 提供了丰富的英语学习资源

2. 信息太多，没有重点

3. 提供了真实的语言环境

4. 师生交流较少

5. 师生交流渠道灵活

6. 应放手让学生按自己的水平选择学习内容及进度

7. 教师应决定进度和内容，并在课堂上讲解语言知识．

8. 其他＿＿＿＿＿＿＿＿＿＿＿＿＿＿＿

四、简答题：回答没有对错，请自由做答

1. 您认为目前的大学英语教与学中的突出问题是什么？

2. 您最迫切需要外语学院大英部为您做些什么？

附录4-2 毕业生英语使用调查问卷

各位毕业生：

您好！为使大学英语教学更有针对性地满足我校学生的个人发展和就业需求，现向各位征集意见和建议，请根据您的求职经历和个人见闻认真作答，非常感谢！

外语学院大学英语教研部

一、请在相应的数字前打勾

您毕业的院系：

1. 物流　　　2. 经济　　　3. 商　　　4. 信息　　　5. 劳法

您工作或实习过的行业：

1. 公共管理和社会组织　　　2. 农林牧渔　　　3. 文化体育娱乐

4. 教育　　　5. 金融业　　　6. 房地产

7. 电力煤气和水的生产与供应　　8. 科学研究、技术服务、地质勘察

9. 建筑业　　　10. 信息传输、计算机服务、软件业

11. 水利环境公共设施管理　　12. 交通运输、仓储和邮政

13. 批发零售　　　14. 采矿业

15. 卫生和社会保障和福利　　16. 制造业　　　17. 居民服务

18. 住宿餐饮　　　19. 租赁和商业服务业

20. 其他＿＿＿＿＿＿＿（请填写）

您工作单位的性质是：

1. 国家机关　　　2. 高等学校　　　3. 科研单位

4. 国有企业　　　5. 三资企业　　　6. 其他事业单位

7. 私企　　　8. 其他企业　　　9. 医疗卫生单位

10. 中小学　　　11. 乡镇企业　　　12. 其他

您工作或实习的职位是：

1. 国家机关、党群组织、失业单位管理人员　　2. 企业管理人员

3. 专业技术人员　　　4. 商业和服务人员

· 222 ·

5. 办事人员和有关人员　　　　6. 农林牧渔水利业从业人员

7. 生产运输设备操作人员　　　 8. 其他

二、英语使用情况

1. 您觉得英语在求职时有用吗？

A. 非常有用　　　　　B. 有用　　　　　　C. 一般

D. 没用　　　　　　　E. 一点用没有

2. 您觉得哪方面的英语能力在求职时非常有用？

A. 阅读　　　　　　　B. 写作　　　　　C. 听说　　　　D. 翻译

3. 求职时您需要使用英语（可多选）

A. 写简历　　　　　　B. 回答面试问题　 C. 参加讨论或辩论

D. 浏览招聘信息　　　E. 撰写邮件　　　　F. 打电话咨询信息

G. 其他_____（请补充）

4. 工作或实习中您的英语使用情况：

A. 使用很频繁　　　　B. 使用较多　　　　C. 一般

D. 使用较少　　　　　E. 基本不用

5. 您工作中主要使用英语的场合是（可多选）

A. 起草专业技术文档　B. 撰写工作邮件　 C. 拜访客户

D. 外宾接待　　　　　E. 人员招聘　　　　F. 外贸营销

G. 商品报关　　　　　H. 专业技术类口头陈述

I. 参加学术会议　　　J. 翻译资料　　　　K. 出国日常交流

L. 传送资料　　　　　M. 发布通知　　　　N. 安排差旅

O. 档案事务　　　　　P. 设备采购　　　　Q. 安排会议

R. 接听电话　　　　　S. 国外展会　　　　T. 商务洽谈

U. 报价与协调　　　　V. 产品简报与发表

W. 其他_____（请补充）

6. 您认为当务之急，为满足未来的求职与就业，我校大学英语教学应增加教学时间的课程类别是：

A. 文化翻译类　　　　　　　　　　B. 与专业相关的读写类

C. 与专业相关的听说类课程　　　　D. 考试辅导类

E. 其他_____（请补充）

7. 您认为大学英语教学开设哪些课程会对求职有帮助？（可多选）

A. 面试英语　　　　　B. 职场口语　　　　　C. 翻译

D. 商务英语　　　　　E. 物流英语　　　　　F. 经管英语

G. 科技英语　　　　　H. 出国英语

I. 法律英语　　　　　J. 其他_____（请补充）

8. 您对我校大学英语教学的建议是什么？（课程设置、教学内容、教学方法等各方面）

附录 4－3 学生口语能力问卷

本问卷不记名，不对你的课程成绩有任何影响，但可能对以后的学妹学弟有帮助，请结合在我校英语学习的实际情况，回答下列问题：

1. 你觉得有必要提高口语能力吗？

A. 必要　　　　　B. 不知道　　　　　C. 不必要

2. 你了解我校有哪些网上免费的英语视听学习资源吗？

A. 了解　　　　　B. 不知道　　　　　C. 不了解

3. 你在语音室使用过人机对话练习口语吗？

A. 用过　　　　　B. 不知道　　　　　C. 没用过

4. 你觉得人机对话对提高英语口语的作用是？

A. 有用　　　　　B. 不知道　　　　　C. 没用

5. 你觉得我校英语口语学习的氛围浓厚吗？

A. 浓厚　　　　　B. 不知道　　　　　C. 不好

6～12 题可多选

6. 你觉得我校英语口语学习的氛围不好的原因是什么？

A. 没机会使用　　　　　　　　B. 课上没机会练习

C. 课下没有活动可参加　　　　D. 觉得没用

E. 没什么有用的学习资源可利用

7. 你觉得哪些资源有利于你提高英语口语？

A. discovery 类科学探秘节目　　B. 英语新闻

C. 英美电影　　　　　　　　　D. 网上的口语类微课或者慕课

8. 你喜欢参加下列哪些口语活动？

A. 英语角　　　　　　　　　　B. 英语歌曲比赛

C. 英美电影配音　　　　　　　D. 角色扮演

E. 社区活动（如教老年人英语）　F. 英语演讲比赛或辩论赛

9. 你的口语能力发展目标是？

A. 通过课程考试就行　　　　　B. 通过四六级口试

C. 达到外企单位要求　　　　　D. 能跟外国人进行简单生活交际

E. 能进行本专业学术交流　　　F. 没什么目标

10. 你的英语口语提升方式是？

A. 课堂上积极踊跃发言　　　　B. 课下积极参加英语角

C. 课外参加配音、演讲等学科竞赛 D. 到社会上去找机会使用英语

E. 课上课下积极使用英语跟同学交流

F. 其他

11. 你觉得现在口语课上存在的主要问题是什么？

A. 教师讲课占用时间过多　　　B. 组织的活动没意思

C. 班里人太多，没机会说话

D. 教师提供的可供学习的词汇和句型少

E. 同学之间配合不好　　　　　F. 大家对话题不感兴趣

G. 用英语不会说的话太多

12. 你希望在第四学期开设何种课程提高口语？

A. 轻松娱乐类，如影视欣赏　　B. 英美文化类，如走遍美国

C. 考试辅导类，如四六级、托福 D. 专业英语类，如物流英语口语

E. 职场面试类，如面试口语　　F. 生活交际类，如出国英语

G. 其他

附录 7-1 学习动机调查问卷

所属学院_____学号_____性别_____

本问卷的每个题后都有 5 个数字：**1 = 坚决不同意；2 = 不同意；3 = 不确定；4 = 同意；5 = 非常同意**。请您认真读懂每句话的意思，在最符合自己看法的数字上做上标记，本问卷各项答案无所谓好坏对错，且问卷所得结果只做团体性的分析，不做个别呈现，且对外绝对保密，请根据实际情况放心作答。

1. 英语是国际通用语言，在世界上影响巨大。	1 2 3 4 5
2. 学习英语是接受良好教育的一部分。	1 2 3 4 5
3. 学习英语可为将来找到一份更好的工作。	1 2 3 4 5
4. 英语是联系其他民族文化的纽带。	1 2 3 4 5
5. 英美两国文化在世界上占有举足轻重的地位。	1 2 3 4 5
6. 英美两国是最令人神往的国家。	1 2 3 4 5
7. 英语实用性强，值得学习。	1 2 3 4 5
8. 英语是学习欧美先进科学技术的必要条件。	1 2 3 4 5
9. 英语中有许多值得吸取的精华。	1 2 3 4 5
10. 英语特有的韵律和美感使我感兴趣。	1 2 3 4 5
11. 我喜欢英语的结构和表达式。	1 2 3 4 5
12. 学习英语可为实现远期目标做准备。	1 2 3 4 5
13. 英语在旅游时有用。	1 2 3 4 5
14. 学好英语可以用来看英文电影、电视及报刊等。	1 2 3 4 5
15. 我学习英语是为了可以唱英文歌曲，听英语广播。	1 2 3 4 5
16. 我学习英语是为了出国，在国外生活时有用。	1 2 3 4 5
17. 我学习英语是对英语国家的文化、历史背景感兴趣。	1 2 3 4 5
18. 我对讲英语的国家、民族感兴趣。	1 2 3 4 5
19. 我学习英语是想与讲英语国家的人做朋友。	1 2 3 4 5
20. 我喜欢研究英美国家的风土人情。	1 2 3 4 5
21. 学好英语可以使自己找工作时更具竞争力。	1 2 3 4 5

22. 学好英语是为了适应社会对人才的要求。　　　　1 2 3 4 5

23. 我学习英语是因为英语是一门必修课。　　　　　1 2 3 4 5

24. 学英语是为了通过四六级考试。　　　　　　　　1 2 3 4 5

25. 英语水平是评价高素质人才的条件。　　　　　　1 2 3 4 5

26. 英语是进一步学习的必需条件。　　　　　　　　1 2 3 4 5

27. 学好英语可以当英语家教。　　　　　　　　　　1 2 3 4 5

28. 英语是一门工具。　　　　　　　　　　　　　　1 2 3 4 5

29. 英语学习是一种令人激动和兴奋的活动。　　　　1 2 3 4 5

30. 我喜欢英语阅读、写作。　　　　　　　　　　　1 2 3 4 5

31. 讲一口流利标准的英语使我感到很有成就感。　　1 2 3 4 5

32. 我希望能讲多种语言。　　　　　　　　　　　　1 2 3 4 5

33. 语言学习对我是一种脑力挑战。　　　　　　　　1 2 3 4 5

34. 我学好英语是为了得到别人的赞扬。　　　　　　1 2 3 4 5

35. 我学习英语是为了通过托福或者雅思考试。　　　1 2 3 4 5

36. 我学好英语是因为我自尊心很强。　　　　　　　1 2 3 4 5

37. 我学习英语是为了让自己成功，获得成就感。　　1 2 3 4 5

38. 我学习英语是因为学校规定必须拿到四级证书才能毕业。

　　　　　　　　　　　　　　　　　　　　　　　1 2 3 4 5

附录 7-2　英语学习观念调查问卷

所属学院_____学号_____性别_____

本问卷的每个题后都有 5 个数字：**1 = 坚决不同意；2 = 不同意；3 = 不确定；4 = 同意；5 = 非常同意**。请您认真读懂每句话的意思，在最符合自己看法的数字上做上标记，本问卷各项答案无所谓好坏对错，且问卷所得结果只做团体性的分析，不做个别呈现，且对外绝对保密，请根据实际情况放心作答。

1. 我的英语成绩一直很好。　　　　　　　　　　　1　2　3　4　5

2. 我对学好英语很有信心。　　　　　　　　　　　1　2　3　4　5

3. 学英语与学其他科目不同。　　　　　　　　　　1　2　3　4　5

4. 能用英语流畅表达思想是最重要的，犯点语法错误关系不大。

　　　　　　　　　　　　　　　　　　　　　　　1　2　3　4　5

5. 要想写出好作文，最好先用中文组织好要写的内容。　1　2　3　4　5

6. 大量背诵范文、常用句型有助于提高写作。　　　1　2　3　4　5

7. 学习外语最重要的是掌握大量词汇。　　　　　　1　2　3　4　5

8. 多听英语广播，多看英语电影有助于提高英语水平。　1　2　3　4　5

9. 在英语课内、课外多讲英语有助于提高英语水平。　1　2　3　4　5

10. 经常阅读英文报纸、杂志和小说有助于学好英语。　1　2　3　4　5

11. 我知道如何找到有效学习英语的方法。　　　　　1　2　3　4　5

12. 我相信我能在四级考试中取得好成绩。　　　　　1　2　3　4　5

13. 选择有效的学习策略对学好英语很重要。　　　　1　2　3　4　5

14. 经常反思自己的学习策略是否有效对外语学习非常重要。

　　　　　　　　　　　　　　　　　　　　　　　1　2　3　4　5

15. 很好地计划学习时间是学好英语的重要保障。　　1　2　3　4　5

16. 有明确的长期和短期目标对学好英语很重要。　　1　2　3　4　5

17. 要学好外语，后天的努力比先天的能力更重要。　1　2　3　4　5

18. 不断评估自己的进步对学好英语很重要。　　　　　1　2　3　4　5

19. 课后多投入时间学英语会帮助提高英语水平。　　　1　2　3　4　5

20. 有意识地找出自己英语学习的薄弱环节并采取措施，对学好英语很重要。　　　　　　　　　　　　　　　　　　　　1　2　3　4　5

附录 7 - 3 英语学习焦虑调查问卷

所属学院＿＿＿＿＿＿ 学号＿＿＿＿＿＿ 性别＿＿＿＿＿＿

请您认真读懂每句话的意思，然后根据该句话与您自己的实际情况相符合的程度，在题后的 1~5 中做出选择：**1 = 非常不符合；2 = 不符合；3 = 不确定；4 = 符合；5 = 非常符合**。本问卷只用做教学改革研究使用，不会影响你的个人隐私和英语成绩，请根据实际情况作答即可。

1. 在课堂上讲英语，我总是缺少自信。　　　　　　　　　1　2　3　4　5

2. 在英语课堂上，我不害怕出错误。　　　　　　　　　　1　2　3　4　5

3. 我知道英语课上会被点名提问时，我常会很紧张。　　　1　2　3　4　5

4. 当我不明白老师在英语课上所讲内容时，我感到害怕。　1　2　3　4　5

5. 再多上一点英语课，会使我感到心烦。　　　　　　　　1　2　3　4　5

6. 上英语课时，我发觉自己常会想些与上课内容无关的事。

　　　　　　　　　　　　　　　　　　　　　　　　　　1　2　3　4　5

7. 我总是觉得其他同学的英语比我好。　　　　　　　　　1　2　3　4　5

8. 英语测验时，我通常比较轻松。　　　　　　　　　　　1　2　3　4　5

9. 英语考试中，我常为时间不够用感到慌张。　　　　　　1　2　3　4　5

10. 我会担心英语考试成绩不及格。　　　　　　　　　　　1　2　3　4　5

11. 我不明白为什么有些人上英语课会烦躁不安。　　　　　1　2　3　4　5

12. 上英语课时，我会紧张得忘记原已掌握的内容。　　　　1　2　3　4　5

13. 上英语课时，主动回答问题会让我觉得不好意思。　　　1　2　3　4　5

14. 和以英语为母语的人说英语时，我不会紧张。　　　　　1　2　3　4　5

15. 在英语课上，当我不明白老师纠正的错误时，我会觉得不安。

　　　　　　　　　　　　　　　　　　　　　　　　　　1　2　3　4　5

16. 即使上英语课前我做了充分的准备，我仍会觉得不安。

　　　　　　　　　　　　　　　　　　　　　　　　　　1　2　3　4　5

17. 我经常想不去上英语课。　　　　　　　　　　　　　　1　2　3　4　5

18. 在课堂上讲英语，我觉得很自信。　　　　　　　　　　1　2　3　4　5

19. 我担心英语老师会纠正我犯的每一个错误。　　　　1　2　3　4　5

20. 上英语课老师提问我，我会紧张得心怦怦直跳。　　1　2　3　4　5

21. 我复习准备得越充分，考试时越糊涂。　　　　　　1　2　3　4　5

22. 上课前认真预习对我来说负担不重。　　　　　　　1　2　3　4　5

23. 对没有把握的词和句子，我不敢在课堂和作业中使用。

　　　　　　　　　　　　　　　　　　　　　　　　1　2　3　4　5

24. 在其他同学面前讲英语，我觉得非常不自然。　　　1　2　3　4　5

25. 英语课进度很快，我担心会落后。　　　　　　　　1　2　3　4　5

26. 上英语课会让我觉得比上其他课更紧张不安。　　　1　2　3　4　5

27. 我的英语基础比较差，对这门课感到信心不足。　　1　2　3　4　5

28. 上英语课前，我常常感到轻松自信。　　　　　　　1　2　3　4　5

29. 我不能字字句句都听明白英语老师说的英语时，我会觉得紧张。

　　　　　　　　　　　　　　　　　　　　　　　　1　2　3　4　5

30. 讲英语时我担心其他同学笑话我。　　　　　　　　1　2　3　4　5

31. 学说英语时有这么多语法规则，我觉得接受不了。　1　2　3　4　5

32. 阅读时遇到生词总想查字典，跳过去总觉得不妥。　1　2　3　4　5

33. 在英语课上，回答未经准备的问题时，我会觉得紧张。

　　　　　　　　　　　　　　　　　　　　　　　　1　2　3　4　5

34. 一旦要听英语听力时，我常会觉得很害怕。　　　　1　2　3　4　5

35. 如果听英语听力听不懂，会感到很沮丧。　　　　　1　2　3　4　5

36. 在听英语中遇到一些奇怪的发音时，我常无法回想起听过的内容。

　　　　　　　　　　　　　　　　　　　　　　　　1　2　3　4　5

37. 在听英语中，我常常会一个字一个字在脑子里翻译意思。

　　　　　　　　　　　　　　　　　　　　　　　　1　2　3　4　5

38. 在听英语时，我会觉得内容很混乱，以致忘记之前所听到的内容。

　　　　　　　　　　　　　　　　　　　　　　　　1　2　3　4　5

39. 听力测验中，若题量较大，时间较长，我会烦躁。　1　2　3　4　5

40. 听英文广播（如 BBC）时，听不明白我会紧张。　　1　2　3　4　5

41. 听力考试中，如事先没有浏览卷纸上的答案选项，我会感到紧张。

　　　　　　　　　　　　　　　　　　　　　　　　1　2　3　4　5

42. 和英语比我好的人交流时，我会害怕犯低级错误而被嘲笑。

    1 2 3 4 5

43. 在事先未准备好的英语面试中，我的大脑一片空白。 1 2 3 4 5

44. 英语课上进行小组讨论时，如果讨论话题不熟悉，我会紧张、结巴。

    1 2 3 4 5

45. 在英语口语考试中，我会忘记原本知道的单词或句子。

    1 2 3 4 5

46. 英语课上，老师要求朗读课文时，我会感到紧张。 1 2 3 4 5

47. 考试前练习阅读题，如果有一半以上的题做不对，我会感到紧张。

    1 2 3 4 5

48. 英语考试中，做快速阅读题时，我会担心时间不够而无法静心阅读。

    1 2 3 4 5

49. 英语阅读考试中，材料中生词较多会使我思维混乱。 1 2 3 4 5

50. 阅读英文时，当我看懂了单词但还是不太理解作者意思时，我会

紧张。 1 2 3 4 5

51. 在阅读中，遇到不熟悉的阅读题材，会让我着急。 1 2 3 4 5

52. 每次做英语阅读的时候，看到其他同学比我快，这总给我压力。

    1 2 3 4 5

53. 我总是担心我的英语作文会比别人差。 1 2 3 4 5

54. 在有时间限制的情况下写英语作文时我的思路会变得混乱。

    1 2 3 4 5

55. 英语写作中，想用的单词或句子不会表达时，我会感到紧张。

    1 2 3 4 5

56. 英语写作中，看到不熟悉的作文题目，我会心跳加速。

    1 2 3 4 5

57. 看到英语作文的得分不高，我会感到沮丧。 1 2 3 4 5

58. 写作中，若看完作文题目后毫无头绪，我会心里发慌。

    1 2 3 4 5

59. 英语写作中，我会担心写不出地道的英语。 1 2 3 4 5

60. 英语写作中，如果写作题材不熟悉，我担心写得不符合要求。

    1 2 3 4 5

61. 在用英语写作文时，当我知道老师要在课上点评，我会感到紧张和害怕。   1 2 3 4 5

62. 我很害怕我的英语作文会被选作课堂讨论的范文。   1 2 3 4 5

附录 7－4　英语学习策略调查问卷

所属学院_____　性别_____

请根据数字所代表的意思和你以往英语学习情况，选择一个放在对应的题号前面。

1 ＝这种做法完全不符合或几乎完全不符合我得情况；

2 ＝这种做法通常不符合我的情况；

3 ＝这种做法有时符合我的情况；

4 ＝这种做法通常符合我的情况；

5 ＝这种做法完全或几乎完全符合我的情况。

下面请选择：

1. 记单词时我会想到同词根的词。　　　　　　　　　1　2　3　4　5

2. 记单词时我会联想有关的同义词或反义词。　　　　1　2　3　4　5

3. 我用重复多遍的方法来记生词。　　　　　　　　　1　2　3　4　5

4. 我通过造句或者联系上下文的方法记忆单词或词组。　1　2　3　4　5

5. 我通过音标记忆生词。　　　　　　　　　　　　　1　2　3　4　5

6. 我课外有规律的反复温习已学内容。　　　　　　　1　2　3　4　5

7. 当阅读课文时，我争取弄懂课文里的每一处。　　　1　2　3　4　5

8. 我在课外主动阅读英文报纸、杂志或小说。　　　　1　2　3　4　5

9. 读课文时，我先通读全篇课文了解文章的梗概，然后再理解每个句子的意思。　　　　　　　　　　　　　　　　　　　　　1　2　3　4　5

10. 为了提高自己的听力理解能力，课外我主动听各种录音。

　　　　　　　　　　　　　　　　　　　　　　　1　2　3　4　5

11. 我课外主动听英语广播。　　　　　　　　　　　1　2　3　4　5

12. 当听英语材料时，我争取听懂每一句话的意思。　1　2　3　4　5

13. 我课外主动看电视和电影。　　　　　　　　　　1　2　3　4　5

14. 我主动用英语记笔记、留言、写信或写日记。　　1　2　3　4　5

15. 为了改进自己的语音语调，我反复听外国人灌制的音频文件。

　　　　　　　　　　　　　　　　　　　　　　　1　2　3　4　5

16. 我有意识地模仿正确的语音语调并与外国人灌制的音频文件进行比较，找出差距进而改正。　　　　　　　　　1　2　3　4　5

17. 在说英语时我有意识地尽可能使用所学的新单词或词组。

　　　　　　　　　　　　　　　　　　　1　2　3　4　5

18. 在写英语时我有意识地尽可能使用所学的新单词或词组。

　　　　　　　　　　　　　　　　　　　1　2　3　4　5

19. 我主动参加英语角或者英语沙龙等活动练习口语。　　1　2　3　4　5

20. 在阅读课文或者文章时，我首先快速浏览，抓住大意后再仔细阅读。

　　　　　　　　　　　　　　　　　　　1　2　3　4　5

21. 做阅读理解时我先看问题，然后再在材料中有目的地找答案。

　　　　　　　　　　　　　　　　　　　1　2　3　4　5

22. 做听力练习时，我先看问题，然后再在听力材料中有目的地找答案。

　　　　　　　　　　　　　　　　　　　1　2　3　4　5

23. 在做听力时，我有意识地用笔记帮助记忆，并在听完后写小结。

　　　　　　　　　　　　　　　　　　　1　2　3　4　5

24. 我主动在阅读后写小结。　　　　　　　　　　　1　2　3　4　5

25. 假如在听英语材料时碰到生词，我会尽量记住生词的发音，然后根据发音，在字典上查找它的拼写和意思。　　　　　1　2　3　4　5

26. 在英语课上我尽量主动争取回答问题。　　　　　1　2　3　4　5

27. 我课外自己对自己说英语。　　　　　　　　　　1　2　3　4　5

28. 学习新语法内容时，我阅读语法书，了解语法规则。1　2　3　4　5

29. 在课文中碰到生词时，我通过上下文来猜测词义。　1　2　3　4　5

30. 在阅读中碰到生词时，我通过词根来猜测词义。　　1　2　3　4　5

31. 当交流中词不达意时，我借助于手势等身体语言。　1　2　3　4　5

32. 我根据构词法自创新词来弥补本身词汇量的不足。　1　2　3　4　5

33. 用近义词或词组代替交流中的生词。　　　　　　　1　2　3　4　5

34. 交流中我根据话题的进展推测对方下一步可能说的内容。

　　　　　　　　　　　　　　　　　　　1　2　3　4　5

35. 假如在听英语时碰到生词，我会跳过生词继续听下去。

　　　　　　　　　　　　　　　　　　　1　2　3　4　5

36. 我研究自己的个性特点，找出哪些有利于自己的英语学习，哪些阻碍

自己的进步，从而发挥优势，克服弱点。　　　　　　1　2　3　4　5

37. 除了老师布置的作业外，我有自己的英语学习计划。　1　2　3　4　5

38. 我尽可能地利用身边所有可以练习英语的机会。　　1　2　3　4　5

39. 为了使自己有足够的时间学习英语，我很好地安排自己的学习日程。

　　　　　　　　　　　　　　　　　　　　　　　1　2　3　4　5

40. 我借鉴英语成绩优秀者的学习经验，进而改进自己的学习策略。

　　　　　　　　　　　　　　　　　　　　　　　1　2　3　4　5

41. 我对改进自己的英语学习有明确的要求。　　　　　1　2　3　4　5

42. 我评价自己学习英语进步的情况，从而找出薄弱环节和改进措施。

　　　　　　　　　　　　　　　　　　　　　　　1　2　3　4　5

43. 我评价自己的学习策略，从而找出存在的问题和解决方法。

　　　　　　　　　　　　　　　　　　　　　　　1　2　3　4　5

44. 我根据学习任务的特点，选择不同的学习策略。　　1　2　3　4　5

45. 我选择适合自己英语水平的材料来学习。　　　　　1　2　3　4　5

46. 我记课文中出现的生词和词组。　　　　　　　　　1　2　3　4　5

47. 当我查字典时，我看一个词的各种意思及所给的例句。

　　　　　　　　　　　　　　　　　　　　　　　1　2　3　4　5

48. 当考试成绩不理想时，我总是暗暗鼓励自己千万不能泄气。

　　　　　　　　　　　　　　　　　　　　　　　1　2　3　4　5

49. 我有意识地训练自己的毅力。　　　　　　　　　　1　2　3　4　5

50. 学英语时我注意自己情绪的变化并有意识地进行调节。

　　　　　　　　　　　　　　　　　　　　　　　1　2　3　4　5

51. 我与朋友或老师讨论学习过程中碰到的问题。　　　1　2　3　4　5

52. 当达到学习目标或学习有进步时，我适当地奖励自己。

　　　　　　　　　　　　　　　　　　　　　　　1　2　3　4　5

53. 我课外尽量地用英语和老师、同学会话。　　　　　1　2　3　4　5

54. 当听不懂对方所言时，我请求对方重复或者放慢语速。

　　　　　　　　　　　　　　　　　　　　　　　1　2　3　4　5

55. 当我说英语时，我请别人纠正我的错误。　　　　　1　2　3　4　5

56. 我学习英语国家的文化背景来辅助英语学习。　　　1　2　3　4　5

附录 7－5 英语学习困难调查问卷

专业_____ 年级_____ 性别_____

1. 你认为你的英语水平如何？

A. 很好　　　 B. 好　　　 C. 中等　　　 D. 不好　　　 E. 特别差

2. 您觉得英语很难学吗？

A. 很难　　　 B. 有点难　 C. 不知道　　 D. 容易　　　 E. 非常容易

3. 您是否具有以下英语听力理解困难？（可多选）

A. 由于词汇量不足，听不懂

B. 因为听力材料语速快，听不懂

C. 因为句子长，听不懂

D. 由于文化背景知识欠缺，听不懂

E. 其他_____（请填写）

4. 您是否具有以下英语口语表达困难？（可多选）

A. 发音不好，不敢开口

B. 词汇量不足，口语表达不畅

C. 缺少口语表达的机会和环境

D. 我的表达总是受中文干扰

E. 其他_____（请填写）

5. 您是否具有以下英语学习困难？（可多选）

A. 记不住单词

B. 语法不通

C. 英语文化知识掌握不住

D. 课上不知道什么是重点

E. 课上忍不住玩手机

6. 下列哪些说法符合您的情况？（可多选）

A. 中英文写作都不擅长

B. 词汇量不足，想写的写不出

C. 面对题目无话可说

D. 文章组织不符合英文习惯

E. 写的文章中语法错误很多

F. 写作时通常将中文直译过来

G. 其他＿＿＿＿＿＿＿＿＿＿＿（请填写）

7. 下列哪些有关英语阅读困难的说法符合您的情况？

A. 词汇量有限，读不懂文章

B. 语法不通，读不懂文章

C. 阅读速度慢

D. 文化背景知识欠缺，读不懂

E. 读懂了却答不对阅读题

F. 其他＿＿＿＿＿＿＿＿＿＿＿（请填写）

8. 造成英语学习困难的原因有哪些？请选择符合你情况的主要原因，并在选项前面标注数字顺序。

［　］没天赋，怎么努力都学不会

［　］基础差，英语一直就是拖后腿的学科

［　］不喜欢英语教学与考核方式

［　］觉得英语没多大用途，没动力学习

［　］有其他很多比英语学习更重要的事，没时间学习

［　］其他＿＿＿＿＿＿＿＿＿＿＿（请填写）

9. 当你遇到英语学习困难时一般会采取什么措施？

A. 请教老师　　　　　B. 请教同学　　　　　C. 上网查询

D. 参加辅导班　　　　E. 听之任之

10. 针对你目前的学习困难，你希望从英语教师处获得何种帮助？**请陈述。